TTB
Touristik-Taschenbücher

Herausgegeben von
Professor Dr. Heinrich-Rudolf Lang

Bisher erschienene Bände:

Bartl u. a., GeoLex, 3. Auflage
Berktold-Fackler · Krumbolz, Reisen in Deutschland
Schmeer-Sturm, Gästeführung, 3. Auflage
Schmeer-Sturm, Reiseleitung, 4. Auflage
Viegas, Ökodestinationen
Viegas, Ökomanagement im Tourismus

Reiseleitung

Grundkurs

Von

Dr. Marie-Louise Schmeer-Sturm

unter Mitarbeit von

Carsten Albert
Anita Boy-Helmchen
Dr. Werner Müller
Dipl.-Päd. Martin Schmidt
Sebastian Schuster
Dipl.-Psych. Gudrun Ude

4. Auflage

R. Oldenbourg Verlag München Wien

Die Deutsche Bibliothek - CIP-Einheitsaufnahme

Reiseleitung : Grundkurs / von Marie-Louise Schmeer-Sturm
unter Mitarb. von Carsten Albert ... – 4. Aufl. -
München ; Wien : Oldenbourg, 2001
(Touristik-Taschenbücher)

Früher u.d.T.: Theorie und Praxis der Reiseleitung
ISBN 3-486-25744-7
NE: Schmeer-Sturm, Marie-Louise

Rosenheimer Straße 145, D-81671 München
Telefon: (089) 45051-0
www.oldenbourg-verlag.de

Gedruckt auf säure- und chlorfreiem Papier
Gesamtherstellung: Hofmann Medien Druck GmbH, Augsburg

ISBN 3-486-25744-7

Inhalt

Vorwort

Reiseleiter und Animateure - diese Berufe gelten bei der Bevölkerung oft als "Traumjobs". Man sieht vordergründig, daß die Menschen, die in der Freizeit- und Tourismusbranche beschäftigt sind, oft an den schönsten Flecken unserer Erde, in luxuriösen Hotels an herrlichen Stränden, als Reiseleiter in Orten mit klingenden Namen und großer Geschichte tätig sind. Diese Berufe "im Schatten des Sonnenscheingeschäfts" sind andrerseits mit großen Erwartungen konfrontiert:

> "Alle unerfüllten Wünsche nach Freiheit und Ruhe, Sonne und Geborgenheit, Abenteuer und Erholung werden diesen wenigen Wochen aufgeladen. Urlaub - das ist in vieler Hinsicht eine Extremsituation, vor allem die des Glücks. Ob nun aber ein Urlaub 'glückt', hängt von vielen Variablen ab: von Wetter und Unterkunft, Essen und Mitwelt und eben nicht zuletzt von den Berufen im Tourismus; denn diese haben die am Schalter vielleicht gedankenlos verkauften Reisen, lies: Verheißungen einzulösen. Wer eine Reise, einen Urlaub verkauft, verspricht Glück. Je weniger man sich dessen in der Tourismusindustrie (in Werbung, Prospekten, Slogans) bewußt ist, um so undifferenzierter wachsen mit den Erwartungen der einen die Überforderungen der anderen. Das Glück im Urlaub zwingt die genannten Berufe in die Rolle von Glücksbringern, von Wundertätern, von Magiern."[1]

Das vorliegende Buch hat in diesem Zusammenhang folgende Zielsetzungen:

1. Es möchte Reiseleitern/innen (abgekürzt: RL) helfen, ihre Vermittlerfunktion zum bereisten Land und seinen Sehenswürdigkeiten sowie zu den Reisegästen optimal auszufüllen.

2. Es möchte technisch-organisatorische Hilfestellung geben.

3. Es möchte die von Roman Bleistein problematisierte Rolle von "Glücksbringern" und "Wundertätern" hinterfragen und den Reiseleitern Anstöße zur Reflexion ihrer beruflichen Identität geben.

Für zahlreiche Anregungen danke ich meinen Reisegästen, Seminarteilnehmern und Herrn Prof. Dr. Erich Wasem

Marie-Louise Schmeer-Sturm

1. **Wirtschaftliche Bedeutung des Tourismus** (Albert, Schmeer-Sturm)

Verschiedene Faktoren trugen dazu bei, daß der Tourismus seit Ende der 50er Jahre eine enorme, bis heute steigende Bedeutung bekam: mehr Freizeit, Mobilität und höhere Einkommen. "Arbeitete man 1950 durchschnittlich an sechs Tagen in der Woche 48 Stunden pro Woche bei 86 freien Tagen, so kommen wir heute mit fünf Arbeitstagen und bald vielleicht nur noch 38 Wochenstunden auf 165 freie Tage.[2]

Während **1950** noch rund **40 Millionen internationale Touristen** verzeichnet wurden, "so waren es 1960 bereits 70 Millionen und 1985 bereits 330 Millionen Auslandsreisende (Geschäfts-, Urlaubs- und sonstige Reisende). Etwa zwei Drittel dieser Reisen gehen in europäische Länder".[3] Nach der Jahresstatistik der WTO nahmen die Ankünfte weltweit **1995** auf **567 Millionen** zu.[4]

"Weltmeister, was die Übernachtungen unterwegs betrifft, sind die Bundesbürger. Die **Deutschen** verbrachten 1995 **1,23 Milliarden Nächte auf Reisen**. Davon entfielen über 450 Mill. Übernachtungen auf Reisen im Inland. Ausgegeben haben die Deutschen auf ihren Reisen 150 Milliarden DM.[5] - Damit sind die Deutschen die größten Nettodevisenbringer im internationalen Reiseverkehr. Die Ausgaben entsprechen ca. 4,2 % des gesamten privaten Verbrauchs. Die politische Bedeutung der deutschen Tourismuswirtschaft ergibt sich aus der Tatsache, daß sie über zwei Millionen Menschen in Deutschland beschäftigt (etwa 1,3 Millionen Vollarbeitsplätze und 700.000 Teilzeitbeschäftigte). Dies entspricht etwa 7 % der Erwerbstätigen in Deutschland. Sie erzielt einen Umsatz von 200 Milliarden DM und trägt damit zu ca. 6 % zur Entstehung des Volkseinkommens bei. Der Tourismus ist einer der wenigen Wirtschaftszweige, in dem immer noch neue Arbeitsplätze entstehen.[6]

1.1. **Reisearten, Trends** (Albert, Schmeer-Sturm)

"Beim Interesse an einzelnen Reiseformen stehen der **Ausruhurlaub** (66 %) und der **Strand-/Sonnen-/Badeurlaub** (63 %) auf der Rangliste ganz oben. **Verwandten- und Bekanntenbesuche** (51 %) rangieren auf Platz drei. Nach dem Spitzentrio folgen **Städte- und**

> **Vergnügungsreisen** (43 und 35 %), weiter mit schon großem Abstand der **Sport- und Gesundheits-/Fitness-Urlaub** mit jeweils 16 %, auf dem nächsten Platz die **Kulturreise** (15 %), gefolgt vom **Abenteuerurlaub** (14 %) und dem Urlaub im **Club** (13 %). Während die **Studienreise** ebenfalls 13 % und die **Kreuzfahrt** 10 % der Reisenden auf sich ziehen können, bilden der **FKK-Urlaub** (6 %) und der **Hobbyurlaub** (4 %) die Schlußlichter".[7]

Der Trend der Urlaubsreisen geht nach wie vor in Richtung **Süden**, zu den Küsten hin. Zwei neue Entwicklungen sind am Markt zu beobachten: Immer mehr Angebote richten sich an "**Singles**" im Alter von 30 bis 65 Jahren, von denen es nach inoffiziellen Schätzungen etwa 6 Millionen in Deutschland gibt. Ein knappes Fünftel ließe sich nach Branchenmeinung für speziell organisierte Reisen gewinnen. Hauptargument ist der Urlaub unter Gleichgesinnten.[8]

Die zweite Entwicklung ist der Boom der **Last-Minute-Reisen**, deren Zahl stark gestiegen ist. Als Grund für die Last-Minute-Buchung nennen 66 Prozent die Kosten, 23 % bekamen nur kurzfristig Urlaub, 17 % haben mit einer Last-Minute-Reise gute Erfahrungen gemacht und sind deshalb dabei geblieben. Überwiegend sind Last-Minute-Bucher jung und flexibel, vorwiegend ledig, eher Selbständige, Freiberufler oder Auszubildende/Studenten.[9]

Verkehrsmittel

Nach dem Deutschen Reisemonitor[10] war auch 1995 der **Pkw** (44,7 Mill. Reisen) das beliebteste Verkehrsmittel. "Die Zahl der Urlaubsreisen mit dem **Flugzeug** erhöhte sich auf 8,4 Mill.; der **Bus** gewann hinzu (gesamt 5,7 Mill.) und 5,0 Millionen Urlauber entschieden sich für die **Bahn**."

Incoming

"Aus einer Analyse des European Travel Monitor geht hervor, daß 1994 rund 20,1 Millionen Übernachtungsreisen in die Bundesrepublik unternommen worden sind; davon drei Viertel (14,9 Millionen) aus Westeuropa und ein Viertel (5,2 Mio.) aus Osteuropa. Schon seit Jahren ist **Holland** quantitativ das mit Abstand bedeutendste Quellreiseland für die Bundesrepublik (1994 2,5 Mio. Reisen)". Den zweiten Platz nimmt **Polen** ein (2,4 Mio.), gefolgt von den **Engländern** (2,2 Mio.), den **Schweden** und **Franzosen** (jeweils rund 1,5 Millionen), **Dänemark** lag auf Platz sechs, gefolgt von der **Schweiz**, **Belgien** und **Österreich** (jeweils rund eine Million).

Das Interesse am Deutschlandtourismus ist aber in den letzten Jahren deutlich zurückgegangen. Gegenüber 1993 hat vor allem das Incoming aus Osteuropa abgenommen; aber auch beim Deutschlandaufkommen aus Westeuropa ist ein erheblicher Rückgang zu verzeichnen. Im 3. und 4. DRV-Incoming-Forum wurden dazu festgestellt, daß "die Tourismusförderung als staatliche Aufgabe gesetzlich nicht festgeschrieben ist", "die deutschen Kommunen über wenig disponible Mittel verfügen. Der Zwang zum sparsamen Umgang mit Steuergeldern hat auch Auswirkungen auf den Fremdenverkehr." und "die Incoming-Agenturen haben nicht alle sich bietenden Chancen genutzt. Hotels, Werbeagenturen und nicht zuletzt die großen ausländischen Veranstalter sind in die sich bietenden Lücken gestoßen."[11]

Auslandsreisen

"Fast drei Viertel aller Deutschen wollen dem eigenen Land den Rücken kehren" und streben einen Auslandsurlaub an. 78 Millionen der Urlaubsreisen dauern mindestens 5 Tage und 36 Millionen sind kürzere Urlaubsreisen von 2 bis 4 Tagen Dauer. Bei den Auslandszielen rangiert **Spanien** (12,6 %) vor **Italien** (8,3 %) und **Österreich** (7,3 %). Weitere Plätze nehmen Frankreich und Griechenland ein. Wichtiges Reiseziel im Mittelmeerraum ist die Türkei, die mit nicht unerheblichen Steigerungsraten rechnen darf.

Ein Anstieg ist auch weiterhin bei den **Fernreisen** zu erkennen. In außereuropäische Länder werden 11,4 % der Urlaubsreisen der Bundesbürger unternommen.[12] Die Ferntouristik ist eindeutiger Gewinner. Bei den Fernreisen liegt die **Dominikanische Republik** mit einem Plus von 20 Prozent vorn, gefolgt von den übrigen Zielen der **Karibik**. Neben den Reisen nach **Nordamerika** (USA/Kanada 40 %) vereinen die sogenannten **"Dritte-Welt-Länder"** 60 % der Reisen auf sich. Bei Urlauben in Dritte-Welt-Länder handelt es sich vor allem um erlebnisorientierte, aktive Reisen, bei denen viel im Land herumgereist wird und möglichst viele Sehenswürdigkeiten besucht werden, um reinen Badeurlaub und teilweise Abenteuerreisen. In Europa macht der Badeurlaub den Großteil aller Reisen aus.[13]

Tagesausflug

> "85,7 Prozent der Bevölkerung machen im Schnitt 26,2 Ausflüge pro Kopf und Jahr (2,1 Milliarden Ausflüge der Deutschen in 1993), mit weit wesentlich weniger saisonalen Schwankungen als der Übernachtungstourismus, sie finden an Wochenenden und Sonn- und Feiertagen statt, wobei die Sonn- und Feiertage am wichtigsten sind."[14]

Cluburlaub

Immer mehr Deutsche finden Gefallen am Cluburlaub. Führend ist der deutschsprachige **Robinson-Club**, ein Produkt der TUI, gefolgt vom

Club Aldiana (NUR) und dem bekannten **Club Méd**. So profitierte auch die Club Méditerranée Deutschland GmbH, Düsseldorf, als Branchendritter (1994/95: 65.786 Reiseteilnehmer) von diesem Trend. "Der 'Club Méd' gilt als der Erfinder des Kluburlaubs: Dabei sind im Pauschalpreis zahlreiche Sportaktivitäten - wie Tennis, Segeln, Surfen, Kajak, Wasserski, Bogenschießen, Gymnastik etc. - eingeschlossen. Insgesamt verfügt das Unternehmen weltweit über mehr als 110 Club-Dörfer".[15]

Während die Club-Idee anfangs vorwiegend von Franzosen getragen wurde, findet diese Urlaubsform bei Deutschen, Österreichern und Schweizern zunehmend Anhänger, weshalb in allen 110 Club-Dörfern eine deutschsprachige Betreuung geboten wird (1996: 26 Clubs werden deutschsprachig geleitet). Die Anzahl der Clubs nimmt stetig zu. Dies bedeutet, daß der Bedarf an Animateuren und Reiseleitern, die sich auf länderkundliche Animation spezialisieren, in den nächsten Jahren noch wachsen wird.

Veranstalter

In der Fachzeitschrift "fvw INTERNATIONAL" wurden im "Veranstaltermarkt 1994/1995" die 53 größten deutschen Veranstalter genannt, die etwa 70 Prozent des Gesamtmarktes repräsentieren. Einige dieser Reiseveranstalter sollen in der Folge ohne nähere Erläuterungen genannt werden zum einfachen Zweck, dem angehenden Reiseleiter einen Überblick über die wichtigsten Marken zu geben (die Zahlen beziehen sich auf die Teilnehmer im Zeitraum 1. November 1994 bis 31. Oktober 1995)[16].

TUI (incl. der Beteiligungen an Seetours, Wolters, airtours, airconti) 4.466.500	
NUR 3.176.800	
LTT (Tjaereborg Allkauf Reisen, Jahn, THR, Transair, Meier's Weltreisen) 2.336.400	
DER 2.007.500	ITS 1.035.900
alltours 748.000	Öger 682.400
THR 625.500	Jahn 536.400
AMEROPA 530.400	Frosch 514.100
Tjaereborg 496.100	ADAC 280.600
Hetzel 261.100 (Konkurs 8/96!)	Wolters 237.100
Studiosus 95.500	BFR 87.200
airconti 66.200	Club Méd 54.200

Rund- und Studienreise

"Studienreisen oder hochwertige Rundreisen mit qualifizierter Reiseleitung spielen, gemessen am gesamten Pauschalreise- Volumen, eine marginale Rolle. Diese Reiseform hat aber ihre feste Klientel und gewinnt Kunden hinzu."[17] Nach einer Reiseanalyse des Studienkreises für Tourismus[18] haben 1987 1,75 Millionen eine Studienreise unternommen (Reisende insgesamt: 31,1 Mill.; dies entsprach einem Anteil von 5,6 Prozent). Knapp 10 Jahre später sagt die Reiseuntersuchung Urlaub + Reisen 95 7,36 Millionen = 12 % Studienreiseteilnehmer voraus. Das Potential für Studienreisen in der Bevölkerung wird als sehr groß eingeschätzt."[19]

Studiosus-Reisen München hält die Spitzenstellung unter den deutschen Studienreiseveranstaltern (Geschäftsjahr 1995: Umsatz 210 Mill. DM). Weitere wichtige Studienreise-Veranstalter sind Gebeco, Marco Polo, Ikarus, Dr. Rumpf-Touristik, Hauser, TUI-Studienreisen, VG Klingenstein & Partner, Athena, Baumeler Wanderreisen, Globetrotter Reisen, Hafermann, Hirsch-Reisen, Frankfurter Studienreisen, Meier's, Neues Reisen, Institut für Bildungsreisen, Study Tours, Wikinger, Windrose und Yeti-Tours. - Ein Großteil des organisierten Studienreise-Volumens wird im übrigen von Volkshochschulen, kirchlichen Verbänden, Kulturkreisen usw. angeboten.

1.2. Das Reiseprodukt und die Bedeutung der Reiseleitung

Die Planung und Durchführung einer Reise besteht aus einer Vielzahl von verschiedensten Dienstleistungen:

> "Der Veranstalter: Planung, Reiseprospektherstellung, Zeitschriftenwerbung, Kontakten der Reisebüros, Ausbildung der RL, Administration und Rechnungswesen etc.
>
> Die Reisebüros: Kundenkontakte, Reisevermittlungen, Detailerklärungen, Telefonate, Zusendung der Reiseunterlagen etc.
>
> Die Leistungsträger: Hotels, Restaurants, Transportgesellschaften, Museen, Touristikämter etc."[20]

Diese zum Teil sehr kostspieligen Einzelleistungen werden durch die Reiseleitung mit dem "letzten entscheidenden Schliff" bzw. bei einer führungs- und organisationsintensiven Rundreise mit einem wesentlichen Gestaltungselement versehen, strukturiert und zu einem einheitlichen Gesamtprodukt und -erlebnis verbunden.

Die Reiseleitung hat für das Unternehmen, den Reisekunden und das bereiste Land unschätzbare Bedeutung. Folgende Übersicht macht das deutlich:

Bedeutung der Reiseleitung für das Unternehmen

- in den meisten Fällen der einzige Repräsentant des Veranstalters, mit dem der Reisende zusammentrifft: Imagewirkung für das Unternehmen
- Kontrolle der Leistungsträger vor Ort
- qualifizierte Erfüllung des ausgeschriebenen Programms
- qualifizierte und möglichst sofortige Bearbeitung und Erledigung von Kundenreklamationen
- flexible Umstellung bzw. alternative Gestaltung des Programms in Problemsituationen, so daß der Gast dennoch zufrieden ist
- Wahrung der Interessen des Unternehmens gegenüber Leistungsträgern und Kunden

für den Reisegast

- perfekte/r Organisator/in und freundliche, gleichmäßige Betreuung aller Gäste
- Durchführung des ausgeschriebenen Programms und Sorge für die Erbringung der im Prospekt angekündigten Leistungen
- RL als Betreuer/in und kontinuierlicher Beistand bei Problemen (z.B. Berücksichtigung von Diabetikern, Vegetariern)
- Vermittler und Medium zum bereisten Land
- RL als kompetenter Ratgeber, der über das Programm hinaus auch Tips für die Freizeitgestaltung gibt
- Hilfe bei Sprachschwierigkeiten
- RL als zumeist einziger Ansprechpartner (Vertreter) des Veranstalters, um Wünsche, Erwartungen, Fragen, Reklamationen zur Sprache zu bringen, sich vor Ort damit nicht alleingelassen zu fühlen

für das bereiste Land

- optimaler Ausgleich zwischen den ökonomischen Interessen des Veranstalters, der Kunden und der Leistungsträger
- Repräsentant seines Volkes, "Diplomat" seines Herkunftslandes
- Imagebildung für das bereiste Land, Abbau von Vorurteilen
- Vorbeugen und Grenzen setzen in bezug auf Fehlverhalten der Gäste (Anpassung in der Kleidung und im Verhalten)
- Mittler in der Kommunikation zwischen Reisenden und Bereisten

2. Der Reiseleiter

Es gibt wenige Berufe, die so begehrt sind wie der des RLs, was sich bei den Firmen in einer Fülle von Bewerbungen niederschlägt, aber auch nur wenig andere Tätigkeiten, die eine ähnlich hohe Fluktuation aufweisen.

> "Eine offizielle Statistik über die Zahl der RL und Animateure, die für deutsche Tour Operators in aller Welt tätig sind, gibt es bisher nicht. Von der Größe ihrer Berufsgruppe gehören sie im Sprachgebrauch der Arbeitsämter zu den 'Exoten' bzw. zu den Minderheiten. Vorsichtig geschätzt dürfte ihr Kreis kaum über etwa 4000 Menschen hinauskommen. Nicht ganz 3000 davon mögen RL im klassischen Sinne sein. Auf den echten Animateur, wie ihn die Entwicklung in den Clubs in den letzten Jahren hervorgebracht hat, entfallen die restlichen 1000. Rund zwei Drittel der RL dürften schätzungsweise bei den deutschen Touristikunternehmen tätig sein, das restliche Drittel als Reisebegleiter bei den zahlreichen deutschen Busreise-Unternehmen. Die drei größten deutschen Reiseveranstalter TUI, NUR und ITS beschäftigen alleine rd. 1300 RL in der Hochsaison. Davon entfallen etwas mehr als 700 auf die TUI, etwas mehr als 400 auf NUR und rd. 150 auf ITS[21]. Den weitaus größten Teil dieser RL stellen die StandortRL.

2.1. Zur Geschichte der "Fremdenführung" und des Reisens

Das Verlangen nach Wechsel und Bewegung, nach Veränderung und Aufbruch, der Flucht aus der eigenen Zeit und Umwelt, der Sehnsucht nach Neuem treibt den Menschen in unbestimmte Fernen. Der moderne Tourismus hat sich historisch aus einer "Reihe der Emanzipationen aus traditionellen gesellschaftlichen Bindungen"[22] entwickelt.

Der Tourismus spielte schon in der **Antike** eine Rolle und erlebte eine erste Blütezeit zur römischen Kaiserzeit. Die Post des Imperium Romanum betrieb bereits Reisebüros. Zur Reisevorbereitung konnten seit Herodot[23] von wohlhabenden Touristen Erläuterungen zum Reiseland gelesen werden. Eine große Verbreitung fand, 600 Jahre später, der Führer des Schriftstellers Pausanias[24], der alle denkwürdigen Stätten und Denkmäler Griechenlands in ihrer mythologischen, historischen, religiösen und volkskundlichen Tradition darstellen wollte. Heilige Denkmäler erachtete er als viel ehrwürdiger als profane.

Marktplätze, Gerichtshallen und Regierungsgebäude dagegen behandelte er relativ kurz. Für den Gebrauch an Ort und Stelle waren diese Traktate zu wertvoll und unhandlich, so daß man sich am Eingang eines Tempels einen örtlichen Fremdenführer nahm; in vielen Fällen waren Besichtigungen ohne Führung auch gar nicht erlaubt. Wertvolle Gegenstände waren in geschlossenen Räumen aufbewahrt, so daß sich der antike Reisende auch nach Öffnungszeiten zu richten hatte und einen Türoffner zu finden hatte.

> "'Erklärer' und 'Führer' gab es in großer Zahl und an allen Sehenswürdigkeiten entlang der bedeutenden Touristenrouten, also insbesondere in **Griechenland, Kleinasien und Ägypten**. Eine besondere Qualifikation oder gar Ausbildung scheint hierfür nicht vonnöten gewesen zu sein, sieht man einmal davon ab, daß sich in Tempeln usw. die Priester häufig die lukrativen Führungen vorbehielten. Zur Schar der Erklärer oder Führer stießen also alle, die sich diese Tätigkeit zutrauten und die je auf ihre Weise vom Touristenboom profitieren wollten. Sie erklärten Sehenswürdigkeiten oder - was erwünschter weil lohnender war - führten und betreuten ihre Gäste für die Dauer ihres Aufenthaltes vor Ort und boten ihnen somit individuell ausgearbeitete Arrangements an, die auch mehrtägige Ausflüge in die Umgebung einschlossen. Mühelos kann man in dieser Dienstleistungskombination den antiken Vorläufer einer 'local agency' erkennen."[25]

Nach dem Untergang des Weströmischen Reiches und der Ausbreitung des Christentums wurden im **Mittelalter Wallfahrten** Hauptreisemotiv. Die Reiseleitung übernahmen meist Männer aus dem Klerus. Die Reiselektüre war in ihrem Sinne verfaßt. Auch wandernde Kleriker und Theologiestudenten, die nicht dem Gelübde der Ortsbeständigkeit (stabilitas loci) unterstanden sowie **Scholaren**, die nach Paris, Oxford und anderen hervorragenden Bildungsstätten reisten, um dort berühmte Lehrer aufzusuchen, prägten als vagi clerici und vagi scolares - im Negativfall als sittlich verwahrloste Vaganten - neben den Kaufleuten das Bild des Reisenden in den nächsten Jahrhunderten.

> "Das subjektive Reiseerlebnis wird zu einem Kennzeichen der beginnenden Neuzeit; auf Reisen erlebt das eigene Ich seine Befreiung. Seßhaftigkeit und Stillstand werden verachtet, die Reiselust wird Teil einer neu erwachenden Lebenslust, die die sozialen und geistigen Fesseln des Mittelalters für immer sprengt. Auch die einsetzende humanistische Bewegung ist ihrem Wesen nach Aufbruch - Aufbruch in die weite offene Welt der dynamischen Bewegtheit des suchenden Menschen. Wandern und Reisen werden fortan zu Medien der Selbstverwirklichung."[26]

Einen zweiten Höhepunkt erlebte die Reisetätigkeit in der **Renaissance**. Die Reisenden wurden dabei in zwei Gruppen aufgeteilt, nämlich **"da Milordo"** (das eher zweckfreie Reisen der Kavaliere mit viel Geld) und **"alla mercantile"** (die Geschäftsreisenden, die als sparsam eingestuft wurden). Die jungen Kavaliere, begleitet von einem **"Hofmeister"** oder **"Reisemarschall"**, machten Bildungstouren durch die Hauptstädte Europas, um für ihre spätere Tätigkeit im Dienste eines Fürstenhofes vorbereitet zu werden. Der Hofmeister war meist ein wenig bemittelter, aber kenntnisreicher ehemaliger Student oder Gelehrter, der als pädagogischer Mentor und Organisator häufig die Gelegenheit benutzte, um eigene Studien zu betreiben. Die große Epoche der **Kavaliersreisen** war das **17. und 18. Jahrhundert**. Francis Bacon beschreibt in einem Aufsatz die Ziele, welche solche Reisen verfolgen sollten:

> "Was man sehen und beobachten soll, sind: Die Höfe der Fürsten, zumals, wenn sie gerade Gesandte empfangen; die Gerichtshöfe, während Sitzungen abgehalten und Rechtsfälle verhandelt werden; im gleichen Fall Kirchenversammlungen und Klöster nebst den darin enthaltenen Denkmälern; die Wälle und Befestigungen von Haupt- und anderen Städten; desgleichen die Häfen und Buchten; alte Kunstwerke und Ruinen; Büchereien, Hochschulen, Streitgespräche und Vorlesungen, wo es deren gibt; Handels- und Kriegsflotten; Prachtbauten und Lustgärten in der Nähe großer Städte; Rüstkammern, Zeughäuser, Pulverkammern, Wechselbanken, Börsen, Reit-, Fecht- und Kriegsübungen und dergleichen mehr; ferner Schauspiele, doch nur solche, welche Leute von Stand zu besuchen pflegen; Schatzkammern für Juwelen und Staatsgewänder; Kunstkammern und Seltenheiten, eben alles, was sonst in den besuchten Orten Merkwürdiges vorhanden ist und wonach die Erzieher oder Hofmeister sich sorgfältig erkundigen sollten. Was Prachtaufzüge, Masken, Festlichkeiten, Hochzeiten, Begräbnisse, Hinrichtungen und ähnliche Schauspiele anbelangt, so soll man den Geschmack daran nicht unnötig wecken, sie jedoch nicht gänzlich außer acht lassen."[27] - Verglichen mit dem heutigen Verständnis von "Bildungsreise" ist die Vielzahl der landeskundlichen und lebensnahen Gesichtspunkte interessant, mit denen z.T. auch die moderne Reiseleitung angereichert werden kann.

Der Wanderbrauch junger **Handwerksgesellen**, oftmals auch ausartend in ziellosem Umherschweifen - war ein Ausleseverfahren, bei dem nur persönlich und fachlich Qualifizierte bestehen konnten und Bedingung für die Erlangung eines zünftigen Meisterrechts.

Um 1720 war die reine **Badereise**, wie man sie aus dem römischen Reich kannte, wiederentdeckt und das Bad zum Treffpunkt wohlhabender Bürger geworden. Die überwiegend jungen Badegäste benutzten die Pflege der Gesundheit oft als Alibimotiv, um das Vergnügen im Spiel und in galanten Affären zu kaschieren.

Der RL zur **Goethezeit** war oftmals der **Vetturino** (Postillon). August Ludwig Schlözer, der im Wintersemester 1795/96 in Göttingen erste Universitätsvorlesungen über Tourismus gehalten hat, erwähnt eine Frühform der örtlichen Fremdenführer in Italien, nämlich Gelehrte, meist **Abées**, die sich vor allem auf die Antike spezialisierten.

Während die Bergwelt zumeist ein wenig beachtetes Reiseziel blieb (Ausnahme: Besteigung des Mont Ventoux in der Provence durch den Dichter Petrarca 1336) und sich die Italienreisenden aus den nördlichen Ländern bis ins 18. Jahrhundert über die "scheußlichen Berge" beklagten, sie als bedrohlich erlebten, initiierten Rousseau, Schiller, Ruskin und A. v. Haller, der den Alpen eigens ein Epos widmete, eine Welle der romantischen Bewunderung für sie. 1741 erkannten Pococke und Windham, daß der Mont Blanc der höchste Berg Europas ist und ein Genfer Gipfelforscher bezwang ihn 1787 erstmals. Seitdem spielt der sportliche Ehrgeiz in den Alpen, schon im 18. Jahrhundert vor allem durch englische "Gipfelstürmer" repräsentiert, eine Rolle. Hier hat die Tätigkeit des **Berg- und Skiführers** ihren Anfang[28].

Mit der Industrialisierung und den neuen Verkehrsmitteln - **Eisenbahn und Dampfschiff** - wurde das Reisen popularisiert, es verlor seine Exklusivität und es entstand die **Pauschalreise**: Im ersten Reisebüro von **Thomas Cook**, der ab 1841 Sonderfahrten per Bahn organisierte und seit 1856 Gesellschaftsreisen nach Europa, im Mittelmeerraum und im Nahen Osten anbot, fungierte als RL noch der Unternehmer selbst. Ähnlich handhabten es die ersten deutschen Reisebüroinhaber Karl Riesel (1856) und die Brüder Stangen (1863). Ab 1889 gab es mit Hapag-Lloyd erste Gesellschaftsreisen mit Sonderschiffen (Musikdampfer). Vor allem **Bade- und Erholungsreisen** entwickelten sich nun und waren um 1900 etabliert. Die Jugend suchte dahingegen in der **Wandervogelbewegung**, einer Art romantischen Fluchtbewegung mit Fahrt, Lager und Horde nach neuen, jugendeigenen, ursprünglichen Reiseformen. Die Jugendbewegung führte schließlich zur Institutionalisierung des Jugendwanderns und zur Gründung des deutschen **Jugendherbergswerks**, wodurch Jugendliche aller sozialer Schichten an den Fahrten teilnehmen konnten.

Zur Zeit des **Nationalsozialismus** und der Organisation "Kraft durch Freude" (KdF) sah man RL und Fremdenführer als wichtige Träger der fremdenverkehrspolitischen Aufklärungs- und Propagandaarbeit:

> "Gerade weil viele ausländische Besucher immer noch mit völlig falschen Vorstellungen, hervorgerufen durch die tendenziösen einseitigen Berichte eines Teils der ausländischen Presse, nach Deutschland komen und nun selbst sehen und hören wollen, was ist, darum ist die Frage Fremdenführer überaus wichtig und bedeutsam."[29]

Dr. Carl Degener, der schon 1932 ein Abkommen mit der Dt. Reichsbahn getroffen hatte und die Ferienzentren Golling und Rohpolding ausgestaltet hatte, schuf in der Nachkriegstouristik das System der Turnussonderzüge.

Folgende Faktoren trugen zum Aufblühen des Tourismus in der 2. Hälfte des 20. Jahrhunderts bei: der wissenschaftlich-technische Fortschritt und die zunehmende Industrialisierung (Wohlsstandssteigerung, Verstädterung, Motorisierung, Freizeitzunahme).

> "Die Vergesellschaftung und der individuelle Streß sind der Preis, den wir für den Fortschrritt zu bezahlen haben. Der Tourismus bietet sich als Ausweg an, als befreiende Freizeitform, außerhalb des Alltags".[30]

Mit dem wirtschaftlichen Aufschwung nach dem Zweiten Weltkrieg und dem Anwachsen der Betriebe war die ursprüngliche Einheit von Planung und Durchführung nicht mehr aufrechtzuerhalten und es differenzierte sich der planende Unternehmer einerseits, der RL andrerseits heraus, der mehr oder weniger intensiv mit örtlichen Gäste- und Museumsführern zusammenarbeitet. Es gibt heute aber auch einen unübersehbaren "grauen" Markt von reiseveranstaltenden Kunsthistorikern, Volkshochschuldozenten und Kleinunternehmen, in denen diese Einheit noch gewahrt ist und von denen Planung, Vertrieb, Reiseleitung, Orts- und Museumsführung in einer Hand geleistet werden.

2.2. Gäste- und Museumsführung

Neben dem RL oder -begleiter begegnet der Tourist dem einheimischen **Ortsführer**, der für ein Objekt bzw. einen Ort zuständig ist. Während man früher dafür den Begriff "Fremdenführer/in" verwendet hat, spricht man heute auch von **"Gästeführern/innen"** (vgl. dazu ausführlich das Buch Schmeer-Sturm: Gästeführung. München Oldenbourg Verlag 3. Aufl. 1996).

Als Gemeinsamkeit mit den StandortRLn haben die Gästeführer (**local guides**) die Konzentration und Spezialisierung auf einen Ort, längere Reisetätigkeit entfällt im allgemeinen, dafür wird jedoch eine sehr hohe Anpassungsfähigkeit (Zielgruppenorientierung) an unterschiedlichste, stets wechselnde Gruppen im Rahmen des Kultur- und Vergnügungstourismus erwartet.

Neben den Gästeführern gibt es noch die **Gästebetreuer**.

> "Gästebetreuung" meint "alle Aktivitäten von seiten eines Kur- und Erholungsortes für Gäste..., die über Unterkunft, Verpflegung und Therapie (im engeren medizinischen Sinne) hinausgehen. ... (Hierbei) lassen sich insbesondere folgende fünf Angebotsbereiche erkennen:
>
> * Kur (Therapie, Krankheitsbekämpfung, Wiederherstellung von Gesundheit)
>
> * Erholung (Gesundheitsvorsorge, z.B. offene Bäderkuren)
>
> * Urlaub (Spaß, Spiel, Sport, z.B. über Campingplätze, Feriensiedlungen)
>
> * Bildung (Kurse in Bauernmalerei, Töpfern)
>
> * Ausflugsziel (Sehenswürdigkeiten)."[31]

Eine Sonderform der Gästeführer stellen **Museumsführer** dar, die sich aus dem wissenschaftlichen Personal eines Museums rekrutieren, dort eine feste Anstellung haben und nur turnusmäßig Führungen zu einem ihrer Spezialgebiete abhalten, sowie Hausmeister, die als **Schloßführer** (oft vorgefertigte) Manuskripte referieren. Festangestellte Ortsführer finden sich bisweilen auch in Fremdenverkehrsämtern, wo sie z.T. kaufmännische und beratende Tätigkeit wahrnehmen, z.T. Führungen übernehmen.

Abgesehen von diesem festbeschäftigten Typ des local guide arbeiten Gästeführer/innen im allgemeinen **freiberuflich** gegen ein Stunden- bzw. Tageshonorar, in vielen Fällen sogar ehrenamtlich und werden über das jeweilige Fremdenverkehrsamt vermittelt bzw. nehmen selbst Kontakte mit Bus- und Reiseunternehmen sowie großen Hotels auf, um ihr Auftragsvolumen zu erhöhen. Freiberuflich arbeiten auch Kunsthistoriker/innen und (kunst)historisch engagierte Autodidakten, die Museums- und Ausstellungsführungen, allerdings zumeist ohne direkte Verbindung mit dem jeweiligen Fremdenverkehrsamt und bei bei höherem Stundenhonorar, anbieten oder bei den örtlichen Institutionen der Erwachsenenbildung, z.B. Volkshochschulen oder kirchlichen Bildungswerken, arbeiten.

Die Professionalisierung reisepädagogischer Freizeitberufe steht in Deutschland noch aus. Bisher ist die Tätigkeit als RL, Gäste- und Museumsführer meist ein "Standbein" neben anderen (z.B. Lehrtätigkeit, Verfassen und Überarbeiten von Reiseführern, Hausfrau oder -mann).

2.3 Tätigkeitsmerkmale

Für den Beruf des RLs und Gästeführers gibt es in Deutschland bisher, im Vergleich zu anderen Ländern der EU, wie z.B. Griechenland oder Spanien, weder eine verbindliche Ausbildung und eine damit verbundene Lizenz noch ein Berufsbild. Deshalb soll im folgenden der Versuch gemacht werden, Tätigkeitsmerkmale[32], Voraussetzungen und Aufgaben der Reiseleitung zu beschreiben und sich damit einem Berufsbild zu nähern.

Es gibt (mindestens) acht professionelle **Tätigkeitsmerkmale** für Gästeführer und RL, von denen 1, 2, 3, 4 und 8 trainierbar sind:

1.	Sachkompetenz (z.B. Geschichte und Kunstgeschichte, Orts- und Objektkenntnisse, aktuelle Besonderheiten) und Zielgruppenkenntnisse, um die örtlichen Sehenswürdigkeiten in Relation zum Herkunftsland der Teilnehmer setzen zu können
2.	methodisches Können (z.B. Gesprächstechniken)
3.	Fähigkeit zu Einfühlung und Kommunikation; sozial-integrativer Führungsstil; gruppendynamische Kenntnisse und Fähigkeiten
4.	organisatorische und planerische Kompetenz
5.	Führungskompetenz, Selbstbewußtsein, Selbstvertrauen und Durchsetzungsfähigkeit
6.	persönliche Einsatzbereitschaft, berufliches Engagement, eine hohe Motivation, positive Grundeinstellung
7.	überdurchschnittliche psychische und physische Belastbarkeit
8.	Rhetorik; ggf. Fremdsprachenkenntnisse

Die **Aufgaben** des Reiseleiters:

1.	Leiten und Betreuen
2.	Vermitteln von Inhalten
3.	Beurteilen von Umständen und Leistungsträgern
4.	Beraten, Kommunizieren, Ratschläge zur Urlaubsgestaltung
5.	Innovieren
6.	Verwalten und Organisieren

2.4. Ausbildung von Reiseleitern

Die Großunternehmen bilden ihre (Standort-) RL zum Teil in mehrwöchigen Seminaren aus. Bei vielen Rund- und StudienRLn wird die Kompetenz zur Reiseleitung mit der Bewerbung und Auswahl erwartet und entweder gar nicht oder nur in Kurzkursen geschult. Studiosus Reisen in München bieten ihren Anfängern ein 3tägiges Einführungsseminar, die Studienreiseabteilung der TUI sogar ein einwöchiges Training, beide Unternehmen zusätzlich eine Einweisungsfahrt und heben sich somit positiv von vielen Mitbewerbern ab.

Für RL, die nicht im eigenen Unternehmen geschult werden, gibt es verschiedene **Seminarveranstalter**[33], die entsprechende Kurse anbieten, z.B:

Berliner Reiseleiter Agentur, Herderstr. 34, 12 163 Berlin, Tel.: 030/ 793 33 44; Fax: 793 33 45

Didact-Touristik Akademie, Tal 30, 80 538 München, Tel.: 089/29 16 01 32, Fax: 29 16 01 36

Die Zugvögel. Tour Guide Training©, Münsterdamm 2, 12 169 Berlin, Tel. 030/79 67 174, Fax: 79 66 363

Förderverein zur Schulung von Reiseleitern e.V. (FSR e.V.), Kölner Straße 20, 59 135 Hagen, Tel.: 02331/904 731; Fax: 904-740

Reise-Ring Deutscher Autobusunternehmungen e.V. international (RDA-Akademie) Hohenzollernring 86, 50 672 Köln, Tel.: 02 21/91 27 72-0, Fax: 12 47 88

Reisen und Bildung GmbH, Ignaz-Günther-Str. 18, 81 927 München, Tel.: 089/91 27 77

SSI-Institut für Berufsbildung, Bayerstr. 35-37, 80 335 München, Tel.: 089/550 26 00, Fax: 59 64 58

SSI am Alex, Alexanderplatz 6, 10 178 Berlin, Tel.: 030/24 38 31-63/64, Fax: 24 38 31-66

Touristik Consult Petra Noll, Marienstr. 7, 70 178 Stuttgart, Tel.: 0711/607 73 77, Fax: 607 73 78

Touristik- und Fremdspracheninstitut Dipl. phil Erhardt Schnell, Tal 39, 80 331 München, Tel.: 089/22 44 44, Fax: 29 58 22

2.5. Soziologie des Reiseleiters

Bis dahin in der sozialwissenschaftlichen Forschung stark vernachlässigt, ist der Beruf des RLs 1981 von Datzer und Lohmann[34] soziologisch untersucht worden. Während nach der Untersuchung, die das Institut für Mittelstandsforschung im Auftrag des Studienkreises für Tourismus und mit Hilfe des Deutschen Reisebüro-Verbandes im Frühjahr 1965 durchführte, indem man 59 Reiseveranstalter und 1315 RL befragte[35] , noch der Großteil der RL von Männern gestellt wurde (71,8 %) und die Frauen mit 28,2 % die Minderheit bildeten, zeigt sich in der Untersuchung von Datzer und Lohmann ein gegensätzliches Bild: 61 % der RL sind **weiblich**, 39 % **männlich**.[36] Allerdings trifft diese starke Präsenz der Frauen (70 %) nur auf die Großveranstalter zu. Bei wissenschaftlichen Studienreisen überwiegen deutlich die Männer mit 86 %, während bei sonstigen Rund- und Studienreisen (59 % männlich, 41 % weiblich) das Verhältnis nahezu ausgeglichen ist.

Nicht nur die geschlechtsspezifische Verteilung, auch die **Altersstruktur** variiert, je nach Veranstaltertypus: Bei den Großveranstaltern (69,3 %) und Jugendreiseunternehmen (70,8 %) sind mehr jüngere Personen bis zu 30 Jahren beschäftigt, während bei den Rund- und Studienreiseveranstaltern fast alle Altersgruppen, mit Schwerpunkten von 21 - 30 und über 60 Jahren, vertreten sind. Bei den RLn wissenschaftlicher Studienreisen sind zwei Drittel über 40 Jahre alt.[37]

Mittlere Reife (44 %) oder Abitur (35 %) sind bei den festangestellten RLn am häufigsten, bei nebenberuflichen 33 % Abitur und 44 % Hochschulabschluß, bei ehrenamtlichen 73 % Hochschulabschluß. Rund- und StudienRL, die nur in seltenen Fällen eine Anstellung haben und nebenberuflich oder freiberuflich arbeiten, sind häufig Akademiker (StudienRL: 41 %; wissenschaftliche RL: 86 %).[38]

2.6. Die rechtliche Stellung des Reiseleiters

Ein Problem, das der endgültigen Professionalisierung der RL entgegensteht, ist neben dem einer fehlenden anerkannten Ausbildung die bisher nicht befriedigend gelöste rechtliche Stellung. Diese Fragestellung betrifft einmal die "zivilrechtliche Einordnung des RLvertrages, ... die **steuerrechtlichen und sozialversicherungsrechtlichen Konsequenzen**".[39] Eine der Hauptfragen ist dabei, ob RL versicherungspflichtig sind, was zwar in der Literatur weitgehend bejaht, in der Praxis jedoch nur bei den saisonal oder fest angestellten StandortRLn umgesetzt wird.

Die zweite Fragestellung betrifft die **Lizensierung**. In den vergangenen Jahren häuften sich Vorkommnisse von der Art, daß deutsche RL und -führer im Ausland, z.B. in Griechenland, Spanien, Frankreich oder Italien, von einheimischen Führern angegriffen wurden und werden, weil sie keine örtliche Lizenz haben. Während in Deutschland an fast jedem Ort von jedem Führungen gemacht werden können - mit wenigen Ausnahmen (einige Gotteshäuser, z.B. Dom von Trier, wo von der Kirche eigene Führer gestellt werden, und einige Schlösser, wo entweder wegen der Selbstdarstellung der adeligen Familie oder/und aus Sicherheitsgründen das eigene Personal führt) - wird das Führen in vielen europäischen Ländern von einer Lizenz abhängig gemacht. Es bestehen hierbei z.T. große Interessenskollisionen - nach außen hin geht es um die optimale Vermittlung des kulturellen Erbes, in Realität geht es um finanzielle Pfründe - zwischen local guides, RLn und Veranstaltern.[40].

Am 26. Februar 1991 verurteilte der **Europäische Gerichtshof** in Sachen "Behinderung des freien Waren-, Kapital- und Dienstleistungsverkehrs in der EG" gemäß § 59 EWG-Vertrag zur **Rücknahme von Restriktionen gegen ausländische RL und Fremdenührern, die mit einer Reisegruppe aus einem anderen Mitgliedsland mit einer Gruppe anreisen:** Besonders in Frankreich, Italien und Griechenland hatten z.T. protektionistische Reglementierungen der touristischen Betreuung zugunsten der local guides zu einer großen Erschwernis deutscher RL im Ausland geführt. Zwar räumt das Gericht den örtlichen oder nationalen Denkmals- und Museumsverwaltungen durchaus das Recht ein, von den Führern, die an besonderen Objekten und in Museen tätig sind, einen angemessenen Qualifikationsnachweis zu verlangen. Allerdings könne man nicht den gesamten öffentlichen Raum (z.B. eine malerische Altstadt), wie bisher in Griechenland und Italien praktiziert, für eine Gruppe nur in Begleitung eines örtlich lizensierten Führers zugänglich machen. Nach Darstellung des Gerichtshofes dürfe der Freie Dienstleistungsverkehr nur durch Regelungen beschränkt werden, die durch das Allgemeininteresse gerechtfertigt seien und die für alle im Hoheitsgebiet des Bestimmungsstaates tätigen Personen gelten.

Allerdings kommt in dieser Gerichtsentscheidung ein Punkt nur unbefriedigend zum Ausdruck und wird deshalb weiterer Klärung bedürfen: Zur Verwirklichung des EG-Binnenmarktes ist eine gegenseitige **Anerkennung von Befähigungsnachweisen** notwendig, wenn Berufszugang oder Berufsausübung an bestimmte Befähigungsnachweise geknüpft sind. Das bedeutet, daß Richtlinien erstellt werden müßten, die festlegen, unter welchen Umständen eine in Deutschland absolvierte Gäste- oder Museumsführer-Ausbildung gleichwertig ist wie die im Ausland[41].

"Ziel der Ausbildungsstrategien muß es sein, Qualifizierungsmodelle zu schaffen, die es dem Teilnehmer ermöglichen, sich stufenweise entsprechend den persönlichen und regionalspezifischen Bedingungen zu qualifzieren. Die Abschlüsse der einzelnen Stufen müssen zu bundesweiter Anerkennung führen und in anderen EU-Ländern als Qualifikationsnachweis anerkannt sein.

Dieser Zielsetzung folgend, erarbeitet der DIHT derzeitig gemeinsam mit den IHK's ein **dreistufiges Qualifizierungsmodell**. Die erste Stufe soll der Lehrgang Reise-/Gästebetreuer bilden, der mit einem bundesweit anerkannten IHK-Zertifikat endet. Er soll ca. 160 Studen umfassen und hat die Aufgabe sowohl allgemeingültiges Grundlagenwissen (Basisqualifikation) als auch regionale Spezialisierung (Spezialqualifikation) zu vermitteln. Darauf aufbauend, soll es den Fachberater Reise-/Gästebetreuung geben. Dieser Lehrgang vertieft im wesentlichen die Kenntnisse der 1. Stufe in nochmals 160 U'Std. und wird mit einer Weiterbildungsprüfung nach § 461 BBiG abschließen. Eine weitere Aufstiegsfortbildung für die Personen, die sich in der Touristikbranche weiterentwickeln möchten, bildet dann die Qualifizierung zum Touristikfachwirt. Ein Seiteneinstieg in die einzelnen Abschnitte soll möglich sein. Parallel zu der Entwicklung der einzelnen Stufen bemüht sich der DIHT derzeit um die EU-Anerkennung der einzelnen Qualifikationen."[42]

Auch heute noch befindet sich ein deutsche RL, der auch Führungen hält und Erklärungen abgibt, in einer rechtlich nicht einwandfreien Situation, was zum Teil als erheblicher Streßfaktor wirkt (Angst vor Verhaftung, Beschimpfungen und Bedrohungen durch Local Guides usw.).

Wenn der RL auf gut ausgebildete, sympathische, ein verständliches Deutsch sprechende Gästeführer zurückgreifen kann, so bedeutet dies für ihn eine gewaltige Entlastung und Bereicherung der Reise. Problematisch ist jedoch der **Zwang zum Ortsführer**: Ein einheimischer Führer kann sich sprachlich zumeist nicht so subtil ausdrücken wie ein deutscher. Inhaltliche und methodische Zielsetzungen kommen leicht zu kurz, denn im allgemeinen verfügt der Ortsführer - das gleiche gilt im übrigen für deutsche Ortsführer - zumeist nur über sehr spezielle historische Kenntnisse zu seinem Objekt, und Anbindungen an größere Zusammenhänge entfallen. Der Local Guide ist oft nur für einen Ort und seine Umgebung zuständig, muß also bei Rundreisen ständig gewechselt werden, was eine inhaltliche und formale Kontinuität fast unmöglich macht. Dazu kommen organisatorische Schwierigkeiten (die Zeitplanung ist nicht immer genau möglich, man verpaßt einen Führer, ein Führer erscheint nicht oder unpünktlich) und nicht zuletzt eine große finanzielle Belastung für den Veranstalter, denn er muß einen RL/-begleiter für die Organisation und zusätzlich die örtlichen Führer bezahlen, was sich ungünstig auf die Bezahlung des deutschen RLs auswirken kann.

Deutsche RL haben sich schon mehrfach zu Interessenvertretungen zusammengetan, die aber zumeist nur eine kurze Lebensdauer hatten. Eine Ausnahme stellt der aktive Verband der StudienRL/innen dar, der an der Gestaltung des RL-Berufsbildes mitwirkt (**Verband der Studienreiseleiter/ innen**, Jutastr. 5, Postfach 440.150, 80.750 München, Tel. 089/12999528; Verbandsorgan reiseleiten live, c/o Helmut Kächele, Paulinenstr. 12, 72.119 Ammerbuch, Tel./Fax: 07073/1565).

2.7. Verdienst und "Nebenverdienste" von Reiseleitern

Trotz Rationalisierungsbemühungen (z.B. Übergang zu größeren Kontingenten in weniger Hoteleinheiten statt kleineren Kontingenten in vielen Hotels) stellt die Reiseleitung einen beträchtlichen Kostenblock in der Ertragsrechnung der großen Veranstalter dar.

Die festangestellten (Standort-) RL der Großunternehmen stellen allerdings nur einen Teil der RLschaft. Die deutschen Guides haben je nach dem Unternehmen, wo sie tätig sind, ganz unterschiedliche Tagessätze. Zum Teil auf ehrenamtlicher Basis oder für ein geringes Taschengeld arbeiten die JugendRL. In den meisten Unternehmen gibt es einen gestaffelten Tagessatz, der von der Ausbildung, der Firmenzugehörigkeit und insbesondere von der Zahl der geleiteten Reisen abhängig gemacht wird.

Anders ist die Situation der einheimischen RL in den verschiedenen Urlaubsländern. Zur Zeit verdient z.B. ein italienischer Führer, wenn er eine große Gruppe hat, an einem Tag mehr als sein deutscher Kollege, weil seine Tarife jährlich in Angleichung an die steigenden Lebenshaltungskosten von der Gewerkschaft erstellt werden. Diese Tarife variieren von Stadt zu Stadt und sind abhängig von der Gruppenstärke. - Vergleicht man damit die Preise, die von deutschen Fremdenverkehrsämtern für ihre **Fremdenführer** festgelegt werden, so liegen diese niedriger, da hier die Größe der Gruppe häufig unberücksichtigt bleibt.

Nach einer Untersuchung des DSF[43] zahlen 9,1 % der befragten Orte keine festgelegte Vergütung; 3,0 % bezahlen weniger als 20.- DM; 21,7 % bezahlen zwischen 20,- und 35,- DM; 38,4 % 40,- - 55,- DM pro ein- bis zweistündige Führung; 10,1 % der Orte zahlen 60,- bis 65,- DM; in nur jedem sechsten Ort (14,6 %) erhalten Gästeführer 70,- DM und mehr pro Führung. Spitzensätze zahlen München mit mindestens 120,- DM für eine zweistündige Führung und Berlin mit 150,- DM für eine Führung bis zu vier Stunden. Für Spezialführungen könen z.T. auch sehr viel höhere Gebühren anlaufen, wie z.B. in Bremen bis zu 225,- DM.

Die Reiseunternehmen zahlen etwa in der Höhe der oben für die Fremdenverkehrsvereine genannten Tarife. Die Arbeitsbelastung eines RLs, der auch selbst führt, ist jedoch viel größer als die eines Ortsführers, seine Aufgaben sowie die Vorbereitung vielfältig und zeitaufwendig, seine psychischen Belastungen höher. Wenn man seine überragende Bedeutung und Verantwortung für das Gelingen einer Reise in Betracht zieht, so erscheint die von vielen Unternehmen gebotene Bezahlung als vergleichsweise gering, was dazu führt, daß die Reiseleiterei als vorübergehender Job betrachtet wird. Diese Einstellung des RLs wiederum steht einer Professionalisierung entgegen.

Bei manchen Reiseveranstaltern verdient der RL an jeder Exkursion eine feste Provision (in der Regel etwa 5 %) und kann somit sein Einkommen aufbessern. ChefRL wiederum bekommen Provision von der Provision ihrer (im Einzelfall bis zu 80) Untergebenen. Aber: "Den weiblichen RLn, die immerhin 70 % ihres Standes stellen, ist der begehrte Chief-Guide-Job in der Regel unerreichbar."[44]

Möglicherweise wird die Vergütung von manchen Unternehmen auch aus dem Grunde niedrig angesetzt, weil man a priori annimmt, der RL mache **Nebengeschäfte** mit Souvenirläden, Restaurants und Ausflügen. Tatsächlich sind die Machenschaften mancher RL - insbesondere solcher, die im Incoming-Geschäft tätig sind, (einige von ihnen sind eher als Kaufleute und Verkaufsförderer für die örtlichen Firmen denn als RL zu bezeichnen, einige unter ihnen schädigen in extremen Fällen mit krimineller Energie den Ruf des ganzen Berufsstandes) inzwischen kein Geheimnis mehr, und nicht wenige Kunden führen Klage darüber:

> "Es gibt Ausflüge zu kunsthistorischen Zentren, von denen der Urlauber den Eindruck gewinnt, es sei eigentlich eine Shopping-Tour gewesen. Offensichtlich gibt es RL, die auf Ausflügen oder auch an Urlaubsorten einen privaten Zubringerdienst zu Souvenirläden eingerichtet haben. Der Urlauber befindet sich sehr häufig in einer psychologischen Zwangssituation und kauft 'anstandshalber' etwas ein. ... Wiederholt wurde auch über die Art und Weise, wie am Urlaubsort Ausflüge durch RL verkauft werden, Beschwerde geführt. Schon bei der Ankunft sind Urlauber wiederholt deswegen belästigt worden. Auch hier wird häufig versucht, den Urlauber in eine psychologische Situation zu manövrieren, in der er sich dann entschließt, an einem kostspieligen Ausflug teilzunehmen."[45]

Manche Kunden allerdings sind auch übermißtrauisch: Sie vermuten Nebenverdienste des RLs, wo gar keine sind, was durch die relativ hohen Preise in vielen Urlaubsländern verstärkt wird.

Es ist darauf zu achten, daß der örtliche Führer nicht die Besichtigung zugunsten von Einkäufen unangemessen kürzt. Wenn die oben beschriebene übertriebene Geschäftemacherei auch abzulehnen ist, so sollte der RL sich doch über übliche Mengenrabatte bei Einkäufen in der Gruppe informieren. Weiterhin ist abzuklären, ob Fahrer und RL einen Freiplatz bei den Restaurantessen erhalten. Dies sollte vorher abgesprochen werden. Im allgemeinen kann man ab 20 Teilnehmern von einem Freiplatz ausgehen, ab 30-40 Teilnehmern zwei Freiplätze erwarten. Falls nur ein Essensfreiplatz vom Restaurant gewährt wird, ist mit dem Fahrer, evtl. dem Veranstalter zu vereinbaren, wer diesen erhält. In den meisten Fällen wird es sich empfehlen, Kosten, aber auch evtl. "Zubrot" mit dem Fahrer zu teilen.

2.8 Der Standortreiseleiter (Albert, Boy-Helmchen, Schmeer-Sturm)

Der Außendienstmitarbeiter eines großen Touristikunternehmens kann je nach Aufkommen und Bettenkapazität des Zielgebietes in vielen Fällen nicht nur für wenige Wochen, sondern über eine ganze Saison oder ganzjährig eine Anstellung finden. Bei der ITS (Kaufhof-Reisen, Hertie-Reisen, ADAC-Flugreisen, Prima Reisen, Glücksreisen)[46] z.B. sind die festangestellten RL, wenn ihr Außendienst abgelaufen ist, in den eigenen Vertriebsstellen beschäftigt. Man unterscheidet hier RL, ChefRL und Verantwortlichen RL.

Aufgaben der Standortreiseleitung im Zielgebiet

Mit der Ankunft der Gäste auf dem Zielflughafen im Urlaubsgebiet beginnt die eigentliche Tätigkeit des StandortRLs. Die ankommenden Gäste befinden sich in einem Zustand zwischen Euphorie des beginnenden Urlaubs, der Sehnsucht nach Erholung und Entspannung und der Erschöpfung von den Strapazen der letzten Tage und Wochen, der Reisevorbereitungen und der Anspannungen der Anreise. Dies ist auch die erste besondere Bewährungssituation. Der erste Eindruck vom RL und damit dem Veranstaltervertreter vor Ort ist entscheidend für den weiteren Verlauf des Urlaubs und die Akzeptanz des RLs als Beistand bei Fragen, Wünschen und in Problemsituationen.

Transfer und Transfergespräch

Einer freundlichen, aufmunternden Begrüßung in der Abfertigungshalle folgt die Verteilung der Reiseteilnehmer auf die (hoffentlich) bereitstehenden Busse für den Transfer der Gäste zu den gebuchten Hotels bzw. Ferienanlagen anhand der vom Veranstalter übermittelten Transferlisten. In der täglichen Praxis wird zwischen begleitetem und unbegleitetem Transfer unterschieden.

Beim **unbegleiteten Transfer** werden die Gäste noch am Flughafen vor der Abfahrt des Busses mit den notwendigen Informationen für die ersten Stunden des Urlaubsaufenthaltes versorgt. Das sind:

- Begrüßung im Namen des Veranstalters und eigene Vorstellung
- Nennung der Uhrzeit /-verschiebung
- Dauer der Fahrt zur Unterkunft
- Hinweis auf erste Verpflegungsleistung
- Einladung zum Informationstreffen am nächsten Tag
- Ansprechpartner im Hotel bzw. Namen des betreuenden Kollegen
- Einsammeln der Hotelgutscheine/Voucher
- Wünsche zum erholsamen Urlaubsaufenthalt

Wesentlich persönlicher gestaltet sich der **begleitete Transfer**, bei dem der RL die Gäste selbst zu den gebuchten Hotels und Ferienanlagen begleitet. Dabei sind folgende Informationen während der Fahrt zu geben:

- Begrüßung im Namen des Veranstalters und eigene Vorstellung
- Nennung der Uhrzeit /-verschiebung
- Dauer der Fahrt zur Unterkunft
- Hinweis auf erste Verpflegungsleistung
- erste kurze Hinweise zu Land und Leuten und evtl. Abweichungen zum Heimatland (Unverträglichkeit von Speisen, Trinkwasserqualität, Schlafkomfort etc.)
- Einladung zum Informationstreffen am nächsten Tag
- Verweis auf die Informationstafel und -mappe in der Hotelhalle
- Ansprechpartner im Hotel bzw. Namen des betreuenden Kollegen
- Hinweise zum Einchecken an der Rezeption und Zimmerverteilung
- Bank/Geldumtausch/Safe
- Wünsche zum erholsamen Urlaubsaufenthalt

Auf dem **Rücktransfer** zum Flughafen am Tag der Abreise ist zusätzlich darauf zu achten, daß die Gäste alle ihr Gepäck haben, die Wertsachen aus dem Safe genommen wurden, die Zimmerschlüssel abgegeben sind und an der Rezeption die Extras (Minibar, Telefon, Pay-TV etc.) bezahlt sind. Am Flughafen sollte der RL Hinweise zum Check-In, der Paß- und Zollkontrolle und Duty-Free-Shops geben, sich von den Gästen verabschieden und einen guten Heimflug wünschen.

Einführender Informationsvortrag/ "Der Empfangscocktail"

Der RL ist der Gastgeber und durch seine persönliche Note und ein passendes Ambiente sorgt er für eine animierende und einstimmende Atmosphäre zum Urlaubsbeginn, die der Reisegast meistens positiv registriert. Das Informationsgespräch für die neuankommenden Gäste findet in allgemeinen am Vormittag des Tages nach der Ankunft statt. Ein zusammen mit der Hotelleitung sorgsam ausgesuchter Raum, ein landestypisches Getränk (wichtig: auch nicht-alkoholische Getränke anbieten) und vielleicht sogar regionale Snacks ("tapas" in Spanien, Gürkchen im Spreewald, Oliven in Italien etc.) schaffen einen einladenden Rahmen. Der Begrüßungsocktail enthält folgende Informationselemente:

- Begrüßung
- Vorstellung der Reiseleitung
- Sprechzeiten der Reiseleitung in der Hotelhalle
- Weitere Informationsmöglichkeiten für den Gast (z.B. Mappe, Tafel)

Ausführlichere Informationen zu folgenden Punkten:

Hotel- bzw. Ferienanlage, ihr Service und ihre Einrichtungen, Mahlzeiten, Stromspannung, Telefon, Briefmarken, Fernsehzimmer und deutsche Sendungen im Radio und Fernsehen, Minibar, Tresor oder Safe zum Aufbewahren der Wertsachen wie Paß und Schmuck, Trinkgelder an Zimmermädchen und Kellner sowie im Preis inbegriffene Leistungen und Extras.

Urlaubsort, seine Freizeiteinrichtungen, seine Einkaufsmöglichkeiten, Post, Bank, Geldwechsel, Sehenswürdigkeiten und Museen, Kirchen, Kino und Theater, Sportstätten (Schwimmbecken, Meer - evtl. Gefahren, Liegestühle, Sonnenschirme, Bootsverleih, Fahrradverleih, Wanderwege in unmittelbarer Nähe.

Umgebung, z.B. Verbindungen mit öffentlichen Verkehrsmitteln, Taxi, Leihauto, Sehenswürdigkeiten und andere Attraktionen.

Ausflugsangebote, deren Erläuterung und Buchungsmöglichkeit (Verteilung von Prospektmaterial und Preislisten).

Exklusiv-Angebote: Unterhaltungs- und Ausflugsprogramm, zielgruppenspezifische Ansprache, für Kunstliebhaber, Abenteuer- Fans, Gourmets etc.

Weitere Hinweise im Kap. 3.3. "Die Kommunikation mit dem Reisegast"!- Zum Ende des Begrüßungscocktail empfiehlt es sich, eine Sprechstunde in der Hotelhalle anzuschließen. Hier lassen sich erste Einzelprobleme (Glühbirne oder Kühlschrank defekt, etc.) im persönlichen Gespräch behandeln.

Informationsmappe und -tafel

Die **Informationsmappe** (ausschließlich zur selbständigen Information des Gastes) enthält:

- Begrüßung und Angabe über das Informationsgespräch
- RL-Sprechstunde
- ggf. Informationen für Flug-, Bahn- und Busgäste sowie Selbstfahrer
- Informationen von A-Z (z.B. Agentur, Autovermietung, Banken, Geschäftszeiten, Postgebühren, Telefongebühren, Trinkgelder, Zollbestimmungen)
- Hotelinformationen (Mahlzeiten, Extras, Besonderheiten)
- Ausflugsprogramm
- Karte des Gebietes
- Fahrpläne öffentlicher Verkehrsmittel
- Adresse des nächsten Arztes
- Gottesdienstzeiten der verschiedenen Konfessionen
- Transfer-Situation (Abhol-Zeiten, Räumung der Zimmer, Gepäcktransport, Flughafen-Gebühren)
- Reisebedingungen

Die **Informationstafel** (notfalls ein gut sichtbar angebrachter Plastikanhänger) im Hotel enthält:

- Begrüßung mit Terminangabe des Informationsgespräches und der Sprechzeiten
- Tips
- Ausflugswerbung (mit voller Nennung des verantwortlichen Veranstalters!) und Kurzbeschreibung der Exkursionen
- Prospektausschreibung für das jeweilige Hotel
- Abflug-Informationen

Sprechstunden

Die Sprechstunden werden nach dem vom Chef- oder Verantwortlichen RL aufgestellten Wochenarbeitsplänen in den zu betreuenden Hotels bzw. Ferienanlagen abgehalten. In der Regel finden diese mehrmals wöchentlich pro Hotel statt. Während der Sprechstunde in der Hotelhalle nimmt der RL alle Wünsche, Anfragen und Probleme der Gäste auf und gibt Informationen. Dazu gehören:

- Erteilung von Auskünften
- Buchung und Verkauf von Ausflügen
- Vermittlung von Mietwagen, Mofas, Fahrrädern etc.
- Annahme von Verlängerungswünschen, Flugumbuchungen
- Entgegennahme von Reklamationen und deren Bearbeitung
- Bearbeitung von Sonderwünschen

Die folgenden Ausführungen beziehen sich auf Gegebenheiten bei ITS, sind aber wohl in hohem Maße auf die Gegebenheiten bei anderen Großveranstaltern übertragbar: Die **Arbeitszeit des RLs** ergibt sich aus dem vom ChefRL oder Verantwortlichen RL erstellten Dienstplan und sieht einen freien Tag in der Woche vor, der ebenso wie die freien Tage für Feiertage während der Einsatzzeit abzugelten ist. Der bezahlte Urlaub (gemäß den Bestimmungen des DRV-Manteltarifs) muß außerhalb der Saison genommen werden.

> "Alle RL, mit Ausnahme der sogenannten Ortskräfte (RL, die im Zielgebiet ansässig sind und zumeist die Staatsangehörigkeit des Zielgebietes besitzen), unterliegen dem deutschen Sozialversicherungsrecht, d.h. sie sind in der Angestellten-, Arbeitslosen- und Krankenversicherung pflichtversichert. Im Rahmen der 'Ausstrahlungstheorie' (Rechtsprechung der Bundessozialgerichte) bleibt dieser Versicherungsschutz bestehen, wenn der ununterbrochene Auslandsaufenthalt des RLs 24 Monate nicht übersteigt." (ITS-Arbeitsanweisungen).

Während der gesamten Dienstzeit sind die RL verpflichtet, eine einheitliche **Dienstkleidung mit Firmenemblem** zu tragen. Diese hat den Zweck, dem Gast eine Orientierungshilfe zu geben und das Unternehmen sichtbar zu repräsentieren. - Sehr stark ausgeprägt ist bei StandortRLn der Verwaltungs- und Büroanteil, das Erstellen schriftlicher Unterlagen (z.B. Informationsmappen, Reiseinformationen, Transferlisten, Abrechnungen, Umgang mit Vouchers, verschiedensten Listen, Berichten, Stellungnahmen usw.) sowie die kaufmännischen Anforderungen (Abrechnungen, Ausflugsverkauf, Leistungskontrolle, Abwicklung von Reklamationen).

2.9. Der Rund- und Studienreiseleiter

Studienreisen sprechen zu einem großen Teil Stammkunden an, wobei ein "überdurchschnittlicher Bildungsstand, relativ krisensichere Arbeitsplätze und gutes Einkommen der Kundschaft ... auch in der wirtschaftlichen Krise Stabilität"[47] verleihen.- Während der Bade- und Erholungsurlauber viele Destinationsmöglichkeiten hat, bietet sich dem typischen Käufer der Studienreise keine Urlaubsalternative - schließlich gibt es die Pyramiden nur in Ägypten und nicht an jedem anderen beliebigen Ort. Inzwischen haben viele Reisebüros die Bedeutung von Studienreisen erkannt, die sie teilweise jahrelang vernachlässigt hatten. Allerdings ist die Beratung für Studienreisen sehr viel schwieriger als bei Bade- und Erholungsreisen, weil der Reisebüroexpedient nicht nur über Standard der Hotels, Klimaverhältnisse im Reiseland usw. Bescheid wissen muß, sondern auch über historische und künstlerische Monumente des besuchten Landes.

Die Zahl der Zielgebiete, die von Studienreisen angefahren wird, ist sehr groß; innerhalb der Hauptzielländer ist darüber hinaus eine immer weitergehende Differenzierung des Angebots zu beobachten.

Bei **"Studienreisen"**[48] denkt man "an den Erwerb und die Erweiterung von Kenntnissen, an eine gründliche Beschäftigung mit dem Land, den Kulturstätten und den Bewohnern. Besichtigungen, Fahrten zu historisch interessanten Orten und Verbesserung von Sprachkenntnissen gehören ebenfalls zu den Formen des Lernens, die eine Studienreise kennzeichnen. Man stellt sich darunter eine Gruppenreise vor, deren Leiter als eine Art Lehrer erscheint".[49] - Mit "Studienreise" ist in der Vorstellung der Befragten planmäßiges Vorgehen, ein fest programmierter Verlauf und Lernen verbunden. Im folgenden wird der Begriff "Studienreise" verwendet, jedoch im Sinne eines Zusammenwirkens zwischen gefühlsmäßig-intuitivem ("Bildungsreise") und planmäßigem Lernen und Bilden ("Studienreise") mit dem Ziel nicht nur einer Wissenserweiterung, sondern einer Integration des Erlebten.

Eine **Studienreise** ist in der Regel wie folgt[50] gekennzeichnet:

1. Ein Besichtigungsprogramm wird vorgegeben, das eingehalten werden soll, aber auch Möglichkeiten für kleine Zusatzprogramme je nach den Interessen der Gruppe bzw. für Einzelaktivitäten der Teilnehmer bietet.
2. Besichtigt wird zumeist in Form der Rundreise, wobei oft täglich an einem anderen Ort übernachtet wird. Zunehmender Beliebtheit, nicht nur bei den älteren Reiseteilnehmern, erfreuen

	sich Aufenthaltsreisen mit festem Standquartier, von dem aus sternförmig Exkursionen unternommen werden.
3.	Der RL betreut die Gruppe während der ganzen Fahrt und bei allen Besichtigungen. Falls einheimische Führer hinzugezogen werden, wird er deren Erläuterungen vorbereiten, gegebenenfalls ergänzen und/oder nachbereiten, um so den thematischen Zusammenhang zur Reise herzustellen.
4.	Die Organisation erfolgt durch darauf spezialisierte (kommerzielle und nicht-kommerzielle) Reiseveranstalter.
5.	Das meistbenutzte Verkehrsmittel bei Studienreisen ist der Bus, auch wenn die Anreise bei weiten Reisen mit der Bahn oder mit dem Flugzeug erfolgt.
6.	Studienreisen haben im allgemeinen eine Dauer von ein bis drei Wochen, können gelegentlich bei nahegelegenen Zielen auch kürzer sein.
7.	"Im Gegensatz zu massentouristischen Reisen mit Großgruppen (wie z. B. Club Méditerranée) wird (die Studienreise) mit überschaubaren Gruppen (Kleingruppen) abgewickelt und vermittelt daher nicht das viel zitierte und negativ belastete Erlebnis des 'Massentourismus'."[51]

In Unkenntnis dessen, was eine Busrundreise von einer Studienreise unterscheidet, werden gelegentlich von Busunternehmen, aber auch von Volkshochschulen u.a., Reisen nicht korrekt ausgeschrieben:

-	**Gruppengröße** nach Zahl der Bussitzplätze contra limitierte Gruppenstärke (25 bis 30 Teilnehmer)
-	**Programmausschreibung** in groben Zügen, größerer Anteil an Unterhaltungsprogrammpunkten contra detaillierte Programmausschreibung, Nennung nicht nur der Orte, sondern auch der zu besichtigenden Denkmäler
-	stärkere **Gewichtung der "Hardware"**: häufig detaillierte Beschreibung der Hotels, des Buskomforts und ggf. des Bord-Services contra stärkere Gewichtung des Programms im Vergleich zu den Hotels, die meist nur kurz von ihrer Kategorie her genannt werden; Ausnahme: Standortstudienreisen
-	statt **Reiseleitung** z.T. "Reisebegleitung" oder "Hosteß" für Busservice und Erklärungen, z.T. Fahrer als RL; im allgemeinen Führungen durch Local Guides contra starker Anteil der RL, die z.T. sogar namentlich genannt wird; höhere Anforderung an wissensmäßige Qualifikation; Führungen wo möglich durch RL
-	bei Studienreisen z.T. Beigabe zusätzlichen **Informationsmaterials** (z.B. Bücher, Fahrtbeschreibungen, Literaturhinweise usw.)

Im Vergleich zum Standort- und ZugRL, dessen Aufgaben weitgehend organisatorisch-technischer Natur sind, sind die Anforderungen an den RundRL komplexer. Neben der organisatorischen Betreuung der Gruppe hat er die Aufgabe, durch Erläuterungen und Führungen während der Fahrt Sehenswürdigkeiten zu erklären und zu interpretieren. Er hat mit der Gruppe engeren Kontakt als ein StandortRL, der nur eine kurze Sprechstunde pro Tag oder an einigen Wochentagen bietet. Dadurch sind auch seine Möglichkeiten, bei den Reisegästen Verständnis für das Reiseland und seine Bewohner zu wecken, größer. Die Anforderungen an den RundRL sind ähnlich wie die an den StudienRL, nur bei letzterem auf höherem Niveau: Nach einem Urteil des Kammergerichtes Berlin[52] haben Teilnehmer einer Studienreise Anspruch darauf, "in einer sich von reinen Besichtigungsreisen abhebenden Weise durch den RL und/oder die örtlichen RL Erläuterungen zu bekommen, die sich gegenüber den allgemeinen Bemerkungen als qualitativ höherwertig darstellen."

Bei manchen Studienreisen wird im Katalog eine "**wissenschaftliche Reiseleitung**" (aus rechtlichen Gründen inzwischen aber nur noch in seltenen Fällen) zugesichert; diese wird somit ein wichtiger Bestandteil des Reisevertrages. - Eine Reiseleitung kann dann als "wissenschaftlich" bezeichnet werden,

> "wenn sie der Reisethematik entsprechend fachbezogen ist. Unstrittig sind in diesem Sinne Reisen mit ausschließlicher und eindeutiger Thematik, so z.B. geologische Studienreisen und zoologische Studienreisen. In den meisten Fällen jedoch sind Studienreisen Kunst und Kultur eines Landes oder einer historischen Landschaft gewidmet und demzufolge thematisch komplex ... Oft ergeben sich mehrere gleichrangige Schwerpunktthemen; ... so ist eine wissenschaftliche Reiseleitung immer dann gegeben, wenn diese von einem Fachwissenschaftler wahrgenommen wird, d.h. von einem Wissenschaftler, dessen Fachgebiet wesentliche Beziehungen zur speziellen Thematik der von ihm geleiteten Reise aufweist."[53]

Nach dem o.g. Kammergerichtsurteil von Berlin ist, "um die Bezeichnung 'wissenschaftlich vorgebildeter RL' zu erfüllen, von einer akademischen Ausbildung der RL auszugehen." Darunter fallen nach van Hees diejenigen, die "ein fachbezogenes Studium mit Erfolg (Magister, Diplom, Staatsexamen, Promotion) abgeschlossen" haben, hochsemestrige Doktoranden, Studienabbrecher, die "in der Zwischenzeit wissenschaftlich weitergearbeitet und dies durch Fachveröffentlichungen unter Beweis gestellt" haben und Autodidakten, die sich ebenfalls durch Fachveröffentlichungen legitimieren müssen.[54]

2.10. Der Schiffsreiseleiter

Unter dem Oberbegriff "SchiffsRL"[55] sind auf einem großen Schiff verschiedene RLarten zu verstehen, wie etwa der **Cruise Director**, der dem ChefRL entspricht (Zuständigkeit für gesamten Programmablauf, Entscheidung über ggf. notwendige Routenänderung), Animateure, Bürokräfte, Hostessen, der Entertainment Officer (Organisation der Shows, Zuständigkeit für die Künstler und den Ablauf der Darbietungen) sowie der Show Exkursion Manager (Zuständigkeit für das Ausflugsprogramm), wobei einzelne Berufsbezeichnungen je nach Veranstalter abweichen können und bei kleineren Schiffen mehrere Funktionen von einer Person erfüllt werden müssen. Bei Studienkreuzfahrten ist es zum Teil üblich, daß der RL während der Schiffahrt die Landausflüge in Form von Diavorträgen vorbereitet, während bei den Ausflügen selbst zumeist auf örtliche Führer zurückgegriffen wird.

2.11. Der Jugendreiseleiter (Schmeer-Sturm, Müller)

Im Laufe der letzten 50 Jahre sind in der Bundesrepublik viele gemeinnützige und kommerzielle Jugendreiseorganisationen gegründet worden, die Ferienaufenthalte vorzugsweise für über Siebzehnjährige veranstalten. Neben finanziellen, organisatorischen und pädagogischen Problemen sowie der Notwendigkeit, sich auf dem Fremdenverkehrsmarkt behaupten zu müssen, stehen diese Spezialorganisationen jedes Jahr aufs neue vor der Aufgabe, Tausende von JugendRLn und Jugendferienberatern zu werben, auszubilden und in ihre Tätigkeit einzuführen.

An diese JugendRL werden, wie an andere RL auch, sehr viele und hohe Ansprüche gestellt: sie sollen Sprachkenntnisse, Auslands- und Länderkenntnisse besitzen, über Reiseerfahrungen verfügen, Organisationstalent und besondere Kontaktfähigkeit sowie Zuverlässigkeit, Verantwortungsbewußtsein, sicheres Auftreten besitzen, mit jungen Leuten umgehen können, gesellige und sportliche Veranstaltungen arrangieren können usw. Freilich können sie, da sie es großenteils mit jungen Erwachsenen zu tun haben, die in ihrem Urlaub ihr eigener Herr sein wollen, "Aktivitäten, Ordnungsregeln, Tugenden nur vormachen und anbieten, nicht erzwingen" (H. Hahn).

Als die Jugendreise-Organisationen sich ab Beginn der 50er Jahre formierten, waren die angestrebten **Ziele der Fahrten** bei Inlandsreisen die gesundheitliche Förderung der Teilnehmer, bei Auslandsreisen die Völkerverständigung. Mitte der 60er Jahre kam als weiteres pädagogisches Ziel dazu, den Umgang mit der Freizeit, mit dem Reisen zu lernen.

"Danach setzte eine Zuwendung zu den eigenen Belangen ein: Soziales Lernen, der Umgang mit sich und der Gruppe wurde wichtiger als das Lernen der Verhältnisse der anderen. Der internationale Aspekt trat in den Hintergrund, die Person des einzelnen, die eigene Gruppe bekam pädagogisches Gewicht."[56]

Wie nun schlagen sich diese Ziele in den Ausbildungsprogrammen der Jugendreiseorganisationen nieder? Als Beispiel soll im folgenden eine Maßnahme der Bundesarbeitsgemeinschaft Evangelischer Jugendferiendienste (BEJ) vorgestellt werden. Sie wurde 1968 gegründet; ihr gehören 13 Institutionen, evangelische Reiseveranstalter, Zentralen für evangelische Jugendarbeit, evangelische Jugendverbände u.a. an.

Im Gegensatz zu den Angeboten kommerzieller Touristikfirmen haben die **kirchlichen Jugendreiseangebote** die Verkündigung des Evangeliums zum Ziel (**missionarisches Motiv**), wie auch das Schaffen von Erfahrungsräumen, in denen christliche Inhalte im Zusammenleben erfahren werden können - und auch das Eröffnen von Reisechancen für schwache und benachteiligte Teile der Gesellschaft (**sozialdiakonisches Motiv**).

Strittig allerdings ist, wie diese beiden Aspekte realisiert werden sollen und inwieweit religiöse Formen (wie die Morgenandacht, das Tischgebet, die Bibelarbeit) unverzichtbare Merkmale einer evangelischen Jugendreise seien bzw. ob Freizeiten auch ohne diese explizite Verkündigung ein wichtiges Angebot kirchlicher Jugendarbeit repräsentieren.

Die BEJ führt jährlich für ehrenamtliche pädagogische Mitarbeiter bei offenen Jugendferienangeboten einen Grundkurs für JugendRL durch. Ein weiteres Seminar der BEJ soll in diesem RLbuch genannt werden, weil es sich auf ein exemplarisches Thema des Jugendreisens bezieht. Es befaßt sich mit der "**Küchenpraxis bei Selbstversorger-Freizeiten**". Mahlzeiten werden in steigender Zahl bei Freizeiten in Selbstversorgung zubereitet, da man einerseits die Freizeitpreise niedrig halten möchte, andererseits den Ablauf der Freizeit stärker durch die Gruppe selbst gestalten möchte und den Gruppenprozeß aus der Abhängigkeit von Personal und Dienstzeiten emanzipieren möchte. "Die Zubereitung der Mahlzeiten in Verantwortung der Gruppenleitung bietet hervorragende Einstiegsmöglichkeiten für länderkundliches Lernen."[57]

Abgesehen von küchentechnischen Aspekten (Preiswert-Gerichte, Reste-Buffet, Mengenangaben, Arbeitsanweisungen und Kosten) wird auch die Frage behandelt, inwieweit Speisepläne Chancen zum interkulturellen Lernen geben und wie die einheimische Küche zu berücksichtigen sei. Darüber hinaus bieten sich bei Selbstversorger-Freizeiten auch verschiedene Formen des sozialen Lernens in der Gruppe: einerseits gruppenstiftende Elemente wie das gemeinsame Kochen, Einkaufen und Zubereiten der Speisen, aber andererseits auch Formen der Metakommunikation über soziales Verhalten, deren Ausgangspunkt zumeist Störungen im Freizeitablauf bilden werden (z.B. einige Jungen wollen nie helfen, manche versehen ihren Küchendienst erst so spät, daß das Essen lange auf sich warten läßt, einige mäkeln ständig am Essen anderer herum usw.)[58].

Wer meint, im Jugendreisebereich einen lukrativen "Job" für die Semesterferien zu finden, der ist zumindest bei den nichtkommerziellen Veranstaltern meistens am falschen Platz. In vielen Fällen müssen die JugendRL sogar finanziell zu den Ausbildungskursen beitragen, während der Reise arbeiten sie in den meisten Fällen ehrenamtlich und erhalten keine Bezahlung bzw. nur ein Taschengeld; manche Mitarbeiter müssen sogar die Hälfte des Reisepreises bezahlen.

Es ist höchst bedauerlich, daß unter den ehrenamtlichen Mitarbeitern der nichtkommerziellen Jugendreiseveranstalter eine hohe Fluktuation von 30-60 % herrscht und dadurch viele wertvolle Erfahrungen für die Jugendarbeit verlorengehen. Nur durch die Bereitschaft vieler junger Menschen, sich ehrenamtlich zu engagieren, sind gut betreute Reisen in kleinen Gruppen möglich. Andererseits ist zu fragen, ob der Grundsatz der Ehrenamtlichkeit nicht gelegentlich überstrapaziert wird.

Bewerbung als JugendRL bzw. -begegnungsteamer/in

Adressen von Jugendreise- und -begegnungsorganisationen über:

- Bundesarbeitsgemeinschaft Katholischer Jugendferienwerke (BAG), Carl-Mosterts-Platz 1, 40 477 Düsseldorf, Tel. 0211-4693-160
- Bundesarbeitsgemeinschaft Evangelischer Jugendferiendienste (BEJ), Käthe-Niederkirchner-Str. 6, 10 407 Berlin, Tel. 030-421 62 70
- Bundesarbeitsgemeinschaft "Das Reisenetz", Käthe-Niederkirchner-Str.6, 10 407 Berlin, Tel. 030-425 46 27
- IJAB e.V. (Internationale Begegnung), Hochkreuzallee 20, 53 175 Bonn, Tel. 0228-9506-0

Der Einsatz ist meist ab 18 bzw. 21 Jahren möglich. Vorbedingung ist in der Regel die Teilnahme an einer Grundschulung (Dauer: von einem Wochenende bis zu einer Woche). Einsätze gibt es fast ausschließlich in den Schulferien (Ostern und Sommer).- Reise- und Unterkunftskosten bei der Schulung und im Einsatz werden fast überall vom Veranstalter übernommen. Für die Ausbildung wird zuweilen eine Kursgebühr erhoben (max. 100 DM). Tageshonorare während des Einsatzes sind "Taschengeld" (ca. 100 DM/Woche, nur selten mehr).

Aus- und Fortbildung

Organisationsinterne Ausbildung u.a. zu den Themenbereichen: Jugendreisepädagogik, Reisetechniken, Recht, Länderkunde, Medizin und Hygiene (Erste Hilfe), Programmgestaltung, Spiele.

Große Organisationen oder Jugendverbände bieten themenspezifische Fortbildungen an.

Trägerübergreifende Fortbildung, Information, Fachliteratur und Beratung für Multiplikatoren/innen:

transfer e.V., Ostmerheimer Str.397, 51 109 Köln, Tel.: 0221-69 87 09 (Bei transfer gibt es auch den "Jugend & Reisen Informationsdienst" mit vielen nützlichen Hinweisen zum Arbeitsfeld. Abonnement: DM 25,-/Jahr).

Zentrale Fachtagungen

Die "**Lernbörse Reisen**" findet jeweils am letzten Januar-Wochenende in Bonn statt. Kontakt: Thomas Morus-Akademie, Overather Str. 51-53, 51 429 Bergisch Gladbach, Tel. 02204-408 472

Das "**Forum Kinder- und Jugendreisen**" beschäftigt sich unter anderem mit der Kooperation zwischen alten und neuen Bundesländern. Veranstaltungsort ist Güntersberge im Ostharz (jeweils im September). Kontakt: Landesverband der Kinder- und Jugenderholungszentren Sachsen-Anhalt e.V., KIEZ Güntersberge, 06 507 Güntersberge, Tel. 030-488-239

2.12.Der Seniorenreiseleiter (Schmidt)

Etwa 23 % der Bundesbürger sind heute älter als 60 Jahre, und ihr Anteil nimmt ständig zu. Bis zum Jahr 2030 wird der Anteil der über 60jährigen auf etwa 37 % prognostiziert. In der Reiseintensität liegen die Senioren schon heute Kopf an Kopf im Rennen mit der jüngeren Generation. Während heute knapp 65 % aller Bundesbürger eine oder mehrere Urlaubsreisen unternehmen, liegen die 50-60jährigen mit etwa 60 % und die 60-70jährigen mit gut 55 % nur wenig unter dem Durchschnitt der Reiseintensität aller Bundesbürger. Lediglich bei den über 70jährigen ist bei einer Reisehäufigkeit von etwa 40 % ein deutlicher Rückgang zu verzeichnen.

Folglich ist es nicht verwunderlich, daß die Tourismusindustrie in den letzten Jahren diese Zielgruppe besonders umwirbt, die an Renten und Pensionen im Jahr über gut 15 Milliarden DM verfügt und viel Zeit hat.

In ihrem Bemühen, Sonderprogramme für Senioren aufzulegen, war die Tourismusindustrie bisher jedoch erfolglos, nur wenige kleine Spezialveranstalter konnten sich eine Stammkundschaft sichern. Die breite Masse der Senioren konnte mit diesen Programrnen nicht angesprochen werden.

Im Gegenteil, die speziellen Senioren-Programme stoßen weitgehend auf Ablehnung bei der älteren Generation. 63 % von ihnen haben eine negative Einstellung zu Freizeitprogrammen für Senioren, so das BAT-Freizeitforschungsinstitut[59]. Das Etikett "Seniorenurlaub" wirkt eher abschreckend.

"Wer so etwas nötig hat, muß wirklich alt sein", oder: "Da machen doch nur Greise mit! " sind typische Antworten der vom BAT-Freizeitforschungsinstitut befragten 58-68jährigen auf die Frage nach ihrer Einschätzung von sogenannten Seniorenprogrammen.

Auch die zum Teil an der gerontologischen Forschung orientierten Seniorenreisekonzepte besitzen offensichtlich keine Attraktivität. Die Vermutung, daß ältere Menschen bei diesen Programmen die Ferien vorzugsweise unter ihresgleichen verbringen möchten, hat sich als falsch erwiesen. Der Gedanke, seinen Urlaub im "Ghetto" einer Altersgruppe verbringen zu müssen, ist unattraktiv.

Während die speziellen Senioren-Programme gemieden werden, zeigt sich "eine auffällig hohe Beteiligung der älteren Generation an bestimmten Reisen im Normalprogramm".[60] Sie entscheiden sich meist für Städte-, Studien-, Wander- oder Hobbyreisen, für einen Langzeiturlaub oder für eine Kreuzfahrt. Dort wird der RL neben jüngeren Reiseteilnehmern vermehrt auf den Personenkreis treffen, den man eher bei "Seniorenreisen" vermutet hätte.

Die Planung und Durchführung dieser von den Älteren bevorzugten Reisen muß sich neben den Erkenntnissen der Freizeitwissenschaften vor allem an den Erkenntnissen der Gerontologie orientieren, um den Bedürfnissen der angesprochenen Zielgruppe noch gerechter zu werden. Es könnten dann die guten Ansätze von Seniorenreisekonzepten in das Normalprogramm mit eingebunden werden. Folglich sollte die Reiseleitung mit den Problemen älterer Menschen vertraut sein, Kenntnisse über den Alternsprozeß besitzen und die soziale Situation dieser Menschen einschätzen können:

* Die gerontologische Forschung hat gezeigt, daß das Erreichen eines hohen Alters nicht notwendig den Abbau und Verlust von Fähigkeiten

und Fertigkeiten bedeuten muß. Es gibt nicht den Alternsprozeß, sondern individuelle Altersstile und -formen, die neben dem biologischen Alter durch viele Faktoren wie Bildung, Beruf, ökonomische Situation, Geschlecht, Wohnumfeld, Familienstand usw. bestimmt werden. Jeder Mensch altert anders. Besonders sind Beeinträchtigungen im Kurzzeitgedächtnis möglich. Zwischen Altersabbau einerseits und körperlicher und geistiger Passivität andererseits kann ein unglücklicher Zusammenhang bestehen.

* Einbußen in der körperlichen Leistungsfähigkeit können auftreten, sind aber nicht unbedingt zwingend. Bestimmte Tätigkeiten können mehr Zeit in Anspruch nehmen.

* Das gleiche gilt für die Gesundheit. Hör- und Sehleiden sowie Kreislaufschwierigkeiten können sich häufen. Mögliche Verhärtungen des Knochengewebes führen leicht zu ernsthaften Verletzungen. Die körperliche Regenerationszeit dauert i.d.R. etwas länger.

* Das Urlaubsverhalten im Hinblick auf Lernen, Bildung und kulturelle Interessen zeigt kaum Unterschiede zu den davorliegenden Altersstufen.

* Einige Urlaubsaktivitäten nehmen im Vergleich mit den davorliegenden Altersstufen geringfügig ab, andere Aktivitäten wie Spazierengehen, Wandern, Kontakte mit anderen Urlaubern sowie geistige Aktivitäten, die sich im Besuch von Veranstaltungen aller Art manifestieren, treten in den Vordergrund.

* Ältere Menschen verreisen aus denselben Gründen wie die jüngeren. Besondere Bedeutung gewinnt der Wunsch nach gesundheitlicher Prophylaxe und Rehabilitation sowie nach mehr Sozialkontakten.

* Historisch bedingt durch den 2. Weltkrieg ist zur Zeit der Männeranteil in der Altersgruppe ab 65 Jahren extrem niedrig. Deshalb werden die meisten Reiseteilnehmer dieser Gruppe alleinstehende Frauen sein.

* In der Regel verfügen ältere Menschen über weniger Reiseerfahrung und Fremdsprachenkenntnisse.

Was bedeuten diese Erkenntnisse für die Arbeit des RLs?

Der RL muß dieser Generation vorurteilsfrei gegenüber stehen. Er muß bestimmte Beeinträchtigungen wahrnehmen können und sich darauf einstellen:

- Eingeschränkte Hörfähigkeit kann durch deutliche und klare Aussprache kompensiert werden.
- Einbußen im Kurzzeitgedächtnis können durch betontes Wiederholen wichtiger Informmationen und Assoziationshilfen

ausgeglichen werden. Kenntnisse über spielerisches Gedächtnistraining sind empfehlenswert und werden gern von den Teilnehmern in Anspruch genommen.

- Bei Führungen sollten häufiger kleine Pausen eingelegt werden, um Regenerationsmöglichkeiten zu bieten.

Medizinische Grundkenntnisse sind für den RL unverzichtbar. Sie sind ihm nicht nur für die unmittelbare Behandlung im Notfall von Nutzen, sondern sie helfen auch bei der Gesundheitsprophylaxe. Körperliche Überforderungen und unangenehme Verletzungen der Teilnehmer können so eher vermieden werden.

Der RL sollte Erfahrungen mit gruppendynamischen Prozessen haben:

- Viele der alleinstehenden älteren Menschen haben das Bedürfnis nach neuen Sozialkontakten, die im Alltag einer natürlichen Selektion durch Tod oder Ausscheiden aus dem Berufsleben usw. ausgesetzt sind. Nicht alle sind in der Lage, mehr Kontakte anzubahnen.
- In der Gruppe haben Ehepaare die Tendenz, sich auszugrenzen.
- Männer haben in der Regel die Angewohnheit, sich in der Minderheit besonders hervorzutun.

Für ältere Reiseteilnehmer steht die perfekte organisatorische Durchführung einer Reise im Vordergrund, wobei sogar die fachliche Qualifikation des RLs in den Hintergrund rücken kann. Der RL muß beweisen, daß er die Reise "im Griff" hat.

2.13.Der Animateur

Die Notwendigkeit von Animation im Urlaub leitet sich "nicht aus der Unfähigkeit der Urlauber ab, sondern aus der Tatsache, daß sich die Urlaubsreise zum Allgemeingut entwickelt hat und die gleichen Züge von Anonymität und Seelenlosigkeit aufweist wie die modernen Wohnzentren im Alltagsbereich." [61] Unter "**Animation**" versteht man zum einen die **Anregung zu Urlaubsaktivitäten** und zum anderen die **Organisation und Durchführung verschiedener Angebote**.

Zu den **Prinzipien der Animation** gehört, daß sie offen, zwanglos, freiwillig und eigenbestimmt (vom Urlauber) abläuft - im Gegensatz zur Manipulation, die versteckt und fremdbestimmt ist.

Wenn es so etwas wie einen **hippokratischen Eid für Animateure** gäbe, würde er nach Opaschowski[62] so lauten:

- Handle nie gegen die Interessen Deines Gegenübers.
- Sieh in jedem Menschen Deinen Partner.
- Gib zu erkennen, daß für Dich Ängste und Hemmungen menschlich sind.
- Nimm jeden Teilnehmer so, wie er ist. Fördere seine Stärken und fordere nicht, daß er seine Schwächen kaschieren muß.
- Hole jeden Teilnehmer bei seinen Neigungen, Interessen und Fähigkeiten ab.
- Trau im unbedingt Können, Wissen und eigene Entscheidungen zu.
- Hilf ihm, seine Bedürfnisse und Interessen zu erkennen und dazu, daß er sie später allein verwirklichen kann.

Finger / Gayler[63] unterscheiden drei qualitativ unterschiedliche "Stufen" der Animation:

- den **Vorgang** (Anregung, Initiative, Aufforderung)
- den **Inhalt** (Geselligkeit, Bewegung, Aktivität)
- die **Wirkung** (Spaß, Genuß, Kontakt, Erlebnisse).

Für sie hat Animation die Funktion - je nach Örtlichkeiten ausgefüllt von einer oder mehreren Personen, direkt in den Hotels oder indirekt in den Urlaubsorten - die **Rolle des "verlorenen Gastgebers"** wieder bewußt auszuüben:

"Empfangen, begrüßen
Informieren
Mit anderen bekanntmachen
Präsent sein, ansprechbar, erreichbar sein
Bewirten, bedienen
Sich kümmern, fürsorglich sein
Interesse haben und zeigen
Etwas mit den Gästen gemeinsam unternehmen
Etwas "Besonderes" organisieren
Sich verabschieden."[64]

Wenn man unter Animation die "Anregung zu gemeinsamen Tun" versteht, so sind passive, konsum- und medienorientierte Tätigkeiten oder ein rein introvertiertes Erleben nur in geringem Maße Ziele der Animation.

Inhalte der Animation sind folgende Bereiche:

- Bewegung und Sport
- Geselligkeit und Kommunikation
- Bildung, Entdecken und Erleben
- kreative musische Tätigkeiten, Hobby
- Abenteuer, Naturverbundenheit, ungewöhnliche und elementare Erlebnisse
- Ruhe, Besinnung, Meditation.

Auch kann man die Inhalte der Animation nach visuellen, auditiven, verbalen, motorischen, medialen, technischen, interaktiven und ökologischen Inhalten aufgliedern.[65].

Zentrale Elemente der Animation, jedem Bereich zu eigen, sind **Spiel** und **Erlebnis**, wobei alle Sinne (nicht nur wie bei der traditionellen Besichtigungsreise Augen und Ohren) miteinbezogen werden können.

Richtziele der Animation sind nach Opaschowski[66] folgende:

"**Edukation**: Lernen sich für neue Anregungen zu öffnen, Aufgeschlossenheit/Lernoffenheit, Anregungsbereitschaft/ Begeisterungsfähigkeit, Neugierverhalten/ Entdeckungs-, Experimentierfreude, Erlebnisfähigkeit/Spaß/Genuß, Reflexionsfähigkeit, Selbstständigkeit

Kommunikation: Lernen, einander zu verstehen: Soziale Wahrnehmungsfähigkeit, Empathie (Einfühlungsvermögen), Kontaktfähigkeit, Verständigungs-, Diskussionsfähigkeit, Beobachtungsfähigkeit, Spielfähigkeit

Integration: Lernen, sich für Gruppenziele einzusetzen: Gemeinschaftsbewußtsein/ Gruppengefühl, Sensibilität für Gruppenprozesse, Interaktionsfähigkeit, Kooperationsfähigkeit, Rollenflexibilität, Ausdauer/ Durchhaltevermögen

Partizipation: Lernen, gemeinsam initiativ zu werden: Konflikt-, Kritikfähigkeit, Toleranzfähigkeit, Verantwortungsbereitschaft/ Zuverlässigkeit, Organisationsvermögen, Beteiligungs-, Initiativfähigkeit, Engagementbereitschaft

Enkulturation: Lernen, aktiv und kreativ an der Gestaltung der Umwelt mitzuwirken: Problemlösungsvermögen, Flexibilität/ Umstellungs-, Kombinationsfähigkeit, Spontaneität/Phantasie/Empfindungs-, Ausdrucks-, Wahrnehmungsfähigkeit, Gestaltungsfreude/ Freude an neuen Ideen, Innovationsbereitschaft, Beteiligungs-/ Mitwirkungsbereitschaft am kulturellen Leben".

Aus diesen Richtzielen leiten sich die neben rein fachlichen Voraussetzungen notwendigen **Qualifikationen des Animateurs** ab:

"- Fähigkeit zur Erschließung von neuen Lernanregungen (Edukative Kompetenz)
- Fähigkeit zur Ermöglichung von Kontakt und Geselligkeit (Kommunikative Kompetenz)
- Fähigkeit zur Unterstützung von Gemeinschaftssinn und Gruppenbildung (Integrative Kompetenz)
- Fähigkeit zur Erleichterung von Beteiligung, Engagement und sozialer Selbstdarstellung (Partizipative Kompetenz)
- Fähigkeit zur Förderung von kreativer Entfaltung und Teilnahme am kulturellen Leben (Enkulturative Kompetenz)"[67]

Die Clubidee geht zurück auf den **Club Méditerranée**, der 1950 von dem Belgier Gerard Blitz auf Mallorca gegründet wurde und inzwischen über mehr als 100 Clubdörfer in der ganzen Welt verfügt. Während der Komfort am Anfang sehr einfach war - man schlief in Zelten, es gab zentrale Waschstellen, einfache Kost - entwickelte sich diese Idee inzwischen zu einem weltweiten Unternehmen. Die AG (Hauptaktionäre sind französische Großbanken, u.a. Edmond de Rothschild, aber auch das saudische Königreich und Fiats Agnelli) besitzt Feriendörfer, Clubhotels und Bungalows in 50 Ländern, verteilt auf 5 Kontinenten. Im Prospekt des Club Méd findet sich folgende Aussage zu den Animateuren:

> "Unsere GO ('gentil organisateurs' oder - ihrer eigentlichen Rolle nach übersetzt - Ihre Gastgeber) sind der eigentliche Kern und Geist unserer Ferienidee. Sie sind keine 'Bediensteten', 'RL' oder 'Animateure' im bekannten Sinne, sondern vielmehr Künstler, Mitgestalter, Kameraden, Miturlauber, Lehrer. Sie sind vielsprachig, talentiert und immer hilfsbereit und freundlich."[68]

In der TUI-RLorganisation[69] werden 59% in der Betreuung, 16% in der Administration, 13% als Führungskräfte und 12% auf dem Animationssektor beschäftigt. Weltweit dürften für die Cluborganisationen der TUI (**Robinson Club**; ca 500 Animateure) und von NUR (**Club Aldiana**; ca 100 Animateure) ca 600 Animateure arbeiten, wobei die Animateure in den speziellen Fachsportarten wie Tennis, Ski oder Segeln miteingerechnet sind. Wie bei den StandortRLn der großen Firmen gilt auch bei den Animateuren das "Rotationsprinzip", "um die Teams nicht einschlafen zu lassen".

Die Animateure kommen im allgemeinen aus den Berufssparten, in denen sie dann im Club tätig sind, z.B.: Sport, Gymnastik, Musik,

Tanz, Kunstgewerbe, Photographie, Video, andere Medien, Malerei, Bildhauerei, Schauspiel, Theater, EDV, Sozialpädagogik, Kinderbetreuung

Die jeweiligen Fächer sollen spielerisch, feriengemäß und unter Berücksichtigung der Geselligkeit im Club vermittelt werden. In dreiwöchigen Schulungslehrgängen werden die Anfänger bei **Robinson** auf ihre spätere Tätigkeit vorbereitet. Die Robinson-Animateure haben keine RLaufgaben - jene werden allein vom TUI-Service wahrgenommen. Die "Robinsonaden" allerdings, ein **"Land-und-Leute-Programm"**, sind eine Ausnahme und bestehen aus alternativen Abenteuerfahrten, z.B. Jeeptouren, Fahrten mit dem Boot oder dem Fahrrad in kleinen Gruppen, Piratenfahrt und Lagerfeuer, Kamelritten in der Wüste, Übernachtung in Zelten, Wildwasserfahrten usw. Weitere vier Teile des **Basisprogramms bei "Robinson"** sind:

- Geselligkeit und Unterhaltung (z.B. Feste aller Art, Wettbewerbe, Wanderungen, Vorträge)
- Hobbies (z.B. Kunstaltelier zum Malen und Batiken, Sprachkurse)
- Wassersport (z.B. Tauchen, Schnorcheln, Windsurfen, Segeln)
- Kinderclub (Miniclub, Kinderfeste, Märchenstunden)

Die Rationalisierung in den Zielgebieten schlägt sich unter anderem in der Zusammenarbeit mit großen Firmen nieder, z.B. im Surfing mit Mistral, im Sport mit Adidas, in der Photographie mit Minolta, im EDV-Bereich mit Omicron/IBM: Dadurch entstehen den Clubs weder Material- noch Wartungskosten oder besondere Investitionen, sondern nur die Kosten für die entsprechend ausgebildeten Animateure. Die Firmen wiederum hoffen, daß im Club das Interesse für ein entsprechendes Markengerät bei einer im übrigen recht interessanten Zielgruppe geweckt wird.

Bei der Planung animativer Angebote müssen neben dem geeigneten **Zeitpunkt**, einer passenden **Situation** auch **Kommunikationsmittel** und **Medien**, **Materialien** und **Personalaufwand** der jeweiligen Aktion organisiert werden. Zu berücksichtigen ist, daß Spiele möglichst niedrig organisiert sein sollten, d.h. einfache Spielregeln haben sollten, solche Spiele und Tätigkeiten bevorzugt werden, die keine Einzelpersonen als Verlierer ausschließen, die Angebote klar und zielgruppenspezifisch formuliert werden und trotz ihres Charakters des Improvisierten jedes Risiko ausschließen.

Exkurs: Gestaltung des Aufenthaltes vor Ort und die "Aktivierung" der Reiseteilnehmer

In vielen Fällen kann der RL auch animative Elemente in eine Rundreise "einbauen". Einige Beispiele dafür zeigt nachstehende Liste:

im geistig-inhaltlichen Bereich:

- Mitsprache bei der Programmgestaltung (Gäste - soweit wie möglich - in den Programmablauf einbeziehen aber Vorsicht vor Profilierung einzelner zu Lasten der Gruppe bzw. vor Gruppenspaltung!)
- Beiträge (Kurzreferate) von Teilnehmerspezialisten
- Anregung zu eigenen weiteren Besichtigungen in Kleingruppen
- Sammeln von Quizfragen zur Reisethematik für den letzten Abend und Angebot eines Quizabends
- kommunikative, dialogische Führung; Diskussionen anregen, "Gesprächsstoff" anbieten, Erfahrungs- und Gedankenaustausch in der Gruppe fördern
- kleiner Sprachunterricht durch die Reiseleitung
- "Erforschung" bestimmter Fragestellungen in Kleingruppen
- Betriebsbesichtigungen (z.B. dt. Firmen im Ausland)
- botanische Führung
- Gespräche mit deutschen Emigranten
- organisierte Gespräche/Diskussionen mit Einheimischen

im Bereich der Kommunikation und Geselligkeit

- Beeinflussung der Sitzordnung, Reiseleitung und Gäste wechseln Tische (ohne Zwang), Flexibilität in der Sitzordnung
- Gruppentische zusammenschieben lassen
- beim Essen ggf. Plätze gezielt verteilen (Einzelstehende)
- Rotieren im Bus, je nach Ausschreibung im Prospekt
- Zeit zum Reden miteinander geben (Mikrophonbenutzung, Musik im Bus einschränken)

- Anregung zu Gesprächen und Diskussionen
- Delegieren von Aufgaben an Untergruppen (Einkaufen für ein Picknick)
- Anregung für die Freizeit- und Abendgestaltung in Kleingruppen
- Begrüßungs- und Abschiedstrunk
- Reiseleitung stellt die Gäste einander vor, merkt sich möglichst bald die Namen, Zusammenführen von Einzelpersonen und Kleingruppen
- Besuch oder Organisation eines Tanzabends
- Marktbesuch, Besuch eines Fischerhafens
- Pilze/Beeren suchen, bei Weinlese/Ernte mithelfen
- kleiner Kochkurs
- örtliche Veranstaltungen (Modeschau, Miss-Wahl)
- Besuch einer Folkloreveranstaltung oder eines örtlichen Festes (Prozessionen, Umzüge)
- Besuch einer Opernvorstellung
- Organisation eines besonderen Essens (festliches Abendessen in Spezialitätenrestaurant, kaltes Buffet, einheimische Küche, orginelles Lokal, Grillen, Strandfest, Picknick, Lagerfeuer, Weinprobe)
- Animieren zum Anwenden der Sprache (einkaufen, Geld wechseln, nach dem Weg fragen) und zur Selbständigkeit
- Sprachspiele, Namensspiele

Bereich Bewegung, Sport, Spiel

- Spaziergang oder Wanderung (Rundgang oder Abholung durch Bus am Zielort), Nachtwanderung, Wanderung bei Morgengrauen, Stadtbummel
- Gymnastik und isometrische Übungen
- Fahrradausflüge
- Bootsfahrten
- Bergtouren und Besuch einer Alm
- Tanz, Diskothek, Standardtänze
- Esel- oder Kamelritt

- Baden im Meer, Hallenbad, Saunen
- Ballspiele ("niedrig" organisiert, keine Ausscheidungsspiele)
- Interaktionsspiele
- Gesellschaftsspiele im Hotel, Geschicklichkeitsspiele

im Bereich des Musisch-Kreativen

- szenischer Bereich: improvisiertes oder vorbereitetes Theaterstück (Ausschnitt), z.B. in einem antiken Theater
- passendes Rollenspiel oder Stegreifspiel
- Vortrag eines Gedichtes durch vorbereitete Teilnehmer in stimmungsvoller Landschaft
- Einüben eines typischen Volksliedes
- Zeichnen (z.B. mit Kohle, Kreiden oder Bleistift)
- Malen (z.B. mit Wasser-, Plaka-, Finger-, Ölfarben)
- Nachbauen von (z.B. vorgeschichtlichen) Sehenswürdigkeiten am Strand mit Steinen (Nuraghen und Gigantengräber in Sardinien)
- Erstellen von Sandbildern bzw. -skulpturen am Strand (z.B. Schildkröte, Krokodil, liegende Frau)
- Photographieren, Motivsuche, Photokurs, photographische Techniken
- Töpfern, Basteln usw. (Räume?)
- Einüben eines typischen (leichten) Volkstanzes
- Besuch von Theater-, Opern-, Musik-, Tanzvorführungen
- landesübliche Spiele mitmachen (Boules in Frankreich)

2.14. Fernreiseleiter

Bei Reisen in die Dritte Welt wird der Reiseleiter noch mehr als im europäischen Raum zur **Schlüsselfigur des interkulturellen Lernens**; auf diese Aufgabe ist er zumeist schlecht vorbereitet, selbst wenn er als Studienreiseleiter z.B. ein Studium der Kunstgeschichte, Ägyptologie, Sinologie, Geographie oder Soziologie absolviert hat.- Seit 1979 haben der **Studienkreis für Tourismus** (StfT) und das Stuttgarter **Zentrum für Entwicklungsbezogene Bildung** (ZEB) der Evangelischen Kirche in Deutschland Motivationsseminare für Dritte-Welt-Reiseleiter konzipiert.

Der Reiseleiter soll

- "sich seiner Schlüsselrolle als interkultureller Lehrer bewußt werden;
- sich darüber klar werden, inwieweit er offen ist für andere Menschen und insbesondere für Menschen aus anderen Kulturen;
- seine eigene Kommunikationsweise und -fähigkeit überprüfen;
- die Schwierigkeiten interkultureller Wahrnehmung kennenlernen (was bedeutet, daß er sich mit den Wahrnehmungsmustern und Wertesystemen der eigenen Kultur ebenso auseinandersetzen muß wie mit denen der fremden, um seine eigenen Vorurteile und jene der Reisenden besser zu verstehen);
- sich des Spannungsfeldes bewußt zu werden, in dem er handelt: Als selbst nicht neutraler Vertreter einer der beiden Kulturen soll er zwischen Reisenden aus Industrieländern und Bereisten aus Entwicklungsländern vermitteln und das Gastland sympathisch 'aufschließen';
- entwicklungspolitische Zusammenhänge begreifen und in überzeugender Form den Touristen vermitteln."[70]

Thematische Schwerpunkte sind: interkulturelle Wahrnehmung, internationale Abhängigkeit, Tourismus und Entwicklung. Der Reiseleiter wird darauf vorbereitet, besondere Situationen bei den Gästen zu antizipieren und anhand von eigenen Erlebnissen und Filmen Fehlverhalten und Mißverständnisse wahrzunehmen und mögliche Reaktionen darauf zu erproben.

Entwicklungspolitisches und interkulturelles Motivationstraining für Dritte-Welt-Reiseleiter blieb bisher auf die Reiseleiter beschränkt, deren Reiseveranstalter den Mitarbeitern eine Seminarteilnahme ermöglichten. Nähere Infos über das für die nächsten Jahre als sechstägiges Seminar auch Einzelteilnehmern zugängliche Training beim:

Studienkreis für Tourismus und Entwicklung, Kapellenweg 3, 82541 Ammerland/Starnberger See, Tel. (0049) 08177 - 1783, Fax (0049) 08177 - 1349

3. Zusammenarbeit mit Kunden, Veranstaltern und Leistungsträgern

Im folgenden Kapitel soll auf die Personen eingegangen werden, mit denen es der RL zu tun hat, insbesondere auf den Reisegast, den Veranstalter, die Leistungsträger und den Fahrer.

3.1. Der Reisende

Altersstruktur

Allgemein gesehen ist die Reisetätigkeit bei jungen Leuten zwischen 14 und 19 Jahren am höchsten, geht in den mittleren Jahren aufgrund familiärer Verpflichtungen zurück und wird bei den Älteren noch schwächer. Im Gegensatz zu dieser allgemeinen Reisestatistik ist für den Teilnehmerkreis von organisierten Studienreisen ein vergleichsweise hohes Durchschnittsalter typisch, wenn auch die Veranstalter in ihren Reisegruppen - insbesondere bei Fern-, Wander-oder Radstudienreisen- eine leichte Verjüngung bemerken.

Gründe für die starke Beteiligung der höheren Altersgruppen an Bildungs- und Studienreisen, aber auch an einfachen Busreisen, liegen einerseits im Freisein von beruflichen und familiären Pflichten (Kinder sind bereits erwachsen), im Ausmaß der zur Verfügung stehenden Freizeit, der relativen materiellen Sicherheit (Rente, Pension), andererseits in Interessen, die im Gegensatz zu denen der Jugendlichen stehen: Die älteren Menschen sehen den Urlaub nicht so sehr als "Zeit des Schlafens, völligen Abschaltens, des Nichtstuns", sondern eher "als Zeit verschiedener Unternehmungen, der Aktivität und des Besichtigens".[71]

Herkunftsgebiet

Die Größe eines Ortes hat einen Zusammenhang mit der Reiselust seiner Bewohner: Etwa 50 % aller Reisenden stammen aus Großstädten mit über 100 000 Einwohnern (in denen 33,6 % der Bevölkerung leben), 15 % aus kleineren Orten unter 20 000 Einwohnern (wo 40,3 % der Gesamtbevölkerung leben). Die Reiseintensität auf dem Lande lag also wesentlich unter dem Durchschnitt.[72]

Menschen in der Stadt bewohnen oft relativ kleine Wohnungen ohne Garten und haben daher das Bedürfnis nach Sonne, Entspannung, Ruhe und Gegenalltag mehr als Menschen auf dem Lande, die sich den Traum vom eigenen Grundstück oder Haus eher verwirklichen können. Dies hat für viele die Folge, daß sie auf Jahre hinaus auf Urlaub verzichten, einen Hauskauf tätigen und den Urlaub im Garten oder der näheren Umgebung verbringen. - In noch höherem Maße als allgemeine Urlaubsreisen werden Studienreisen von Teilnehmern aus städtischen Gebieten frequentiert.

Familienstand und Geschlecht

Bei Busreisen fällt auf, daß ein großer Frauenüberschuß herrscht. Die Frauen rekrutieren sich vorwiegend aus den Ledigen, Geschiedenen und Witwen, die teilweise aus einer gewissen Unselbständigkeit heraus, aus dem Mangel eines eigenen Fahrzeuges bzw. wegen der damit verbundenen Gefahren (auch Angst vor Diebstahl oder Einbruch), insbesondere aber in der Hoffnung auf Kontakte mit Gleichgesinnten eine organisierte Rundreise buchen. Bei reinen Badereisen dagegen ist das Verhältnis zwischen den Geschlechtern ausgeglichener, ebenso bei Fernreisen, bei denen ebenfalls wieder mehr männliche Teilnehmer zu registrieren sind.

Bildungsniveau und berufliche Stellung

Nach der allg. Reisestatistik sind Beamte und Angestellte (60 %), Selbständige und Freiberufliche (46 %) und Schüler /Studenten (50 %) am reisefreudigsten[73], während in der Landwirtschaft tätige Personen, Arbeiter und Facharbeiter deutlich dagegen abfallen.

Dies läßt sich auf Einkommensunterschiede zurückführen, denn bei gleicher Einkommensgruppe fährt zwar jeder zweite Angestellte, aber nur jeder dritte Facharbeiter und jeder vierte Arbeiter in den Urlaub. Außerdem können auch eine geringere Aufgeschlossenheit und fehlende Interessenanregung durch Schulbildung (wie z.B. das Erlernen und Beherrschen von Fremdsprachen) verantwortlich sein.

Singles, insbesondere alleinreisende Frauen

Reisenden, die sich allein für ein **halbes Doppelzimmer** anmelden, wird, soweit möglich, vom Reiseveranstalter eine zweite Person für das Zimmer vermittelt, da Einzelzimmer zumeist nur schwierig zu bekommen sind (oft nur 15 % des Kontingents), häufig in der Qualität nicht den Doppelzimmern entsprechen und zudem mit einem meist hohen Aufschlag verbunden sind.[74] Als "Stiefkinder der Urlaubsindustrie"[75] werden die Singles im "touristik report" bezeichnet, da sie durch höhere Preise, schlechtere Zimmer und zudem oft durch Vorurteile benachteiligt werden. "Im Einzelfall kann das bedeuten, daß der Single mit Fernweh für eine Pauschalreise bis zu 40 % tiefer in die Tasche greifen muß."[76]

Unter den Einzelreisenden hat es die **Frau** besonders schwer, denn noch immer gilt in weiten Kreisen das gesellschaftliche Diktat, daß sie warten müsse, bis sie angesprochen wird. Und noch immer herrscht vielerorts der Brauch, Einzelreisende an einen Einzeltisch zu setzen, wodurch Alleinreisende in der Anonymität großer Hotels und dicht belebter Ferienorte besonders benachteiligt sind.

Mit dem Anschluß an eine Reisegruppe hat die alleinreisende Frau viele Möglichkeiten, Gleichgesinnte kennenzulernen. Durch eine geschickte Sitzordnung, die Förderung offener Kommunikationssituationen, das bewußte Ansprechen der einzelnen Teilnehmer mit ihrem Namen, durch die Förderung eines kommunikativen Führungsstils, an dem die Teilnehmer/innen ihr Wissen, ihre Fragen und Probleme mit einbringen können, ermöglicht es der RL gerade den Einzelreisenden, bald Anschluß in einer Gruppe zu finden.

Erwartungen der Reisenden an das Produkt

Für den RL ist es sehr wichtig, die Motivationen und Erwartungen der Teilnehmer zu kennen, um sich entsprechend in seinem Führungsstil, seinen Erläuterungen und der Programmgestaltung darauf einstellen zu können.

Die **Erwartungen der Reisekunden**[77] sind zum einen auf die gebuchte Leistung und die damit verbundenen materiellen Grundlagen zum Gelingen ihres Urlaubes gerichtet:

1. Angebot geeigneter Transportmittel
- bei der Anreise
- bei Transfers
- vor Ort

2. Angebot geeigneter Unterkünfte
- Komfort und Ausstattung der Zimmer
- Verpflegung
- Lage zu Freizeitmöglichkeiten (z.B. Strand, Stadtzentrum) bzw. bei Rundreisen günstige Einbindung in die Routenführung

3. professionelle Organisation
- qualifizierte Beratung bei der Buchung, Vermittlung inhalts- und routenbezogener Information
- perfekte Durchführung und ggf. gewandte Improvisation
- Inklusivprogramm sowie Exklusivprogramm

4. Auswahl einer optimalen Streckenführung
- geeignete örtliche und zeitliche Vorstrukturierung des Programms
- geeignete und repräsentative Auswahl von Höhepunkten (Kunstdenkmäler, Landschaft)

5. qualifizierte Reiseleitung
- gute Betreuung und Organisation
- guter Umgang mit Menschen
- Sach- und Vermittlungskompetenz

Kundenerwartungen, die nicht den gebuchten Leistungen entsprechen, können nach Block[78] auf folgende Gründe zurückgeführt werden:

"1. unklare oder übertriebene Prospektwerbemittel
2. ungenügende Informationen des Kunden durch die zuständige Reisebürofachkraft
3. Differenz zwischen Prospektangebotsleistungen und tatsächlich gebuchten Leistungen.
4. Nichtlesen bzw. ungenaues Durchlesen der Buchungsunterlagen durch den Kunden
5. Unfähigkeit des Kunden, den Informationsgehalt der Buchungsunterlagen zu verstehen
6. der Kunde will sich einen Vorteil verschaffen."

Motivationen und allgemeine Erwartungen der Reisenden

Von Robert Datzer[79] wurden die über das spezielle Reiseprodukt hinausgehenden Motivationen und Erwartungen von Reisekunden ausführlich untersucht.- Erwartungsgemäß dominiert bei den **Erholungsreisenden** das Motiv **Regeneration** und **Rekreation**. Bei **Studien- und Erlebnisreisenden** sind unterhaltungsbetonte, regenerative und kommunikative Motive weniger ausgeprägt. Für den StudienRL ist vor allem eine Erkenntnis wichtig:

> "Die Studienreisenden verbinden mit ihrem Urlaub sehr stark den Wunsch nach neuen Eindrücken und Erlebnissen. Ihnen kommt es nicht alleine darauf an, sich weiterzubilden, sondern mit dem Besuch kultureller Sehenswürdigkeiten ein Bedürfnis nach

Abwechslung und Erlebnis zu befriedigen".[80] Für die Programmplanung des RLs bedeutet dies, daß er sich nicht einseitig auf Wissensvermittlung konzentrieren, sondern auch Erlebnisse mit einbeziehen sollte.

Datzer untersuchte die unterschiedlichen Motivationen von Studien- und Busreisenden und stellte dabei fest, daß von den **Busreisenden** dem **Unterhaltungs- und Geselligkeitsaspekt** ("mit netten Leuten zusammensein" und "viel Spaß und Unterhaltung haben") überdurchschnittlich große Bedeutung beigemessen wird. Das Publikum der einzelnen Reiseformen unterscheidet sich also deutlich hinsichtlich seiner Erwartungshaltung. Der RL kann sich folglich je nach Veranstalterart schon vorher ein wenig auf sein Publikum einstellen.

Wenn auch alle Verallgemeinerungen auf der Kennzeichnung von Extremen basieren, so möchte ich doch zur Orientierung die von Heinz Hahn entwickelte **Urlaubertypologie**[81] vorstellen:

S-Typ = "Sonne, Sand, See" = Erholungsurlauber, bei dem ein passives Verhalten und der Wunsch nach Geborgenheit und Geruhsamkeit im Vordergrund steht.

F-Typ = "Ferne und Flirt" = Erlebnis-Urlauber, für den neben Entspannung und Erholung Unternehmungen, Vergnügungen und Abwechslung, fröhliche elegante Geselligkeit und Ausflüge wichtig sind.

W 1-Typ = "Wald und Wandern" - Bewegungsurlauber, dem gesundheitsbewußt körperliche Bewegung Spaß macht und der z.T. auch Kureinrichtungen benutzt.

W 2-Typ = Wald und Wettkampf" = Sporturlauber, der sich selbst als "zäh" einschätzt und gerne Anstrengungen für sein sportliches Hobby, das in der Urlaubsentscheidung an erster Stelle steht, in Kauf nimmt (z.B. passionierte Alpinisten, Segler und Flieger)

A-Typ = "Abenteuer und Aufregung" - Abenteuerurlauber, sucht den Reiz, die Erregung und die Gefahr, vor allem die Überraschung und persönliche Bewährung

B-Typ = **"Besichtigung und Bildung"** - Bildungsurlauber; seine "Neugier" ist so stark, daß andere Urlaubsgenüsse wie Ausschlafen und Baden in den Hintergrund treten. Z.T. wird auch das Ausprobieren landesüblicher Gerichte und Weine zum Gegenstand seines Interesses. Es bilden sich hier drei Untertypen:

B 1 = der "Sammler"-Typ, eher quantitativ ausgerichtet, der Sight-Seeing-Experte

B 2 = der "Stimmungs"-Typ, etwas schwärmerisch veranlagt, der sich den Gefühlen, die die Natur, die fremde Welt und alles Unbekannte in ihm erwecken, überläßt

B 3 = "Interessen"-Typ geht mit festen natur-, kultur und sozialwissenschaftlichen Interessen hinaus und richtet seinen Urlaub gezielt darauf ein, z.B. auch seine Fremdsprachenkenntnisse zu verwerten.

Nach Opaschowski[82] wiederum läßt sich die Urlaubsmotivation idealtypisch in Form zweier Kategorien beschreiben, welche durch das unterschiedliche Verhältnis zum Alltagsleben charakterisiert sind: die **Konträr-Haltung** (Realitätsflucht, alltagsanaloge Verhaltensnormen und Anpassung an Urlaubsnormen, Anti-Arbeitshaltung als Gegenwelt und "eigentliches" Leben), und die **Komplementär-Haltung** (ergänzende Beschäftigungen in sonst ungenutzten Aktivitätsbereichen, Selbstverwirklichung). Die Konträr-Haltung mag einerseits auf mangelnde Urlaubserfahrung und Unsicherheit vieler Urlauber zurückzuführen sein, ist aber sicher auch schichtenspezifisch mehr oder weniger ausgeprägt je nach dem Grad der Persönlichkeitsbestätigung im Berufsalltag.

Weiterhin stellt Opaschowski acht verschiedene **Bedürfnistypen** und die ihnen entsprechenden Urlaubsformen heraus:

- **Rekreationsbedürfnis** (nach Erholung, Entspannung, Wohlbefinden, Kräfte-Sammeln, gesundheitsbetonter Erholung, Intensivierung des Körpergefühls, Freimachen von Alltagsbelastungen): Erholungsurlaub, Kururlaub, Badekur, Aktiv- und Sporturlaub
- **Kompensationsbedürfnis** (nach Ausgleich, Ablenkung und Zerstreuung, Abschalten, Freisetzen von fixierten Vorschriften und Zielen, Wunsch nach Zwanglosigkeit, Unbeschwertheit, Freizügigkeit, Abwechslung, bewußter Lebensgenuß): Erlebnisurlaub, Abenteuerreisen, Tagesausflüge
- **Edukationsbedürfnis** (nach Kennenlernen, Weiter- und Umlernen, Anregungsorientierung und Erlebnisdrang, Neugierverhalten und Probehandeln, Rollenwechsel, Bedürfnis nach Selbstbehauptung und Selbstbestätigung, Entwicklung von Ich-Stärke und Persönlichkeitsveränderung): Bildungsurlaub, Informations- und Studienreise

- **Kontemplationsbedürfnis** (nach Selbstbesinnung, Selbsterfahrung und Selbstfindung, Wunsch nach möglichst weiter räumlicher und innerer Distanzierung, Identitätsfindung): ruhige Form von Freizeit, Psychotherapiekurse
- **Kommunikationsbedürfnis** (nach Mitteilung, Sozialkontakt und Geselligkeit, Mitteilungsbedürfnis, Kontaktsuche, Wunsch nach vielfältigen sozialen Beziehungen): Verwandtenbesuche, Bekanntentreffen, Tagungsreisen
- **Integrationsbedürfnis** (nach Sozialorientierung, Gruppenbezug und gemeinsamer Lebenserfahrung, nach emotionaler Zuwendung und Zugehörigkeit, Geborgenheit, Gemeinschaftsbewußtsein, Familienbezug, soziales Lernen): Familienurlaub, Gruppenurlaub, Vereinsreisen
- **Partizipationsbedürfnis** (nach Beteiligung, Mitbestimmung und Engagement, Möglichkeiten für Eigeninitiative und Selbstdarstellung, gemeinsame Ziele und Vorhaben anstreben und durchführen, Mitsprache und Mitverantwortung, Kooperations- und Solidaritätsbereitschaft, Umweltgestaltung durch soziale Aktion): Internationale Begegnungen, Gemeinschaftsdienste und Work Camps
- **Enkulturation** (Bedürfnis nach kultureller Beteiligung, kreativer Erlebnisentfaltung und Produktivität, nach freier Entfaltung persönlicher Fähigkeiten, nach eigenschöpferischer und nachschöpferischer Betätigung, ästhetisches Empfinden und Einfallsreichtum entwickeln und erweitern, eigenmotiviertes und selbstbestimmtes Leistungserlebnis, kulturelle Aktivitäten und Initiativen, Durchsetzung eigener Ideen und neuer Problemlösungen, Persönlichkeitsbereicherung): Hobbyurlaub, Ferienkurs, Teilnahme an Sommerschule.

Während in den 50er bis 70er Jahren der Urlaub als Gegenwelt zur Arbeit (Passivität, Rückzug, ohne Verpflichtung, Wohlstand) erlebt wurde - Wertorientierungen, die heute noch vorwiegend von der älteren Generation gelebt werden-, ist in der nachindustriellen Urlaubergeneration, die in der Nachkriegszeit geboren und in materiellem Wohlstand aufgewachsen ist, über höhere Bildung verfügt und postmaterialistische Wertorientierungen zu schätzen weiß, eine Intensivierung des Freizeitlebens wichtig (Erleben, Spontaneität, Entspannung, Natur).[83] Im Laufe des Lebens verändert sich die Hierarchie der Urlaubsmotive, was bei Familienurlauben zu Konflikten führen kann: Während bei den Jugendlichen die Spaßorientierung, der Kontrast und Freiheitscharakter des Urlaubs dominiert, herrschen bei der

Elterngeneration Motive des Abschaltens, Entspannens und Erholens, das Bedürfnis nach Natur vor. Im Rentenalter bleiben dieselben Wunschbilder nach Sonne, Ruhe und Natur, sind aber weniger stark ausgeprägt.

Heute bindet man gerne auch **Lebensstil-Konzepte**[84] in das touristische Marketing ein, um Kundengruppen präziser zu identifizieren. Nach dem Freizeitforscher Horst Opaschowski umfaßt die Typologie der Reisepioniere folgende 13 Urlaubstypen: die Kurzurlauber, Globetrotter, Ökotouristen, Intervaller, Prestigetouristen, Komforturlauber, Spontis, Nomaden, Abenteurer, Studienreisende, Interrailer, Reiseprofis und Solisten. Felizitas Romeiß-Stracke hingegen unterscheidet vier Lebensprioritäten und demnach vier Typen: die aktiven Genießer, die Trendsensiblen, die Familiären, die Nur-Erholer. Jene Lebensprioritäten bestimmen in hohem Maße das Urlaubsverhalten und die bevorzugten Freizeitaktivitäten der Menschen mit und sind für die Marktsegmentierung nach Lebensstilen bedeutsam.

Erwartungen an den Reiseleiter

Als Kunden zu Beginn der Reise nach der Bedeutung einzelner Programminhalte befragt wurden, entschieden sie sich für folgende Rangfolge:

> "Besichtigungsprogramm, RL, Unterbringung, Verkehrsmittel, Verpflegung, Reisen in der Gruppe."[85]

Als dieselbe Frage am Ende der Reise nochmals gestellt wurde, war die Rangfolge die gleiche, nur daß der RL an erster Stelle, das Besichtigungsprogramm an zweiter Stelle genannt wurde.

RL unterschätzen häufig diejenigen Fähigkeiten, die die Reisegäste an ihnen besonders wichtig finden: Für viele Kunden, vor allem für die Altersgruppe über 50 Jahre, steht der Aspekt der **Betreuung und eine perfekte organisatorische Durchführung** der Reise an erster Stelle, während "rein fachliche Qualifikationen für wesentlich weniger wichtig gehalten werden".[86] Bei den 31-50jährigen stehen die verständlichen Erklärungen, bei den 15-30jährigen die freundliche Betreuung an erster Stelle.

Die Anforderungen an den RL beschränken sich also nicht auf eine gute fachliche Ausbildung in Geschichte, Kunstgeschichte, Geographie usw., sondern erstrecken sich auch auf pädagogische und organisatorische Qualifikationen, die daher in einer künftigen RLausbildung mehr berücksichtigt werden müssen.

Erwartungen an den Urlaubsort

Ein weiterer Zweig der Motivationsforschung im Tourismus befaßt sich mit den Erwartungen an den Urlaubsort, die für die Veranstalter und die von ihnen ausgewählten Ziele eine Rolle spielen.[87]

> "Für die Motivation der Wahl eines Urlaubsortes ist es von grundlegender Bedeutung, daß die überwiegende Mehrzahl der Reisenden jedes Jahr an einen anderen Ort fahren möchte",[88] d.h. daß Orte und Gegenden, die schon besucht worden sind, im allgemeinen ausscheiden. "Wenn ihnen die üblichen Reiseziele (Italien, Spanien, Jugoslawien, Griechenland etc.) bekannt sind, entscheiden sie sich der Reihe nach für immer weiter entfernte Reiseländer (Ägypten, Mesopotamien, Kenia, Thailand etc.), so daß man bei ihnen eine fast gesetzmäßig ablaufende persönliche 'Reisegeschichte' aufstellen kann."[89]

Der von den Urlaubern ersehnte Urlaubsort kann folgendermaßen bezeichnet werden: Er ist (nicht zu schroff) gebirgig und liegt möglichst in der Nähe von Flüssen oder Seen. Mittel- und Hochgebirge sowie das Meer gelten bei einem Großteil der Befragten als ideales Urlaubsziel. Der Reisende hat selten ein wirklichkeitsnahes Bild vom Urlaubsort. Das Bild, wie es ihm aus Prospekten und Informationen zugänglich wird, ist überlagert von stereotypen Vorstellungen. Der RL kann Enttäuschungen vorbeugen, indem er bei Beginn der Reise in seinem Einführungsvortrag antizipierende Äußerungen zur Art des Urlaubsortes und des Hotels mit einbezieht.

Kontaktbedürfnis

Wichtiges Motiv, eine Reise zu unternehmen, ist die Möglichkeit, Kontakte mit Gleichgesinnten zu knüpfen. Man wählt z. B. eine Studienreise, um ein ganz bestimmtes Publikum zu treffen, und hofft - "schon des höheren Preises, aber auch des geistigen Anspruches wegen - ... dort mit Sicherheit standesgemäße Gesellschaft"[90] zu finden.

Bei jüngeren (meist ledigen) und älteren (meist alleinstehenden) Reisenden "ist das Kontaktbedürfnis, gleichzeitig jedoch auch die innere Barriere des Anknüpfens neuer Beziehungen, erhöht ... Beide Gruppen haben gemeinsam, daß der Kontaktwunsch größer ist als die Kontaktfähigkeit."[91]

Durch **Institutionalisierung von Formen der Begegnung und Geselligkeit** hat der Reiseveranstalter hier eine wichtige Funktion; der RL kann durch **gemeinschaftsbezogene Aktivitätsformen** und **Animation** die Kommunikation unter den Gästen fördern.

Das Kontaktbedürfnis einer großen Anzahl von Reisenden wird auch in der Werbung ausgenutzt, die eine **Erotisierung des Urlaubs** suggeriert. Die Prospekte mancher Ferienhändler "sind voll von bunten Stimmungsbildern zu den klassischen Reizthemen Sonne, Süden, Sand und Sex".[92] Nach der Statistik lernt man übrigens auf Reisen nur selten den Partner fürs Leben kennen (nur 5 %; auf einem Fest, beim Tanzen 35 %, bei der Arbeit 11 %, bei Freunden, Bekannten 11 %, durch direktes Ansprechen 11 %).[93] Der Urlaubsflirt scheint also häufig unverbindlich zu sein.

Bei Clubreisen und Jugendfreizeiten ist das **Reisemotiv Flirt und Liebe** relativ stark. "Insbesondere junge Mädchen gehen häufig mit ausgeprägtem Kontakthunger auf Reisen."[94] Ein JugendRL muß sich deshalb auf den pädagogischen und juristischen Umgang mit sexuellen Wünschen und Handlungen seiner Teilnehmer/innen vorbereiten.

Prestigebedürfnis

Das für die Reisenden sehr wichtige Erfolgs- und Prestige-Moment spielt bei der Gruppenbildung ebenso eine Rolle wie in dem Leistungsstreben, möglichst viele Objekte zu besichtigen. Das Prestigebedürfnis ist in der Forschung schwer zu erfassen, da es von den Urlaubern nur selten als Motiv genannt wird.

Welche Elemente einer Studien- und Busrundreise wirken prestigefördernd? Neben der "illustren Reisegruppe" spielen bei den meisten Menschen Quantitäten eine große Rolle - die Zahl der zurückgelegten Kilometer, die Entfernungskilometer vom Heimatort, die Zahl der besichtigten Kirchen und Museen, die Preise für Reise und Unterkunft, die Zahl der Erlebnisse. Der amerikanische Gesellschafts-Futurologe Alvin Toffler ("Der Zukunftsschock") hat die Entwicklung einer "zukünftigen Erlebnisindustrie" vorhergesagt: Die Konsumenten werden "in der Zukunft genauso bewußt und leidenschaftlich Erlebnisse sammeln, wie sie einst Dinge gesammelt haben."[95]

Irrationale Glücksvorstellungen

Neben den statistisch greifbaren und psychologischen Reisemotiven gibt es noch einige schwerer faßbare Erwartungen: die Sehnsucht nach dem Schönen, das oft im Gegensatz zu den "häßlichen" persönlichen Konflikten zu Hause steht; der Hang zum Idealen, Meisterhaften; die Nostalgie; das Sich-weg-Träumen, das Schwärmen; das Über-die-eigene-Form-hinaus-wachsen-Wollen; das Sich-Erweitern auch ins Archaische, Frühe, Vergangene; die Kunstwerke als Medium zur Harmonisierung des eigenen Selbst.

Wieweit sich solche irrationalen Erwartungen erfüllen, wird weitgehend von der Persönlichkeit des RLs abhängen, nämlich wieweit er selbst für Geistiges, Symbolisches, Religiöses und Transzendentes offen und durchlässig ist. Da er durch die Auswahl und die Dauer des Verweilens bei gewissen Objekten Akzente setzt, da er selbst in der Art seines Schauens und Erklärens zum Sprachrohr der Dinge wird, kann er bei den Reisenden durchaus den Sinn für Spirituelles wecken und sie damit geistig öffnen. Geistige Weite wird als Glück erlebt.

3.2. Das Zusammenleben in der Reisegruppe (Ude)

Nach Datzer/Lohmann besteht bei RLn ein großer Bedarf nach Fortbildung mit psychologischen Inhalten. Informationen über die "Psychologie des Reisegastes" werden gewünscht, da RL häufig als Blitzableiter benutzt werden. RL empfinden ihre Gäste als "borniert, unverschämt und gedankenlos, ... intolerant und passiv".[96]

Außerdem fühlen sich RL stark belastet im zwischenmenschlichen Bereich[97], wenn sie Situationen nicht vorhersehen können, sich in ihnen jedoch spontan verhalten und sie bewältigen müssen.

Reisen kann Spaß machen, Reisen in Gruppen erst recht. Reisen kann neue Erkenntnisse ermöglichen, den eigenen Horizont erweitern, Einblicke in andere Kulturen und Mentalitäten und damit andere Denk- und Verhaltensweisen geben. Kann. Häufig ist jedoch die Offenheit und Aufnahmebereitschaft blockiert durch **Störungen des menschlichen Klimas in der Gruppe** und zwischen einzelnen Gruppenmitgliedern oder der ganzen Gruppe und dem RL. Diese Störungen sind kein Wunder, sondern unter diesen Umständen ganz normal, treffen doch Menschen recht unterschiedlicher beruflicher und sozialer Herkunft aufeinander, die - oft gehetzt noch von der Arbeit und den letzten Erledigungen - häufig nicht viel Zeit haben, sich gegenseitig in entspannter Atmosphäre kennenzulernen und sich aufeinander einzustellen. Dichte Programme, die den einzelnen Gruppenmitgliedern nicht viel Zeit für sich persönlich zum Entspannen, Verarbeiten und Ausruhen lassen, verringern den individuellen Freiraum und stellen einen weiteren Streßfaktor dar. Die neuen Eindrücke im jeweiligen Reiseland, das andere Klima, die andere Mentalität der Menschen, Armut und Elend der Menschen in Dritte-Welt-Ländern tun ihr übriges, um Spannung in Gruppen entstehen zu lassen.

Was kann ein RL tun, um mit diesen Störungen und Spannungen in Gruppen umzugehen? Wie kann er Gruppen sowohl füreinander als auch für die Menschen im jeweiligen Gastland öffnen? Aufgabe dieses Kapitels soll es sein, RLn einen Einblick in die Möglichkeiten der Analyse und Gestaltung seiner Beziehung zur Gruppe oder zu einzelnen Gruppenmitgliedern zu geben.

Zunächst jedoch sollen kurz **typische Phasen** beschrieben werden, die alle Gruppen so oder ähnlich durchlaufen. Diese Phasen zu erkennen und zu verstehen, ist Voraussetzung für ein adäquates Umgehen damit.

In Reisegruppen - wie auch in allen anderen Gruppen - geht es nicht nur um das Gewinnen von Informationen auf und durch Reisen (sachliche Ebene), sondern auch um das Miteinander (**soziale Ebene**). Während die sachliche Ebene in den meisten Fällen sehr stark berücksichtigt wird - durch das Zusammenstellen des Programms und damit der Inhalte - wird die soziale Ebene sowohl bei der Planung wie auch bei der Durchführung der Reise zu sehr vernachlässigt. Werden individuelle psycho-soziale Bedürfnisse (nach Wertschätzung, Anerkennung, Nähe, Distanz, Zugehörigkeit, ...) vernachlässigt, entstehen in absehbarer Zeit Frustration und Ärger, die ein Ventil brauchen. Häufig werden diese Gefühle jedoch nicht auf der sozialen Ebene angesprochen, sondern es entsteht ein **Konflikt auf der sachlichen Ebene**. So werden Auseinandersetzungen über die Qualität von Hotels, Bus, Mahlzeiten usw. geführt, die aber das eigentliche Problem nicht lösen. Das eigentliche, oft maskierte Problem zu erkennen, ist aber die Voraussetzung für ein wirkliches Lösen.

1. Orientierungsphase

Meistens kennen sich die Teilnehmer untereinander nicht. Sie treffen das erste Mal am Abfahrts- bzw. Abflugsort zusammen. Bis zu diesem Zeitpunkt haben sie eine Reihe von Erfahrungen aus früheren Gruppen und Reisen gesammelt, die ihre Erwartungen an die Gruppenmitglieder und den RL prägen. Außerdem ist jeder Reiseteilnehmer eine einzigartige Persönlichkeit mit einer individuellen Entwicklungsgeschichte. Wie die einzelnen Teilnehmer die Gruppe und den RL sehen, hängt von genau diesen Faktoren ab. Eine neue Situation stellt immer eine gewisse **Verunsicherung** für den Menschen dar, mit der jeder unterschiedlich umgeht. Das Bedürfnis, sich zu schützen, steht bei vielen im Vordergrund. Die meisten verhalten sich abwartend, zurückhaltend, vorsichtig, beobachten aber genau und versuchen, sich zu orientieren, ohne allzuviel von sich selbst preiszugeben. Eine gewisse Spannung hinsichtlich der anderen Teilnehmer ist ebenfalls häufig zu spüren: Wie werden wohl die anderen Teilnehmer sein? Kann ich mit ihnen in den nächsten, sehr intensiven Tagen und Wochen gut auskommen? Werde ich Anschluß an die Gruppe finden? Welche Regeln werden gelten? Wie wird der RL sein? Allmählich erst werden sich diese Spannungen reduzieren und lösen.

Ein RL, der sich dieser Unsicherheiten seiner Reiseteilnehmer gerade zu Beginn einer Reise bewußt ist, sollte jedem Teilnehmer gerade am Anfang ein **Gefühl von Sicherheit und Wertschätzung vermitteln**. Die allererste Gelegenheit dazu ist das persönliche Begrüßen beim Kennenlernen. Durch das Bekanntmachen der Teilnehmer miteinander erleichtert er diesen, sich gegenseitig anzusprechen und ein Gespräch zu beginnen. Oft ist am Abfahrtsort nicht viel Zeit für längere Unterhaltungen. Diese sollten dann im Flugzeug oder Bus in jedem Fall nachgeholt werden, denn die ersten Kontakte geben dem RL die Möglichkeit, sich einen intensiven ersten Eindruck von den Teilnehmern, ihrer Art, ihren Erwartungen und Wünschen zu machen, sich auf sie einzustellen und ihnen das Gefühl einer individuellen Betreuung zu vermitteln.

Unerläßlich ist auch ein Gespräch mit der gesamten Gruppe, welches so früh wie möglich geführt werden sollte. Das Offerieren eines Begrüßungs-Cocktails als atmosphärische Einstimmung kann dabei vorteilhaft sein. Der Inhalt dieses Gesprächs sollte sowohl die sachliche (vgl. Kap. 2.8 StandortRL: "Informationsmappe, -tafel und -gespräch") als auch die soziale Ebene berücksichtigen:

Sachliche Ebene

Der RL sollte einen Überblick über die gesamte Reise geben, die nächsten Termine klar und deutlich ansagen, Änderungen bekanntgeben, die Prozedur der An- und Abreise bei den Hotels eindeutig erläutern, die Platzverteilung im Bus, all das verdeutlichen, was für einen reibungslosen Ablauf der Reise notwendig ist. Dazu gehört auch das Eingehen auf Landes-Standards hinsichtlich der Hotels, der Verkehrsmittel und Mahlzeiten und auf die Sitten und Gebräuche der Menschen im jeweiligen Kulturbereich.

Soziale Ebene

Unerläßlich ist es auch, in dieser offenen, verunsichernden Anfangsphase die Teilnehmer darauf aufmerksam zu machen, wie sehr ein glücklicher, **bereichernder Verlauf der gesamten Reise auch von ihnen** und ihrer Bereitschaft zur Kooperation untereinander und mit dem RL **abhängig** ist. Toleranz und Offenheit füreinander sind ebenfalls notwendig, um in dieser einengenden Gruppenreisesituation miteinander auszukommen. Allerdings sollten die Teilnehmer auch ermuntert werden,

den zur Verfügung stehenden **Freiraum** (freie Abende, freie halbe oder ganze Tage), so weit es ihren Bedürfnissen entspricht, für sich persönlich auszunutzen, um sich zu entspannen, **Abstand von der Gruppe** zu bekommen. Älteren Teilnehmern oder Teilnehmern, denen ihre Kondition, das Klima oder das Reisetempo zu schaffen machen, sollte einfühlsam die Möglichkeit eröffnet werden, einzelne Programmpunkte auszulassen, um sich im Hotel zu erholen und "fit" für die Programmpunkte zu bleiben, die für sie am wichtigsten sind.

Um die Kontaktaufnahme untereinander zu erleichtern und die Bedeutung der Kooperation zu betonen, bieten sich gemeinsam zu lösende Rätsel, Puzzles usw. an (der Phantasie sind keine Grenzen gesetzt). So bekommt der ernste Inhalt eine spielerische Note.

2. Konflikt-Phase

Während in der Orientierungsphase die Unsicherheit der Teilnehmer und ihr gegenseitiges Abtasten im Vordergrund stand, gewinnen sie jetzt an Sicherheit, je deutlicher die sozialen Normen in der Gruppe werden und je besser die Teilnehmer sich untereinander kennenlernen. An die Stelle der Zurückhaltung tritt das **Alltagsverhalten** und das **Experimentieren mit bestimmten Verhaltensweisen** in der Gruppe. Nach der anfänglichen Vorsicht kritisieren sich die Teilnehmer in dieser Phase gegenseitig und äußern ihren Ärger offen - auch dem RL gegenüber. Die **Suche nach ihrer Rolle** und ihrem Platz in der sozialen Struktur der Gruppe steht im Vordergrund. Die Teilnehmer klären ihre Beziehungen untereinander, grenzen sich gegeneinander ab. Dieses offenere Verhalten vieler Teilnehmer schafft neue Unsicherheiten, die zur **Bildung von kleinen Gruppen** führen, in denen die Teilnehmer Sicherheit und Unterstützung suchen. Weiß ein RL um diese Entwicklungsphase in einer Gruppe, kann er persönlich wesentlich gelassener darauf reagieren. Eigene Panik ist fehl am Platz, da sie ein überlegtes und gezieltes Agieren und Reagieren behindert. Wer von Beginn an mögliche Konflikte einkalkuliert, sich darauf einstellt, kann sie schon in den Anfängen erkennen und klärend einschreiten. Dies heißt jedoch nicht, daß der RL der einzige ist, der die Konflikte lösen kann und sollte! Die Verantwortlichkeit für ein konstruktives Umgehen mit Problemen liegt auch bei den Teilnehmern, die ihre eigenen Anteile an einem Konflikt erkennen und Wege finden müssen, um miteinander zufriedenstellend weiterhin auszukommen. Aufgabe des RLs ist es hier also eher, den Teilnehmern ihre eigene Verantwortlichkeit zu verdeutlichen und ihnen bei der Klärung des Konfliktes zu helfen, als über- und alleinverantwortlich nach Lösungen zu suchen.

Da es bei aggressiven Reaktionen in dieser Phase häufig um das **Ausdrücken von Individualität** und das Verteidigen des eigenen

Reviers geht, kann ein RL von Anfang an **persönliche Stärken** der einzelnen Teilnehmer **hervorheben** und die Teilnehmer ermuntern, diese in die Gruppe einzubringen. So ermöglicht er den Reisegästen, auf positivem Wege sich einerseits mit ihrer Stärke von der Gruppe abzugrenzen und andererseits, sich mit eben jener auch für das Gruppenleben nützlich zu machen. Auf diese Weise können die Bedürfnisse nach Individualität und Gruppenzugehörigkeit befriedigt werden. RL können also unnötige Konflikte in einer Gruppe vermeiden, indem sie einen Blick für die Fähigkeiten und Qualitäten der Teilnehmer entwickeln und diese fördern und integrieren lernen.

In dieser Phase kann der RL die Gäste auch darin unterstützen, kleine Gruppen zu bilden und den zur Verfügung stehenden Freiraum mit dieser Gruppe oder aber auch ganz alleine zu nutzen, um auf Entdeckungsreise zu gehen oder die freie Zeit jeweils individuell zu gestalten.

3. Zusammengehörigkeits-Phase

Nach den Macht- und Positionskämpfen entspannt sich die Lage allmählich. Die Teilnehmer haben ihre Position gefunden und können einander mehr schätzen und akzeptieren. Sie erleben die Zugehörigkeit zur Gruppe jetzt als angenehm, stützend und bereichernd. Das Gruppenleben macht Spaß, die Toleranz für abweichendes Verhalten wird größer. Freundschaften werden geschlossen, die Teilnehmer drücken ihre Sympathie und Wertschätzung aus. Die meisten bemühen sich, die erlangte Harmonie in der Gruppe nicht zu gefährden. Deshalb wird auf subtile Weise das Ausdrücken feindseliger Gefühle verhindert, werden "positive" Gefühle verstärkt. Allerdings entstehen so neue Spannungen, da eine immer größere Lücke zwischen dem tolerierten Harmoniebestreben in der Gruppe und den eigentlichen Gefühlen der einzelnen Teilnehmer zu klaffen beginnt. Das Bemühen um die Harmonie verhindert mehr und mehr die Spontaneität und Nähe untereinander. Das Konfliktpotential steigert sich allmählich wieder.

Zunächst ist diese Phase unproblematisch. Das Gruppenleben funktioniert reibungslos, der RL kann sich auf die Vermittlung von Informationen konzentrieren, die Teilnehmer sind offen dafür.

Wächst später das Konfliktpotential wieder - oft kommt der von den RLn gefürchtete **"Gruppenkoller"** gegen Ende der Reise - kann der RL ein angenehmes Klima begünstigen, indem er Freiräume außerhalb der Gruppensituation zuläßt und fördert, dabei das Gemeinsame betont, aber auch aufkeimende Konflikte nicht unterdrückt, sondern klärend zur Verfügung steht.

So wichtig das Wissen um diese drei Hauptphasen in Gruppen ist, sollten RL doch folgende Punkte bedenken:

* Jede Gruppe, jeder Mensch ist anders! Schubladendenken hilft deshalb nicht. Es heißt also, immer wieder neu anzufangen und möglichst offen, klar und unbelastet auf Menschen in neuen Gruppen zuzugehen, ihnen Wertschätzung entgegenzubringen.

* Sobald Menschen sich zu einer Gruppe zusammenschließen, tendieren sie dazu, Verantwortung abzugeben. Der RL sollte sich dessen bewußt sein und seinerseits klar und deutlich sagen, wofür er die Verantwortung übernimmt. Auch RL sind keine Übermenschen. Sie werden jedoch häufig in ihrer Rolle dazu gemacht. Hier ist es also wichtig, sich **abzugrenzen**.

* Wut und Nörgeln auf der Seite der Teilnehmer kann ein Versuch der Kontaktaufnahme sein. Aufmerksamkeit und Zuwendung und das Verstärken angenehmerer Kontaktaufnahmeversuche können hier weiterhelfen.

* Der RL als Repräsentant des Reiseveranstalters ist zugleich Gastgeber und Regisseur. In dieser schwierigen Doppelrolle ist es wichtig, zu jedem einzelnen Teilnehmer wohlwollend Kontakt aufzunehmen und die Rahmenbedingungen der Kontaktgestaltung zum RL in der Gruppe zu definieren.

* So wichtig das Vermitteln von sachlichen Inhalten auch ist, sollte ein RL Störungen des zwischenmenschlichen Klimas in der Gruppe auf keinen Fall ignorieren, sondern von Fall zu Fall entscheiden, wie er damit umgeht. Dabei kann er sich folgender Methoden[98] bedienen:

a) Starten und Steuern ("Ich möchte jetzt, daß Sie ..."; "Ich schlage vor, ...")

b) Unterbrechen und Abbremsen ("Ich möchte mal unterbrechen ...")

c) Abschließen und Stoppen ("Ist das so okay?")

Probleme können oft nicht endgültig geklärt werden, sollten jedoch für die Situation und die beteiligten Personen zufriedenstellend abgeschlossen werden. - Wichtig bei solchen Klärungen ist, daß der RL die Situation strukturiert und die Macht, die er durch seine Rolle hat, für das Herstellen von Kontakt, Austausch und Verständnis einsetzt.

Klare **Regeln** können das Leben in der Gruppe erleichtern. Drei sollen hier erwähnt werden. Der RL muß immer wieder auf diese Regeln[99] aufmerksam machen:

a) **Jeder** Teilnehmer gehört zur Gruppe; dies schafft ein Zugehörigkeitsgefühl, verhindert ein vorschnelles Schubladendenken.

b) Ich spreche nicht über andere Teilnehmer, sondern ich rede sie direkt an; dadurch entstehen Offenheit und Vertrauen.

c) Ich sage von mir aus, was ich mir wünsche oder was mich stört; dies verhindert das Aufstauen von Ärger.

Diese ganzen Ausführungen ersetzen in keinem Fall eine psychologische Schulung von RLn, sondern sollten einen Überblick über mögliche Aspekte eines vertiefenden und sensibilisierenden Trainings geben.

3.3. Die Kommunikation mit dem Reisegast (Müller)

Nachdem Gudrun Ude die psychologischen Prozesse in einer Reisegruppe dargestellt hat, möchte ich ganz konkret einige Standardsituationen beschreiben und Hinweise zum Verhalten des RLs geben: Durch professionelles Handeln kann sich der RL besser vor unliebsamen Überraschungen und persönlichen Enttäuschungen schützen.

Grundhaltung des Reiseleiters gegenüber seinen Gästen

Kein Mensch kann ohne Gefühle von Sympathie und Abneigung durch das Leben gehen! Auch RL nicht ... Während allerdings in anderen Lebensbereichen persönliche Abneigungen häufig dazu führen, daß man sich aus dem Wege geht, ist dies in einem Rahrnen, in dem die Reiseleitung zur vertraglich festgelegten Leistung gehört, nicht möglich. Der Kunde hat einen Anspruch auf einen gleichbleibend guten Service.

Regel: Freundlicher und zuverlässiger Service für alle Gäste! Private Kontakte darüber hinaus zu einzelnen Reiseteilnehmer/innen sollten dennoch nicht unterdrückt werden, sonst geht das zu Lasten der eigenen Ausgeglichenheit und führt damit auch zu einer unpersönlichen Ausstrahlung gegenüber den Reisenden. Wichtig ist das Fingerspitzengefühl dafür, was eine Reisegruppe von sich aus ihrem RL an individuellen Freiheiten läßt, ohne das Gefühl zu haben, ihr werde etwas weggenommen.

Zur Rolle des Reiseleiters

Das bringt uns ohne Umschweife zur Rolle des RL innerhalb der Reisegruppe, immer unter der Voraussetzung, daß er grundsätzlich als angenehmer Begleiter empfunden wird. (Wenn dem nicht so ist, dürfte die Eignung für diesen Beruf anzuzweifeln sein!) Bei einer Teilnehmergruppe, die relativ häufigen Kontakt mit der Reiseleitung hat (z.B. bei Studienreisen, Jugendreisen und im Cluburlaub), spielt - neben einer guten Organisation - die persönliche Betreuung die größte Rolle.

Ein kleiner Exkurs: Für die meisten Menschen ist eine Reise, die nicht aus beruflichen Motiven unternommen wird, einer der Höhepunkte des Jahres und von hohen Vorerwartungen geprägt. Deshalb ist es entscheidend, daß sie unter dem Strich nicht enttäuscht davon zurückkehren, sondern zufrieden. Für die tatsächliche Zufriedenheit reichen jedoch eine schöne Unterkunft und eine reibungslose Organisation nicht aus, sondern es bedarf zusätzlich einiger besonderer Erlebnisse. Oftmals sind solche Wünsche auf das Kennenlernen von anderen Menschen gerichtet, wenn sich die "Lieben von daheim" (Lebenspartner/in, Freunde, Familie ...) nicht mit auf Reisen befinden - vorausgesetzt, es gibt sie! Gelingt es nicht, diese **Wünsche nach Kontakten** abzudecken, dann ist es zunehmend von Bedeutung, daß eine gelungene Gesamtatmosphäre der Reise und die Möglichkeit, dennoch interessante Gespräche zu führen, letztendlich Zufriedenheit schafft. Daß dabei der RL, besonders für einsame Menschen, eine zentrale Person ist, muß einleuchten.

Es ließen sich lange Abhandlungen über die besondere Attraktivität von Leiter/innen - in welchen Gruppierungen auch immer - schreiben. Auch in jeder Reisegruppe gibt es Mitglieder, die es für anstrebenswert halten, engen Kontakt zum RL zu haben. Die denkbare Palette reicht dabei vom "Aufreißen" eines Surflehrers im Ferienclub über die Teilnahme beim "Kapitänsdinner" auf der Kreuzfahrt bis hin zum langen Fachgespräch im Cafe mit dem reiseleitenden Professor der Studienreise. In RLkreisen gibt es darüber unzählige Anekdoten, in denen sich Klischee und Wirklichkeit vermischen. Auffällig ist dabei, daß sehr oft männliche RL oder Animateure im Mittelpunkt dieser Prozesse stehen. Aus Gesprächen von RLfortbildungen weiß ich, daß Frauen sich in diesem Tätigkeitsfeld offensichtlich dezenter verhalten bzw. ihnen eine zu enge Beziehung zu Mitreisenden weniger nachgesehen wird. Daher ist es an dieser Stelle durchaus angebracht, sich über **Rollenzuweisungen** Gedanken zu machen. Das gilt gleichermaßen für RL wie für Reiseteilnehmer!

Auf weniger an der Person orientierte Erwartungen treffen RL, die als Ansprechpartner für Einzelreisende in Hotels, Bungalowanlagen usw. zur Verfügung stehen. Ihr Kontakt mit dem Publikum ist regulierter: Nach der Anreise laden sie meist zu einer kurzen Einführungsveranstaltung ("Empfangscocktail" oder ähnlich betitelt) ein, bei der alle wesentlichen Informationen, oft gekoppelt mit zusätzlichen Programmangeboten des Veranstalters, vermittelt werden (vgl. Kap. 2.14).

Ansonsten gibt es regelmäßige **Sprechstunden**, zu denen Gäste entweder kommen, um beraten zu werden (Tips für Unternehmungen, Hilfen für den Urlaubsalltag) oder um sich zu beschweren. Für den RL bedeutet diese Kontaktform die Rahmenbedingung für individuelle Gespräche, die es zu führen gilt. Erschwerend wirkt hier, daß ein RL, der nicht ständig mit seinen Gästen zusammen ist, nicht mitbekommt, wie sich die "Spannungsbögen" seiner Anvertrauten aufbauen, bevor sie sich z.B. zu einer Reklamation entschließen. Da er aber als offizieller Vertreter des Veranstalters als einziger vor Ort greifbar ist, richten sich auch alle damit verbundenen Gefühle - positiv wie negativ - ausschließlich auf ihn. Oftmals wird eine Kritik am Reiseveranstalter oder an den örtlichen Gegebenheiten überhaupt nichts mit dem Verhalten des RL zu tun haben, obwohl sich die Äußerungen der Gäste so deuten ließen. Diese Verquickung der **Rolle des "verlängerten Veranstalterarms"** mit dem persönlichen Arbeitsstil vor Ort muß vom RL differenziert und, wann immer möglich, auch den Gästen verdeutlicht werden, um "richtig" reagieren zu können.

Regeln: Sich besonders am Anfang der Tätigkeit Zeit zum Nachdenken über die eigene Rolle und das eigene Verhalten nehmen! Sich immer wieder in die Blickwinkel der Kunden versetzen und dabei, so gut es geht, den einzelnen Gast berücksichtigen! Sich klar darüber werden, wie man selbst vom RL betreut werden möchte und danach handeln!

Standardsituation: Anreise, Zimmerbelegung und erste Information

Diese Situation wird in der Regel von der Erwartung des Gastes geprägt, reibungslos und ohne Wartezeit sein Zimmer beziehen zu können. Alle weiteren Interessen sind, zumal oft eine ermüdende Anreise vorausging, weniger wichtig. Besonders in touristischen Ballungszentren, in denen Überbelegungen bekanntermaßen an der Tagesordnung sind, kommt schnell Unruhe auf, wenn Verzögerungen entstehen.

Der routinierte, gut vorbereitete RL informiert sich rechtzeitig beim Hotelier oder Verwalter über die aktuelle Lage und weiß beim **"Check-In"** genau, welcher Gast auf welches Zimmer kommt und welcher Standard ihm zusteht. Diese Informationen lassen sich auch telefonisch erfragen, wenn der RL wie bei Studienreisen - unmittelbar mit seinen Gästen anreist und nicht vor Ort stationiert ist.

Hat alles seine Richtigkeit und sind die Zimmer sofort belegbar, dann ist es einfach: Der RL bittet seine Teilnehmer in eine ruhige Ecke, stellt sich bei Bedarf noch einmal vor und berichtet sofort, daß die Unterkunft umgehend zur Verfügung steht. Dann informiert er noch über alles, was die Reisegruppe unmittelbar interessiert: wo und wann es die erste Mahlzeit gibt, wo er sich selbst befinden wird und wann und wo es das Informationstreffen gibt (spätestens am 2. Tag des Aufenthalts). Anschließend regelt er selbst die **Zimmervergabe** oder ist zumindest an der Rezeption präsent und steht für individuelle Fragen zur Verfügung. Außerdem besorgt er sich eine **Zimmerliste** von seinen Gästen, um sie ständig erreichen zu können. Geschieht dies alles gelassen und ohne Hektik, dann wird diese Situation angemessen bewältigt.

Allerdings ist es keineswegs die Ausnahme, daß die Anreisenden auf ihre Zimmer warten müssen, weil sie noch gereinigt werden. Das ist besonders an sogenannten "**Wechseltagen**" der Fall, an denen die neue Belegung anreist und die alte noch im Haus ist, weil sie (z.B.) mit demselben Bus in die Heimat zurückfährt. Es kommt zu Überschneidungen im Hotelalltag, die zu vielen Nervositäten führen können. Da die Primärbedürfnisse der Kunden in dieser Lage nicht befriedigt werden, gibt es weiterführende Ansprüche an den Service durch die Reiseleitung:

- Sichere Unterstellung des Gepäcks gewährleisten.
- Klare Informationen darüber geben, wann die Zimmer bereit stehen und warum sie nicht sofort belegbar sind.
- Einen "atmosphärischen Trost", z.B. durch ein Freigetränk, signalisieren (fast alle Reiseveranstalter haben einen Spezialfonds für solche Anlässe). - Sorge für eine unproblematische, zwischenzeitliche Verpflegung.
- Tips für ortserkundende Spaziergänge in der Zwischenzeit.

Vor allem wichtig: eine möglichst freundliche Ausstrahlung, die nicht die Routine dieser Situation für den RL widerspiegelt, sondern Verständnis dafür, daß jeder einzelne Gast seinen Urlaub problemlos beginnen möchte.

Einführender Informationsvortrag: "Empfangscocktail"

Nicht eingehen werde ich an dieser Stelle auf organisatorische Belange und Interessen des Veranstalters, über dieses anfängliche Treffen des RL mit seiner Gruppe zusätzliche Programme - z.B. Tagesausflüge - zu verkaufen. In diesen Komplex werden neue RL bei Vorgesprächen und Schulungen individuell eingewiesen.

Mir liegt daran, diesen Punkt am Anfang - und damit in einer noch nicht eingefahrenen Situation - als **Chance für den RL** darzustellen: Er kann durch seine persönliche Note und ein passendes Ambiente für eine

Atmosphäre sorgen, die der Reisegast positiv registriert. Da er einen "durchschnittlichen" RL erwartet, der seine organisatorischen Aufgaben zuverlässig erledigt und nicht unangenehm in Erscheinung tritt, geht es hier um das gewisse Quentchen an "Mehr". Ein sorgsam ausgesuchter Raum, ein gut schmeckendes ortsübliches Getränk (wichtig: auch nicht-alkoholische Getränke anbieten) und vielleicht sogar, wenn es das Budget zuläßt, ein paar typische Snacks (z.B. "tapas" in Spanien) schaffen eine animierende, einstimmende Atmosphäre. Außerdem ist die Rollenverteilung eindeutig: Der RL hat etwas zu erzählen; die Gäste werden ihm zumindest zu Beginn aufmerksam zuhören und später vielleicht den Wunsch haben, etwas nachzufragen. Somit ist der Ablauf und Aufbau dieser Veranstaltung ganz in der Hand des RL.

Das gesprochene Wort unterstützt die geschilderte Atmosphäre dann, wenn

- zunächst die **angenehmen Möglichkeiten**, die dieser Aufenthalt bietet, anschaulich dargestellt werden und eventuelle "Minuspunkte" ("Das Wasser hat nur 16 Grad!") später kommen
- es dem RL durch plastische Beschreibungen gelingt, etwas von seiner eigenen **Begeisterung für diesen Ort zu vermitteln** (wenn nicht, muß er sich erneut fragen, ob er dort richtig eingesetzt ist)
- die erwarteten **Standardinformationen** (wichtige Örtlichkeiten, Spezialitäten der Gegend usw.) eindeutig vermittelt und mit schriftlichem Material angereichert werden.

Da eine Urlaubergruppe nur selten gewillt ist, einem längeren Vortrag gutgelaunt zuzuhören, empfiehlt sich unbedingt der Einsatz von Medien: Dias über die möglichen Ausflüge, **Anschauungsmaterial** über bevorzugte Souvenirs, Münzen und Geldscheine, einheimische Lebensmittel - hier verbindet sich die touristische Professionalität nahtlos mit den alle Sinne ansprechenden Prinzipien des interkulturellen Leitgedankens (Kap. 4.2).

Regel: Für die "Dynamik" der Reisegruppe ist dieser erste längere Eindruck vom RL bedeutsam, da er wesentliche Eckpfeiler für den weiteren Verlauf des Aufenthalts setzt, die später nur schwer wieder zu korrigieren sind. Wenn es gelingt, sowohl Interesse und Lust an Unternehmungen und kleinen Abenteuern zu wecken als auch Vertrauen für den Reiseveranstalter einzuflößen, dann ist viel erreicht: "Je weniger der Empfangscocktail gelingt, desto mehr Reklamationen treten auf!" Dieser Zusammenhang besteht zumindest in der Tendenz.

Ansagen und Informationsvermittlung

Viele RL erledigen ihre Aufgabe der Informationsweitergabe ausschließlich unter technischen Aspekten: Eine Notiz am **"Schwarzen Brett"** dient als Alibi dafür, daß man seine Neuigkeiten veröffentlicht hat. Die Gäste sehen auch häufig nur dann aufs "Schwarze Brett", wenn sie dort für sie wichtige Mitteilungen erwarten: die Abfahrtszeit des Busses bei einem Tagesausflug, die Platzzuweisung beim Tenniskurs, den genauen Abreisetermin ...

Weitere Hinweise, die vielleicht die Tür zu individuellen Erlebnissen öffnen könnten, werden zwar bisweilen vom RL liebevoll am Brett gestaltet, stauben aber dort nicht selten ein. Wenn der tägliche Kontakt mit den Gästen nicht gewährleistet ist, dann könnten spezielle Programmangebote und Tips auch einmal als **"RLpost"** bei den Mahlzeiten (per Kopie) auf dem Tisch liegen oder unter die Zimmertür geschoben werden. Zur Gewißheit, über diese Wege direkter ansprechen zu können, kommt wieder die Möglichkeit, sich mit einer persönlichen Note darzustellen, die - vielleicht unterschwellig - positiv vermerkt wird.

Ein guter Maßstab für die Gestaltung einer **Informationstafel** (vgl. 2.14) sind in größeren Hotels und Anlagen die Aushänge der Kolleg/innen von anderen Reiseveranstaltern. Der Ehrgeiz, sich mit den eigenen Informationen optisch wie inhaltlich besser darzustellen, könnte an dieser Stelle ein gesunder sein: Auch derartige Ergebnisse werden von den Reisenden wohlwollend als Pluspunkt für "ihre" Organisation gesehen. - Objektive Einschätzungen der Qualität der eigenen Info-Bretter sind z.B. von Gästen zu bekommen, die schon länger am Ort sind und mit denen bereits ein persönliches Verhältnis besteht.

Gute **Ansagen** zu machen, die präzise sind und motivierend wirken, ist keineswegs eine Sache, die mit links zu erledigen wäre. Zu einem gelungenen Ansageverhalten von RLn gehört sicherlich auch eine gewisse Übung, die in der Praxis trainiert werden muß. Hier auf dem Papier kann festgehalten werden:

- Eine Ansage muß so kurz wie möglich sein (max. 1-2 Minuten) und dennoch alle gewünschten Informationen eindeutig enthalten.
- Sie muß laut und deutlich genug gesprochen werden, so daß jeder sie mitbekommt.
- In internationalen Gruppen werden Übersetzungen benötigt. Dabei ist es ratsam, lieber kürzere Passagen zu sprechen und sie erst zu übersetzen, bevor weiter informiert wird; sonst sinkt die Aufmerksamkeit der Teilnehmer schnell.

- Vor einer Ansage sollten sich auch routinierte RL immer wieder Zeit nehmen, um sich präzise zu überlegen, was sie sagen wollen, damit die Genauigkeit und eine logische Folge der Informationen gewährleistet ist. Auch "Spickzettel" tun dabei ihre Dienste.

- Wenn ich als RL durchgängig mit einer Gruppe zusammen bin, dann ist es empfehlenswert, in der Ansage immer nur die Informationen zusammenzufassen, die wichtig sind, bevor ich die gesamte Teilnehmerschaft das nächste Mal treffe (und dann die nächste Ansage machen kann).

- Den **richtigen Ort** und den **richtigen Zeitpunkt** für eine Ansage beachten: Ein stiller Park ist besser als eine viel befahrene Straße, und bei den Mahlzeiten stört eine Ansage beim Dessert - nachdem alles serviert wurde - weniger als bei der Vorsuppe. Oft sind Ansagen vor der ganzen Gruppe nicht möglich (z.B. bei Mahlzeiten in Hotels, in denen auch andere Gäste wohnen). Dann bleibt nur ein kurzes Informationsgespräch an jedem Tisch, an dem eigene Teilnehmer sitzen.

- Im Reisebus sollte auf jeden Fall das Mikrophon ausgenutzt werden, obwohl anfänglich viele RL die "Unnatürlichkeit" ihrer Stimme ablehnen. Ohne die Stimmbänder stark zu strapazieren, ist es mit dem Mikrophon möglich, gut dosiert jede Ecke des Busses zu erreichen.

- Wenn der Blick des RL bei derAnsage zum Publikum gerichtet ist, kann er auch visuell deren Reaktion mitbekommen.

Konfliktsituationen

Der häufigste im Tourismusfeld auftretende Konflikt ist die Reklamation, die aufgrund einer mehr oder minder gravierenden Unzufriedenheit des Reisegastes an den RL herangetragen wird. Die formelle Bearbeitung einer Beschwerde wird im Kap. 6.7 "Reiserecht und Techniken der Reklamationsbearbeitung" beschrieben, so daß wir uns hier auf das kommunikative Verhalten des RL konzentrieren können.

Eine möglichst häufige und direkte Kommunikation mit dem Reisegast schafft - zumindest bei freundlichen RL/innen - eine gute Atmosphäre und verhindert zudem, daß aus Mücken Elephanten werden: Kleinere Mängel können schon im Vorfeld bearbeitet werden, bevor sie als "offizielle" Reklamation auftreten. Auch hier spielen psychologische Aspekte eine große Rolle, denn mit Freiräumen für Spekulationen - z.B. durch einen nicht erreichbaren RL - steigt die Bereitschaft, sich zu beschweren, auch wenn der Kunde sonst zufrieden ist.

Folgende Elemente der Kommunikation des RL vor Ort können die **Reklamationen minimieren** (von gesellig-animativen Programmangeboten einmal abgesehen):

- Abhalten einer regelmäßigen Sprechstunde
- Ansagen/Mitteilungen über neue Informationen
- ein attraktives Informationsbrett oder/und eine Hausmappe - die telefonische Erreichbarkeit
- die Möglichkeit zum Hinterlassen von Nachrichten
- regelmäßige Kontakte mit dem Veranstalter und den vor Ort befindlichen Leistungsträgern
- immer einen Schritt voraus sein mit Informationen über die örtlichen Verhältnisse und Programmöglichkeiten durch Gespräche mit örtlichen Insidern, Hotelpersonal, Kontakte zu anderen RL, touristische Informationsstellen oder Anbietern (das erhöht die Fachkompetenz, auch in den Augen der Kunden)
- freundlicher Service für alle Gäste, keine Bevorzugungen
- negativen Gruppenstimmungen entgegenwirken, indem der RL sich selbst in Gesprächen als "Blitzableiter" anbietet, das mindert den Frustabbau über den Weg der Beschwerde.

Gerade bei einer Reklamation, die letztlich zur beidseitigen Zufriedenheit bereinigt werden soll, kommt es darauf an, daß der RL die eingangs erwähnte Differenzierung seiner Rolle beachtet. Es kann durchaus sein, daß reklamierende Gäste sich so in ihre Unzufriedenheit hineinsteigern, daß sie den **RL als "personifizierten Mangel"** erstmal in einen Topf mit der Reklamationsursache und den dafür Verantwortlichen (Hotelpersonal, Reiseveranstalter usw.) werfen. Es fehlte ihnen in diesem Fall die Gelegenheit, rechtzeitig "Dampf abzulassen", um sachlich an der Nachbesserung des Mangels mitzuarbeiten.

Diesen Zustand der **Sachlichkeit** - somit ein offener Ausgangspunkt für ein Klärungsgespräch - muß der RL aber unbedingt herstellen, sonst wird er den Konflikt nicht lösen können bzw. nur eine brüchige Lösung auf Zeit erreichen. Folgende Hinweise können ihm helfen, diesem Ziel näher zu kommen:

- Bei aggressiven Äußerungen der Gäste ruhig bleiben und durch Nachfragen den Kunden Gelegenheit geben, ihren Ärger zu verdeutlichen.

- Nicht vor der Überprüfung gegen die Beschwerde argumentieren. Gegebenenfalls den Reisenden in die Überprüfung mit einbeziehen.
- Durch entsprechende Äußerungen konsequent die Absicht vermitteln, daß eine berechtigte Reklamation nicht abgeblockt wird, sondern der RL sich 100%ig dafür einsetzt, daß sie behoben wird.
- Im Gespräch herausfiltern, ob der Kunde ansonsten zufrieden ist oder ob er anderweitige Frustrationen über diesen Weg abbauen will. Dann hilft oft schon die Bereitschaft für ein längeres Gespräch, damit er das Gefühl bekommt, daß sich jemand um ihn kümmert.
- Setzen lassen (das beruhigt) bzw. selber aufstehen, um auf gleicher Ebene das Reklamationsgespräch zu führen.
- Ausreden lassen und nicht unterbrechen.
- Positives in Aussicht stellen.
- Eventuell Argument mit einbeziehen: "Das ist sehr bedauerlich, wenn Sie mir das gleich gesagt hätten ..."
- Für Vertrauen bedanken.

Wenn irgendwann im Laufe des Reklamationsgesprächs ein Satz fällt wie: "Mit Ihnen kann man wenigstens reden!", dann ist schon viel gewonnen, denn der Gast hat auch vom Gefühl her realisiert, daß ein (vielleicht) berechtigter Beschwerdezustand nicht automatisch zur Folge hat, daß auch der RL beschwerdewürdig ist. An so einem Punkt - aber nicht davor - kann das "richtige" Klärungsgespräch beginnen.

Weitere Tips für das **"Fingerspitzengefühl" bei der Reklamationsbearbeitung**:

- Beschwerden ernst nehmen und ihnen gewissenhaft nachgehen (evtl. aufschreiben). Das Kriterium für den Erfolg dieser Regel ist der entsprechende Eindruck des Reisenden.
- Sich bei unklaren Situationen zeitliche Freiräume verschaffen und mit dem Gast einen neuen Termin vereinbaren.
- Bei nicht lösbaren Problemen "Bonbons" (z.B. Freiausflüge, Einladung zum Essen) anbieten.

- Die Kumpanei mit Kunden gegen den Veranstalter gilt als Vertragsverstoß. Wenn keine Loyalität mehr möglich ist, sollte der RL im Rahmen der Vereinbarungen - trotz aller sonstigen Nachteile - kündigen, weil es sonst unangenehm für ihn werden kann.

Über all dem steht natürlich das Interesse des Veranstalters, Rückzahlungsforderungen von Kunden aufgrund von berechtigten Beschwerden zu vermeiden, da sie in der Regel finanzielle Einbußen in respektabler Höhe nach sich ziehen. Logischerweise wird die Leistung des RLs von seiten des Veranstalters nicht unwesentlich daran gemessen, ob es ihm gelingt, seine Programme "reklamationsfrei" zu halten oder nicht. Vorschnell getätigte Vereinbarungen, die der Gast bei näherem Überlegen doch nicht akzeptiert, oder bereitwillig angebotene schriftliche Zustandsbestätigungen mögen dazu beitragen, daß der RL die Sache zunächst schnell vom Tisch hat - doch kurze Zeit später muß er damit rechnen, daß er die Reklamation erneut - vom unzufriedenen Reisegast oder Reiseveranstalter - präsentiert bekommt ... meist allerdings dann mit sehr viel unangenehmerem Unterton.

Regel: Die Erledigung einer Reklamationssache muß einerseits von der eigenen Sicherheit über die korrekte Bearbeitung abhängig gemacht werden, aber andererseits auch von der zuverlässigen Einschätzung, daß sowohl der Gast als auch der Veranstalter mit der Lösung einverstanden sind.

Die obigen Überlegungen kommen vom Grundsatz her bei allen Konfliktgesprächen zum Tragen. Natürlich gibt es auch Situationen, wo Gäste sich so unverschämt verhalten, daß selbst beim gutwilligsten RL die Grenze erreicht wird und er nicht mehr freundlich bleiben kann. In so einem Fall sind andere Reisende ein gutes Barometer: Wenn der RL spürt, daß auch sie mit dem Verhalten eines Gastes nicht einverstanden sind und sie hinter ihm stehen, dann hat seine menschliche "Antenne" funktioniert. Ich warne jedoch davor, eigene Probleme mit Gästen von sich aus bei Mitreisenden zu thematisieren. Außerdem ist in einer solchen Situation eine Rückversicherung beim Veranstalter angebracht.

Der Kontakt mit KollegInnen

Gerade unerfahrene RL/innen machen oft den Fehler, daß sie ihre Unsicherheit zu verdecken versuchen und nach außen viel Erfahrung vorgaukeln, um Eindruck zu schinden. Dieses Bild muß nach kurzer Zeit zusammenbrechen, da niemand seine Unsicherheit über Wochen verbergen kann und routinierte RL es spüren, wenn jemand noch nicht so lange dabei ist. Meiner Erfahrung nach ist es allemal besser, mit

Ehrlichkeit an die Sache heranzugehen und zuzugeben, wieviel Hintergrund tatsächlich vorhanden ist, sonst nimmt man sich die Möglichkeit der Unterstützung; "Angebern" wird nicht geholfen!

Es ist sicherlich so, daß im Tourismus vielerorts mit harten Bandagen gearbeitet wird und Anfänger damit rechnen müssen, übervorteilt zu werden. Nur: das werden sie so oder so, wenn sie an die falschen Leute kommen, die Bitte um Hilfe bei erfahrenen Kolleg/innen kann aber die Zeit des "Lehrgeldzahlens" verkürzen.

Regel: Wer bei seinem Einstieg in touristische (RL-) Gefilde durch Worte eine hohe Meßlatte an sich selbst legt, muß sie durch spätere Taten belegen. Wenn das nicht gelingt, ist man leicht "unten durch".

3.4. Der Veranstalter

Die Ausschreibung einer Reise ist das Ergebnis mehrerer unternehmerischer Überlegungen: Am Anfang steht die **Reise-Idee**, die aufgrund von Anregungen der RL, Sachbearbeiter, aus Publikationen und durch Analyse touristischer Möglichkeiten und Marktbeobachtungen geboren wird.

Im nächsten Schritt wird die Reisedauer und die **zeitliche Terminierung** festgelegt: Für eine Rundreise wird nun eine Auswahl der Sehenswürdigkeiten getroffen, aufgrund der zurückzulegenden Strecken, Öffnungszeiten, Sonderveranstaltungen und der Ferien- und Feiertagsordnung im eigenen und besuchten Land, Beginn und Ende festgesetzt. Dabei ist womöglich eine saisonal bedingte Überfüllung der besuchten Stätten zu vermeiden, wenn auch auf der anderen Seite wirtschaftliche Gesichtspunkte mit berücksichtigt werden müssen: Der Kunde bucht lieber, wenn er möglichst wenig Arbeitstage für die Reise braucht, d. h. Reisen um die Feiertage sind besonders beliebt; dies gilt insbesondere für Kurzreisen.

Der Kunde wird bei der Buchung einer Rundreise weitgehend von Gesichtspunkten der **Quantität**, d.h. der Anzahl der Programm- und Besichtigungspunkte geleitet und vergleicht diesbezüglich mit anderen Veranstalterprogrammen. Dadurch entsteht die Gefahr, daß bei der Reiseplanung des Veranstalters zu viele Sehenswürdigkeiten ausgeschrieben werden, deren Besichtigung für den RL schließlich verpflichtend ist: Läßt er Programmpunkte aus, so kann dies eine Mängelrüge der Kunden und entsprechende Ersatzansprüche an den Veranstalter nach sich ziehen. Das bedeutet, daß der RL sich unter Druck gesetzt fühlt und ihm kaum Freiraum für bedeutendere Besichtigungsobjekte, für Erholungspausen und für Experimentier-

Probleme im Routing

Hier liegt auch einer der Hauptkonfliktpunkte zwischen dem Veranstalter und Reiseplaner auf der einen und dem RL auf der anderen Seite. Häufig werden neue Reiserouten aufgrund der Erfahrungen festgelegt, die ein Beauftragter des Veranstalters mit einem Pkw gemacht hat; ein Bus jedoch ist viel engeren Geschwindigkeitsbegrenzungen unterworfen. Bei der Testfahrt entfallen Verspätungen und Verzögerungen durch Gruppenmitglieder. In der Reisegruppe nehmen Besorgungen, Abfertigungen bei den Mahlzeiten, beim Geldwechseln, viel mehr Zeit in Anspruch als bei einer Einzelperson.

Bisweilen kann es dem RL passieren, daß der Veranstalter eine Reise ins Programm aufnimmt, die bisher weder im Bus noch im Pkw getestet worden ist, sondern nur nach der Landkarte und aufgrund von evtl. überholten Informationen aus Reiseführern festgelegt worden ist. So gibt es **Straßen**, die wegen ihrer mangelnden Befestigung für Busse gesperrt, die für das Befahren durch einen Bus zu schmal (enge Haarnadelkurven) oder durch ein zu niedriges Tunnel nicht passierbar sind. Wenn es sich z.B. um eine **Wanderreise** handelt und ihm keine getesteten Wege angegeben werden, muß der RL mit Hilfe meist veralteter Karten, soweit ihm solche überhaupt zugänglich sind, in Anwesenheit der Gruppe versuchen, geeignete Wege zu finden. Gerade in Mittelmeerländern, wo das Wandern kein Volkssport ist und somit passende Wege nicht bezeichnet und auch in normalen Straßenkarten nicht zu finden sind, kann unangemessene Sparsamkeit des Veranstalters den RL in große Schwierigkeiten bringen.

Das gleiche gilt auch für das Eintragen von **Programmpunkten**, die aufgrund von **Öffnungszeiten** nicht erfüllt werden können bzw. umgestellt werden müssen: Steht z. B. für einen Montag Pompeji oder Herculaneum auf dem Besichtigunsprogramm, so hat es keinen Sinn, die Ausgrabungsstätten anzufahren, da in Italien wie in vielen anderen Ländern auch am Montag generell alle staatlichen Museen und Ausgrabungsgelände geschlossen sind, was aber einem RL, dem das Gebiet neu ist und der sich ganz auf das Programm verläßt, Ärger und Komplikationen schafft. Wenn, wie in diesem Fall, ein eindeutiger Fehhler des Veranstalters vorliegt, muß der RL das Programm umstellen und z. B. an dem entsprechenden Montag eine Exkursion nach Capri, die für den Dienstag angesetzt war, unternehmen und erst am Dienstag nach Pompeji/ Herculaneum fahren.

Noch schwieriger ist die Situation, wenn die Besichtigungszeiten nicht umzustellen sind: Hier hat der RL, positiv argumentierend, Ersatzlösungen zu suchen und dem Publikum anzubieten, um mögliche Schadenersatzansprüche zu verhindern.

Kalkulation

Nach der Terminierung erfolgt von seiten des Veranstalters die Kalkulation, wobei drei verschiedene Kosten-Kategorien zu berücksichtigen sind:

"a) Kosten pro Teilnehmer, wie Unterkunft, Verpflegung, Eintrittsgelder, Gebühren und Deckungsbeiträge für die Bürokosten usw.

b) Allgemeinkosten, wie Transportmittel, Reiseleitung, Vor-bereitungsspesen, Inspektionen, RLeinweisung, Risokobeiträge für Haftungen und Gewährleisungsansprüche sowie zur Abdeckung des Auslastungsrisikos von Miet- und Charterverträgen usw.

c) Umlage der Werbungskosten, Provisionen für zu buchende Reisebebüros sowie die eigenen Ertragserwartungen."[100]

Für den RL ist es hilfreich, wenn ihm in Bezug auf Trinkgelder und kleinere Einladungen der Gruppe nicht zu enge Grenzen gesetzt werden, so daß er z. B. Kunden, die wegen eines schlechten Hotelzimmers mißgestimmt sind, ein Getränk oder eine andere Aufmerksamkeit zukommen lassen kann.

Fahrtenbuch

Läßt ein Veranstalter eine Fahrt zum ersten Mal durchführen, so ist zu empfehlen, daß der RL ein Fahrtenbuch anlegt und darin die Strecken, Abfahrtszeiten, Eintrittszeiten und -gebühren, Hinweise auf Parkgelegenheiten und auf gute Restaurants notiert (vgl. 6.1).

Dieses Fahrtenbuch sollte so angelegt sein, daß es jederzeit um neue Mitteilungen und Hinweise erweitert werden kann: es sollte jedem RL zur Überarbeitung auf die Fahrt mitgegeben werden. In diesem Fahrtenbuch können auch Hinweise auf passende Referate und Literaturstellen vermerkt werden. Für kleinere Städte, für die ein Stadtplan oft schwer zugänglich ist, sollte ein fotokopierter Stadtplan beigelegt werden, bei Wander- und Radreisen ein Meßtischblatt, in das ein geeigneter Weg mit etwaiger Dauer, Hinweisen auf besondere Sehenwürdigkeiten, Hinweisen zu geeigneten Picknickplätzen bzw. Besonderheiten zur Orientierung eingetragen sind. - Ein Beispiel zur Gestaltung eines Fahrtenbuches findet sich im Kap. 6.1. "Vorbereitung des RL", auf der folgenden Seite der **Abriß einer raum-zeitlichen Tagesplanung** einer kunsthistorischen Exkursion.

Uhrzeit	Entfernung	Besichtigungsorte/ Strecke	Schwerpunkte des fahrtbegleitenden Kommentars
8.00	(alles Landstraße)	Abfahrt München Hbf	Einführung zu Landschaft und Geschichte des Rupertiwinkels und seine ehem. Zugehörigkeit zum Erzbistum Salzburg
8.00 – 10.30	117 km	Fahrt über Burghausen nach Raitenhaslach	Burghausen: Besonderheiten der Inn-Salzach-Bauweise; vor Raitenhaslach: Geschichte, Regeln und Baugestalt der Zisterzienserklöster
10.30 – 11.30		Besichtigung der Klosterkirche	
11.30 – 13.00		Mittagessen im Klostergasthof („Zeitpolster" 30 Min., ggf. bis 13.30)	
13.00 – 13.30	24 km	Fahrt nach Laufen an der Salzach	Bedeutung von Schiffahrt und Salzhandel in vergangenen Zeiten am Bsp. der Salzach
13.30 – 15.00		Stadtrundgang und Besichtigung der gotischen Stiftskirche (ggf. Kürzung auf 1 Std.)	
15.00 – 15.30	17,5 km	Grenzübergang nach Österreich, Fahrt nach Mattsee	Die Person Herzog Tassilos III., seine Konflikte mit Karl dem Großen, seine Bedeutung als Klostergründer
15.30 – 16.00		Besichtigung der Stiftskirche	
16.00 – 16.45		Zeit zur freien Verfügung, z.B. für Kaffeepause oder Spaziergang am See (kann notfalls entfallen, da nicht für die Gruppe vorbestellt)	
16.45 – 17.10	17 km	Fahrt nach Irrsdorf	Entwicklung und Bedeutung der Schnitzkunst in der Zeit des Barock unter besonderer Berücksichtigung der Künstlerfamilie Guggenbichler
17.10 – 17.40		Besichtigung der Dorfkirche (bleibt bei Verspätung auch bis ca. 18.30 geöffnet) mit Schnitz-Portalen und Guggenbichler-Altar	
17.40 – 18.00	20 km	Fahrt zum Übernachtungsort nach Frankenmarkt	
18.00 – 18.15		Zimmerverteilung	
19.15		Abendessen	

Problematisch, aber nicht ganz unverständlich ist es, daß manche RL sich weigern, für ihre weniger "erfahrenen" Kollegen ein Fahrtenbuch anzulegen: Ein Konflikt mit anderen RLn sowie mit dem Veranstalter kann vor allem dann entstehen, wenn der RL keine Gratis-einweisungsfahrt in ein bestimmtes Gebiet erhalten hat, sich das Know-how selbst, möglicherweise unter hohen Kosten, erarbeitet hat und dann von ihm nach Absolvierung der Reise die Erstellung eines Fahrtenbuches verlangt wird, dafür jedoch keine gesonderte Honorierung erfolgt. Um die RL zu motivieren, an einer Verbesserung des Produkts über die eigene Reiseleitung hinaus mitzuwirken, sollte die Extraleistung durch Erstattung der Tagessätze entsprechend der zur Erkundung der Route notwendigen Anzahl von Tagen oder durch einen Pauschalbetrag durch den Veranstalter honoriert werden.

3.5. Der Busfahrer

Die Sitzordnung und das optische Bild im Reisebus weisen auf eine gruppenspezifische Situation hin, die für die Rundreise typisch ist: Zwei Personen, der Fahrer und der RL, sitzen vorne. Die Gruppe ordnet sich dahinter an. Da die Gruppe während der Fahrt stundenlang zwei Leit-personen vor sich sieht, ist es wichtig, daß jene ihre Kompetenzen genau kennen und sich da, wo sich die jeweiligen Bereiche überschneiden, gegenseitig respektieren. In jedem Fall hat die Art und Weise, in der sie miteinander umgehen, Vor-Bild-Wirkung auf die Gruppe und sollte deshalb sehr bewußt gehandhabt werden.

Der Kompetenzbereich des Fahrers liegt im Bus und im Geographischen. Er ist zuständig für die Routen- und Wegfindung sowie für alle verkehrstechnischen Angelegenheiten. Im Idealfall besitzt er Orts- und Landeskenntnisse, kann dem RL die Namen von Berggipfeln und Burgen, gute Lokale und schöne Strände nennen, hat eine ruhige und ausgeglichene Fahrweise, ist einsatzbereit und selbst an einem guten Gelingen der Reise interessiert. Der ideale Fahrer verfügt über gewisse Sprachkenntnisse, kann auch selber Straßen erfragen und legt ein sympathisches, offenes Wesen an den Tag.

Der Fahrer bringt zumeist eine gewisse "Weltläufigkeit" mit, die ihn mit dem RL verbindet und Bildungsunterschiede überbrückt. Zu dieser Gemeinsamkeit kommt, daß der Fahrer oft die einzige Person ist, mit der der RL keine höflich formale Konversation betreiben muß, sondern auch über aktuelle Probleme sprechen kann.

Voraussetzung für ein kollegiales Verhältnis zwischen RL und Fahrer ist beidseitige Offenheit. Mit dem Duzen, das häufig unter Fahrer und RL üblich ist, wird eine Gleichberechtigung angedeutet, die wesentlich für das Verhältnis RL/Fahrer und eine gute Gruppenatmosphäre ist. Diese Kollegialität drückt sich aus in Absprachen und Diskussionen über das Programm (beim Essen oder in Pausen, wobei die Teilnehmer nicht zuhören sollten; von ihnen muß das Pro und Contra von Entscheidungen ferngehalten werden, da es sie verunsichern oder zu unsachgemäßer Einmischung anregen kann.).

Wird der Grundsatz der Kollegialität verletzt, so wird mancher Fahrer mit Desinteresse, schlechter Laune und dem Versuch, innerhalb der Gruppe eine Gegengruppe zu bilden, antworten.

Rücksichtnahme auf die Bedürfnisse des Fahrers

Der RL hat die Bedürfnisse des Fahrers ernstzunehmen und zu berücksichtigen:

- Lange Fahrtstrecken - dieses gilt vor allem für Fahrten mit Bussen, die mit Kühlschrank und Toilette ausgestattet sind, wodurch die Reisenden nicht in dem Maße, wie bei anderen Bussen das Bedürfnis nach Pausen haben - werden durch Haltepausen für den Fahrer unterbrochen.
- Mittagspausen werden rechtzeitig und genügend lang angesetzt, insbesondere bei längeren Fahrtstrecken.
- Der Fahrer wird eigens über Abfahrtszeiten, Programmpunkte und -änderungen, Essenszeiten im Hotel informiert.
- Allabendlich wird die Route des nächsten Tages mit ihm besprochen, besonders ausführlich bei unerfahrenen oder ortsunkundigen Fahrern.
- Ist der Fahrer ortsunkundig, so bereitet sich der RL selbst eingehend auf die Route vor und weist dem Fahrer, namentlich bei einer Stadtrundfahrt oder auf Hotelsuche in einer Stadt, den Weg.
- Bei Stadtrundgängen ist die genaue Uhrzeit und der Ort des Einsteigens anzugeben, um dem Fahrer zu ermöglichen, in seiner Arbeitspause etwas anderes zu unternehmen oder sich auszuruhen: sofern der Fahrer nicht ortskundig ist, sollte der RL den Weg zum Einstiegsort im Stadtplan kennzeichnen.
- Unnötige Reinigungsarbeiten können dem Fahrer erspart werden, wenn die Kunden darauf hingewiesen werden, Papier nicht in Aschenbecher zu stopfen, verschmutzte Schuhe vor dem Einsteigen in den Bus abzustreifen, Abfälle in den entsprechenden Behälter zu werfen und wenn sie auf öffentliche Toiletten

aufmerksam gemacht werden (ohne hier manchen Fahrern soweit entgegenzukommen, die das Benutzen der Bustoilette am liebsten ganz untersagen würden: schließlich ist die Bustoilette zumeist in den Leistungskatalogen der Veranstalter aufgezählt und somit hat der Kunde Anspruch darauf). Diese Rücksichtnahme ist vor allem bei Reisen, während derer der Fahrer durch lange Fahrtstrecken ohnehin in hohem Maße beansprucht ist, wichtig.

- Das Bedürfnis des Busfahrers nach Anerkennung wird berücksichtigt, indem der RL z. B. nach einem langen Fahrtag auch dem Fahrer einen Dank ausspricht, ein Entgegenkommen des Fahrers (z. B. eine landschaflich besonders reizvolle, aber schwierigere Routenwahl) vor der Gruppe positiv hervorhebt usw.

- Sofern der RL Nebengeschäfte tätigt, wird der Fahrer daran beteiligt, z. B. bei zusätzlichen Busausflügen, zu denen er selbst einen entscheidenden Teil beiträgt.

- Der RL versucht, den Fahrer in die Gruppe zu integrieren. Dies geschieht bei deutschen Fahrern z. B. durch entsprechende Gestaltung der Sitzordnung am Gruppentisch oder - bei ausländischen Fahrern - durch Verweisen auf Teilnehmer, die der Landessprache mächtig sind. Der RL kümmert sich darum, daß der Fahrer nicht abseits sitzt (außer er will es so) und sich ausgeschlossen vorkommt. Bei gemeinsamen abendlichen Unternehmungen lädt ihn der RL ein, sich zu beteiligen. Durch seinen Kontakt mit der Gruppe während der Führungen hat es der RL im allgemeinen leichter als der Fahrer, sich der Gruppe oder einzelnen Leuten der Gruppe anzuschließen; seine Anwesenheit wird von den Teilnehmern sogar oft als "Ehre" aufgefaßt. - Der einheimische Fahrer wiederum kann durch seine Sprachkenntnisse Kontakte zur Bevölkerung des bereisten Landes aufnehmen oder hat vielleicht aufgrund häufiger Reisen in ein bestimmtes Zielgebiet Bekannte und Freunde am Ort.

Fehler des RLs in der Zusammenarbeit mit dem Fahrer

Der Fahrer wird menschlich nicht berücksichtigt, sondern als ein wissens- und zumeist auch verdienstmäßig unter dem RL stehendes Wesen betrachtet, das sich allem, was der RL sagt, unterzuordnen hat und gleichsam nur als "Maschine" fungiert. Ein solches Verhalten kann durch Unsicherheit des RLs bedingt sein, durch Neid, durch Angst vor einer zweiten Autorität im Bus und möglicherweise durch die Überlegung, daß - wenn er alleine "glänzt" - er mehr Trinkgeld erhält.

Eine solche Einstellung gegenüber einem mitteleuropäischen Fahrer wird sich in aller Regel rächen. Schlimmstenfalls kann sich die Spannung so steigern, daß der Fahrer absichtlich falsch fährt, dadurch das ganze Programm durcheinanderbringt und die Gruppe gegen den RL aufhetzt.

Oder umgekehrt: Der RL unterschätzt seine Entscheidungsfähigkeit und Erfahrung und vernachlässigt das eigene Konzept, um den Wünschen des Fahrers zu entsprechen. Die mögliche Folge: Der Charakter der Reise ist gefährdet, weil die Führungszeiten gekürzt werden, damit man eher im Hotel ist oder weil dem RL Souvenirgeschäfte mit den Reisenden aufgenötigt werden.

Ist der Fahrer zudem sehr durchsetzungsfähig und sprachgewandt, kann es dazu kommen, daß die Organisation langsam auf den Fahrer übergeht und der RL bei der Gruppe an Ansehen und Autorität verliert.

Typische Probleme zwischen Fahrer und Reiseleiter: Wie würden Sie handeln?

- Grundsatz: Probleme direkt miteinander lösen, nur im Notfall "von hinten" über die Betriebsleitung

- Der Fahrer bedient sehr oft das Mikrophon, erzählt anzügliche Witze, spielt laut eine ihm entsprechende Musik, wodurch sich Kunden belästigt fühlen, ist zu einzelnen Gästen unhöflich oder grob, stellt vor den Gästen das vorgegebene (möglicherweise zu umfangreiche) Programm in Frage. *In solchen Fällen sollte als erstes ein Gespräch zu zweit erfolgen, in dem der RL an eine gute Zusammenarbeit appelliert; helfen diese Versuche nichts, so wird er evtl. mit der Busfirma telefonieren und sich über den Fahrer beschweren, in Extremfällen einen neuen Bus anfordern.

- Der Fahrer überanstrengt sich durch spätes Zubettgehen und durchfeierte Nächte. Zwar hat er im allgemeinen während der Besichtigungen die Möglichkeit, sich auszuruhen und ein wenig zu schlafen. *Jedenfalls vor längeren Fahrtstrecken, insbesondere vor der meist einen ganzen Tag in Anspruch nehmenden Rückfahrt nach Deutschland, sollte der RL im Interesse der Fahrtsichterheit darauf achten, daß sich der Fahrer rechtzeitig zur Ruhe begibt.

- Der Fahrer trinkt während der Reise Alkohol, obwohl in manchen Ländern Personen, die ein Fahrzeug führen, jeglicher Alkoholgenuß verboten ist. Gefährlich für die Sicherheit der Fahrgäste kann auch ein hoher Alkoholkonsum des Fahrers am Abend sein, denn bis zum nächsten Morgen ist der Blutalkohol noch nicht genügend abgebaut. *Erscheint die Fahrtsicherheit gefährdet, so muß der RL das Busunternehmen verständigen und auf dessen Kosten einen Ersatzfahrer beauftragen. Der Fahrer darf 8 Stunden vor Diensteinsatz nicht mehr trinken; ist er am Abend volltrunken, so kann er am nächsten Morgen nicht fahren. Der RL ist verantwortlich für die Reisegruppe und muß Rücksprache mit dem Veranstalter halten.

- Finanzielle Beteiligung des RLs beim Getränkeverkauf? *Im allgemeinen nicht. Evtl. Klärung: Werden die Getränke und Würstchen vom Fahrer oder von der Betriebsleitung eingekauft?

- Zu viele Serviceleistungen: Belastung für den RL bzw. die Hosteß (z.B. Gefahr, sich beim Hantieren mit dem heißen Kaffee zu verbrühen oder Getränke auf die Kleidung zu verschütten - Firma zahlt die Reinigung nicht). *Konsequenzen: Kaffeeausschank nur bei haltendem Bus oder auf geraden Strecken; Absprache mit Fahrer, damit jener während des Kaffeeausschanks langsamer fährt; RL nimmt gelegentlich Bestellungen für Getränke auf, indem er im Bus herumgeht; ungünstig, wenn die Gäste nach vorne kommen (Gefahr bei plötzlichem Bremsen); Getränkeverkauf bevorzugt beim Einsteigen; Einbezug von Gästen, die dem Fahrer gerne helfen

- Fahrer spielt ständig Schlagerkassetten ab. *Der RL bestimmt die Musik, sollte aber auch eigene Kassetten mitbringen (geeignet: Volksmusik des bereisten Landes, Instrumentalmusik, James Last, Rondo Veneziano, Landestypisches, keine deutschen Volkslieder im Ausland! Orchestermusik mit Vorsicht (bei häufigem Wechsel zwischen piano und forte)! Musik nicht zu lang und zu laut!

- Der deutsche RL hat kaum Einfluß auf den Fahrer, wenn einheimische RL eingesetzt sind und er im Bus hinten sitzen muß *Evtl. bei Platzverteilung in 1. oder 2. Reihe Sitz freilassen! Bei italienischen Bussen muß, um Konflikte mit den Reisegästen zu vermeiden, vom RL gleich beim Einsteigen die erste Sitzreihe reserviert werden, da wegen verschiedener Busunfälle die Reiseleitersitze abmontiert wurden und er sonst auf dem Boden Platz nehmen muß!

- Wenn Polizeikontrolle ist, soll Fahrer sofort aussteigen, Gäste sollen nicht mit einbezogen werden, erst nachträglich kurze Information

- Der Fahrer amüsiert sich jede Nacht und ist übermüdet. *Appell an Vernunft - Mitverantwortung des RLs bei Unfall

- Fahrer schläft mit Reiseteilnehmerin(nen) - soll der RL dagegen wirken?*Ja, wenn zu offensichtlich und dadurch Harmonie der Gruppe gestört wird bzw. durch Übermüdung Sicherheit der Reise gefährdet ist.

- Siezen oder Duzen mit Fahrer? Ein freundschaftliches, kumpelhaftes Verhältnis zum Fahrer kann fehlgedeutet werden, Anmache, er ist beleidigt, wenn nicht ...Problem: RL/in steht zwischen den Interessen des Veranstalters, der Kunden und des Fahrers. *Rechtzeitig Grenzen ziehen, bei hartnäckigen Fällen sich bei Veranstalter beschweren

- Trinkgeldverteilung bei Sonderveranstaltungen, Service oder grundsätzlich? *Vorher absprechen!

- Teilung von Provisionen und Freiplatz fürs Mittagessen? *Absprechen!

- Zusammenarbeit: *Planung der Strecke, am Vorabend gemeinsam Karte studieren, RL achtet, wenn Team noch nicht "eingespielt" ist bzw. Fahrer die Strecke nicht kennt, unbedingt mit auf die Route.

- Kompetenzen von RL und Fahrer bezüglich der Routenführung?* Dienstanweisung Bus beachten

- Umgangston *Ankündigungen mit Fahrer absprechen (insbesondere Pausen)

- Erklärungen des Fahrers, wenn Reiseleitung dabei ist?

  *Erläuterungen ankündigen oder "zitieren"; Benützung des Mikrophons durch den Fahrer nur in Ausnahmefällen, insbesondere keine ungefragten Ergänzungen und Korrekturen; diese absprechen, nicht dazwischenreden (Ausnahme: Gefahrensituation, besondere Zwischenfälle, RL ist durch Service verhindert, einen wichtigen Kommentar abzugeben)

Bussicherheit

Obwohl der Bus in der öffentlichen Meinung ein nur mittelmäßig gutes Image besitzt, ist er bezüglich des Verletzungsrisikos nach der amtlichen Unfallstatistik weit sicherer als der Pkw. "Bei gleicher Kilometerleistung sei die Wahrscheinlichkeit, tödlich zu verunglücken, beim Auto 39mal, beim Flugzeug 23mal und bei der Bahn viermal größer."[101] Vielleicht hätte der eine oder andere Unfall in der jüngsten Serie von Busunglücken vermieden werden können, wenn die Reiseleiter stärker auf Lenk- und Ruhezeiten der Busfahrer geachtet hätten!

"Die **Lenkzeit** beinhaltet den reinen Dienst am Steuer inkl. kurzer, verkehrsbedingter Standzeiten (kein Parken). Die reguläre Tageslenkzeit beträgt max. 9 Stunden. Durch zusätzlichen Tarifvertrag kann geregelt werden, daß 2x pro Woche 10 Stunden gefahren werden darf (nach EG-Verordnung Art.11, 3820/85). Die **Wochenlenkzeit** (7-Tage-Woche) kann mit Rücksicht auf das Reiseprogramm bis max. 56 Stunden ausgedehnt werden, darf aber in einer zusammmenhängenden Doppelwoche (14tägige Reise) 90 Stunden nicht überschreiten.

Lenkzeit-Unterbrechungen sind Erholungspausen von mind. 15 minütiger Dauer, in denen der Fahrer keine andere Arbeit erledigen darf (z.B. Tanken, Laden). Nach einer Lenkzeit von höchstens 4 1/2 Stunden hat der Fahrer eine Unterbrechung von mind. 3/4 Stunden einzulegen. Diese Arbeitspause kann auch in mehrere kürzere Fahrtunterbrechungen aufgeteilt werden. Maßgeblich ist, daß der Fahrer jeweils nach spätestens 5 1/4 Stunden die 45 Minuten Pause wahrgenommen hat.

Die **Ruhezeit** ist gewöhnlich mit der Möglichkeit des Schlafens verbunden. Längere Pausen während des Tages können nur als Ruhezeit gezählt werden, wenn dem Fahrer eine Schlafkabine oder entspr. Schlafplatz zur Verfügung steht. Deshalb gelten bei Busreisen selbst längere Standzeiten während des Reiseprogramms in der Regel nur als Lenkzeitunterbrechung, ausgenommen, die Gruppe hält sich mehr als eine Nacht in einem Hotel auf und der Fahrer kann über seine fahrtfreie Zeit am Ort (Stadtbesichtigung zu Fuß u.ä.) programmunabhängig verfügen.

Grundregel der Ruhezeit: 11 zusammenhängende Stunden innerhalb jedes Zeitraums von 24 Stunden, d.h. z.B. in der Praxis: Ankunft und Abfahrtszeiten der Reisegruppe am und vom Hotel müssen so aufeinander abgestimmt sein, daß dem Busfahrer dazwischen für 11 Stunden echte Freizeit plus Ruhemöglichkeit zur Verfügung steht.

Verkürzung der Tagesruhezeit: Die Tagesruhezeit kann 3x pro Woche auf 9 Stunden verkürzt werden, hierfür ist ein entspr. Ausgleich bis spätestens zum Ende der folgenden Woche zu gewähren und an eine mind. 8-stündige Ruhezeit anzuhängen.

Wochenruhezeit: Grundsätzlich steht dem Fahrer nach spätestens 6 Tagen eine Wochenruhezeit von 45 zusammenhängenden Stunden zur Verfügung. Aber: - und das betrifft die Auslandsbusreisen-: im grenzüberschreitenden Personenverkehr darf der Anspruch auf die Wochenruhezeit bis zum 13. Tag hinausgeschoben und außerdem auf 24 Stunden verkürzt werden, wenn der Ruheort nicht der Heimatstandort des Busses oder des Fahrers ist!

D.h. für die Praxis: Dadurch sind Fahrtprogramme ins Ausland über 6 Tage möglich (was natürlich Sinn macht/Anfahrtswege). Es ist aber darauf zu achten, daß bei längeren Reisen das Programm so gestaltet wird, daß spätestens nach 12 Tagen der Busfahrer 24 Stunden frei hat. Werden Busse im Zielgebiet angemietet, daß Fahrer und Fahrzeug die Wochenruhezeit an ihrem gewöhnlichen Standort verbringen, dehnt sich diese auf 36 Stunden aus. Für diese verkürzte Wochenruhezeit muß ein Ausgleich gewährt werden (in Teilen oder en bloc), und zwar spätestens vor Ende der auf die betreffende Woche folgenden dritten Woche.

Sonderfall: **2-Fahrer-Besatzung**: Jeder Fahrer muß während jedes Zeitraumes von 30 Stunden eine Tagesruhezeit von 8 zusammenhängenden Stunden in Anspruch nehmen. Die Ruhezeit eines jeden Fahrers kann nur dann in der Schlafkabine verbracht werden, wenn das Fahrzeug steht. Dies bedeutet für den Arbeitsrhythmus der Zweier-Besatzung: Sie arbeiten und ruhen synchron. Dabei kann die zulässige Arbeitsschicht bis zu 22 Stunden (inkl. Lenkzeitunterbrechung) betragen, in der jeder das Fahrzeug bis zu 10 Stunden lenken darf."[102]

3.6. Verschiedene Leistungsträger und Leistungskontrolle

Als "Leistungsträger" werden sämtliche Dienstleistungsunternehmen, die im Zielgebiet Teilleistungen für den Veranstalter und die Reisegäste erbringen, bezeichnet. Darunter fallen z.B. die Agenturen, die Hotels, Busunternehmen, Fluggesellschaften und Reedereien, die Restaurants und örtlichen Führer.

3.6.1. Agenturen und Paketreiseveranstalter

Viele Reiseveranstalter gehen immer stärker dazu über, einen Teil oder alle der im folgenden genannten Aufgaben an Paketreiseveranstalter (z.B. Service Reisen Giessen, Behringer Touristik Giessen, Grimm Touristik Wetzlar) oder örtliche Agenturen zu delegieren:

- "Vertragsabschlüsse mit anderen Leistungsträgern
- Hotelreservierung
- Transferabwicklung
- Organisation und Durchführung der Ausflüge
- Organisation der Extras
- Abrechnung mit den Hotels und anderen Leistungsträgern
- Abrechnung aller Leistungen" mit dem Reiseveranstalter.

"Der RL ist in keinem Fall der Agenturleitung oder deren Mitarbeitern unterstellt. ... Als Repräsentant" seines Veranstalters "hat der RL dafür zu sorgen, daß der materielle Anspruch des Urlaubsgastes von den Leistungsträgern erfüllt wird. Das reicht vom Transfer und von der Kontrolle der Zimmerzuweisung bis zu einer ständigen Leistungskontrolle der Vertragspartner. Ob und wie ein Hotel funktioniert, ob es seinen Verpflichtungen nachkommt, ob es die Gäste zufriedenstellt, das muß Gegenstand kontinuierlicher Beobachtung sein. Gleiches gilt selbstverständlich für Agenturen und Busunternehmen. Der RL hat seinen Einfluß geltend zu machen, um Mängel abzustellen und Leistungsverbesserungen zu erreichen" (ITS-RLhandbuch).

Zu beachten ist in der **Zusammenarbeit mit Leistungsträgern**[103]:

- Eine fehlende positive Grundeinstellung der Leistungsträger zum Kunden stellt den Erfolg einer qualifizierten Reiseleitung in Frage.
- Anzustreben ist eine Zusammenarbeit, nicht ein Gegeneinander von Reiseleitung und Leistungsträgern. Es gehört nicht zum Aufgabenbereich einer qualifizierten Reiseleitung, "versagende Leistungsträger kompromittierend zurechtzuweisen oder sogar herumzukommandieren."
- Eine vom Veranstalter aufgewertete Position des RLs ist für die Zusammenarbeit und Leistungskontrolle hilfreich.
- "Besonders im Ausland sind Leistungsträger häufig auf die Unterstützung durch die Reiseleitung angewiesen, da die Mentalität der Kunden von den Leistungsträgern nicht immer bedürfnisbefriedigend eingeschätzt werden kann."
- Bei Vertragsbruch von Leistungsträgern sind die Folgen des Vertragsbruches vom RL aufzuzeigen, wobei die Kenntnis der Vertragsbedingungen Voraussetzung ist.
- Erforderliche Änderungen sollten rechtzeitig mit den Leistungsträgern abgesprochen bzw. Verspätungen mitgeteilt werden.

3.6.2. Zusammenarbeit mit Hotels

Folgende Checkliste hilft dem RL, mögliche Probleme in der Zusammenarbeit mit Hotels zu kennen, auf seine eigene Situation zu übertragen und vorwegnehmend Lösungsstrategien zu entwickeln, die ihm helfen, die Situation schnell und professionel bestmöglich zu lösen. Durch das Vorwegnehmen mancher Problemsituationen, die zum Teil durch Landesüblichkeit bedingt und damit nicht abstellbar sind, hilft er, Enttäuschungen beim Reisegast gering zu halten.

Aufgabe: *Überlegen Sie, welche weiteren Probleme Ihnen in Ihrer bisherigen Praxis mit Hotels unterlaufen sind bzw. welche möglichen zusätzl. "Pannen" es geben kann und schlagen Sie ggf. weitere Alternativen für eine Lösung der genannten Probleme vor!*

Probleme im Hotel bei der Ankunft:

- Bus kann nicht direkt vor Hotel halten, es gibt keinen Kofferservice. * Taxi, Karren, Wagen organisieren; höflich an Mithilfe der Gäste appellieren, selber! mithelfen

- Überbuchung: Teil der Gruppe auswärts untergebracht oder die ganze Gruppe bei Ankunft in anderem Hotel untergebracht * Versuch, die ausgeschriebenen Leistungen dennoch optimal zu erfüllen, Positives in Aussicht stellen, als RL zu der Gruppe gehen, die auswärts untergebracht wurde, um den betroffenen Teilnehmern nicht das Gefühl zu geben, "abgeschoben" zu werden.

- verspätete Ankunft im Hotel, absehbare Probleme mit der Küche * Sofort anrufen und zumindest kaltes Essen sicherstellen!

- Hotel hat nicht genügend Einzelzimmer, obwohl sie zugesichert waren *gleichwertige Ersatzzimmer in nahegelegenen Hotels suchen, "Animationsprogramm", im schlimmsten Fall eigenes Zimmer anbieten und aus Doppelzimmern Dreibettzimmer machen

- Keine Reservierung bekannt * Kontrolle, ob Reservierung nicht auf Veranstalter-, sondern auf Agenturname vorgenommen wurde; Telefonat mit Veranstalter und Suche nach Ersatzquartieren

- Zimmer sind nicht bezugsfähig * Ankunftszeit vorher telefonisch mitteilen, Programmpunkte vorziehen, Flexibilität in der Programmgestaltung, Wartezeiten angenehm überbrücken

- USA-Reisen: Problem - Umbuchungen innerhalb der gleichen Hotelkette * vorher sicherheitshalber anrufen

- unterschiedliche Zimmerqualitäten * prinzipiell darum kümmern, Zimmer selbst anschauen, eventuell eigenes Zimmer anbieten, versuchen zu wechseln an Rezeption, evtl. in den nächsten Tagen; im schlimmsten Fall Hotelwechsel, notieren: nächstes Mal (bei Rundreise) Bevorzugung

- Frankreich: Unterschied zwischen Grand Lit und Doppelbett * rechtzeitig erklären, abklären, bei Zimmereinteilung berücksichtigen und für Einzelreisende im Doppelzimmer zwei getrennte Betten, zumindest zwei getrennte Bettdecken, sicherstellen

- Sperrstunde im Hotel * Zeit eruieren, Nachtschlüssel, Gäste informieren, ob und wieviel Trinkgeld der Portier erwartet

- Computerkartenschlüssel u.a. rel. ungewöhnliche technische Hoteleinrichtungen* vorher Funktionsweise erklären
- verschiedene Stromspannungen * vorher erklären, evtl. Adapter besorgen
- großes Hotel *Orientierung erleichtern: Wo ist was? Wie funktioniert das Hotel und seine Einrichtungen?
- Hotel liegt an der Peripherie einer großen Stadt und bietet keinen "Auslauf": *mit Bus in die Stadt fahren, Gäste von der Qualität der Zimmer her motivieren, Visitenkarte des Hotels an die Gäste geben, damit sie sich ggf. abends mit Taxi in die Stadt begeben können; Preise und Fahrplan öffentlicher Verkehrsmittel, Taxipreis ins Stadtzentrum, Animationsangebot?

Probleme während des Aufenthaltes

- Es gibt auf Rundfahrt jeden Tag Hühnchen * anrufen, Speiseplan absprechen
- Das Essen ist mengen- und qualitätsmäßig nicht gut * mit Koch sprechen, mit Hotelleitung sprechen, den Gästen zum Trost Wein spendieren, bei wiederholtem Fall Veranstalter anrufen und Bezahlung nach Absprache mit dem Veranstalter reduzieren
- Fleisch ist lauwarm bis kalt * evtl. (z.B. in Griechenland) als landesüblich vorwegnehmen
- Es gibt häufig Fisch * Kunden, die keinen Fisch mögen, notieren; versuchen, Menüwahl zu erreichen, z.B. gegen Aufzahlung; als landestypisch empfehlen oder erklären
- eine Gruppenteilnehmerin ist Vegetarierin * für vegetarisches Essen sorgen (Omelett, Käse, Gemüse), jedoch erklären, daß sie im allgemeinen keine spezielle Kost erwarten kann
- Diabetiker/in * Insulin in Kühlschrank geben und sich bei großen Hotels selbst informieren, in welchen; Buseisschrank
- Hotelier lädt Reiseleitung an gesonderten Tisch zum Essen ein * Teilnehmer eifersüchtig, neidisch, sehen dies als Absonderung; deshalb bei Tischen der Gäste vorbeischauen und nach Befinden fragen. Bei häufiger Einladung durch den Hotelier Gefahr, daß die Gäste den Eindruck gewinnen, daß die Reiseleitung "bestechlich" sei"
- Freizeitmöglichkeiten des Hotels (Schwimmbad, Tennisplatz)

sind nicht benutzbar * Ersatz in der Nähe suchen, ggf. Fahrmöglichkeit anbieten und bezahlen (ggf. über Hotelier), wenn die Freizeitmöglichkeiten im Prospekt versprochen waren

- Frühstücksbuffet nicht im Preis inbegriffen * vorher im Bus mitteilen, um große Enttäuschungen zu vermeiden, Aufpreis bekanntgeben

- Lärm im Hotel durch andere Gäste * Lärmquelle eruieren, lärmende Gäste abmahnen; Hotelleitung Bescheid sagen, RL der anderen Gruppe informieren und über Konsequenzen aufklären

- z.B. Südtirol: die eigenen Kunden sind betrunken, lärmen und es besteht die Gefahr, daß einzelne anfangen zu randalieren * versuchen, rechtzeitig zu bremsen, evtl. Bedienung zur Verzögerung des Service auffordern, einzelne (in Begleitung kooperativer Reisegäste) ins Bett bringen, auf "schwarze Liste" stellen, im Extremfall (bei Randalierern) Polizei holen

- Lärm im Hotel durch Diskothek/Kegelbahn im Keller, Straßenverkehr * Versuch, Zimmer innerhalb des Hauses zu wechseln, Ohropax, positiv motivieren und argumentieren (Amüsiermöglichkeiten); im schlimmsten Fall, wenn ruhiges Zimmer im Prospekt versprochen worden war, Ersatzquartier suchen

- Kellner interessiert sich für eine der Reiseteilnehmerinnen und fängt sie bei jeder Gelegenheit ab * Gespräch mit Kundin, Kellner, Hotelleitung. Reiseleitung muß dafür sorgen, daß die Belästigung der Teilnehmerin abgestellt wird!

- Kellner sind beim Service unfreundlich und "knallen" die Teller auf die Tische usw. * Gespräch mit Kellnern, Hotelmanager, Herausfinden der Gründe

- Füllstand des Kühlschrankes stimmt nicht * rechtzeitig kontrollieren

- Videorechnung *Informieren, daß Video im allgemeinen ab ca. 3 min. kostenpflichtig ist

- Schlüssel * Nachfragen vor der Abfahrt, ob alle an der Rezeption abgegeben sind

3.6.3. Örtliche Führer

Folgende Checklist hilft dem RL, die Zusammenarbeit mit örtlichen Führern zu optimieren[104]:

- 1 Tag vorher Termin, Ort und Zeitrahmen nochmal bestätigen, wenn die Bestellung der Führung längere Zeit zurückliegt
- kurze Mitteilung zur Zusammensetzung der Gruppe (Bildungsstand, Interessen, Rücksichten, Besonderheiten)
- kurze Mitteilung zum Stellenwert der Führung im Gesamtprogramm der Reise (bereits besichtigte Objekte oder/und weitere Programmpunkte, Gruppe am Anfang oder Ende der Reise und damit verbundener Grad der Belastbarkeit und Aufnahmefähigkeit, Rundreise oder Tagesausflug?)
- Programmabsprache (verbindliche, ausgeschriebene Besichtigungspunkte, evtl. Ersatzlösungen für geschlossene Objekte) ohne die Reisegäste
- feste Terminierung des Endpunktes der Führung (Ort und Zeit), evtl. mehrfach zu betonen, wenn Gruppe in Zeitdruck oder wenn große Gruppe auf mehrere Führer/innen aufgeteilt wird
- Vorstellen und Verabschieden des Gästeführers
- Anlegen eines Adreßheftes oder Fahrtberichtes mit Namen, Adresse, Telefonnummer besonders guter Ortsführer (auch Vermerk "schwarzer Schafe")

Probleme

- falls Probleme auftreten, diese unauffällig lösen, vorzugsweise ohne die Gruppe oder so, daß nur ein möglichst kleiner Teil der Gruppe dies mitbekommt
- Ortsführer erscheint nicht am besprochenen Treffpunkt - Kontaktieren des Gästeführers bzw. des Fremdenverkehrsamtes; eine für die Reisegäste möglichst angenehme Gestaltung der Wartezeit vorschlagen; falls Führung nicht geleistet werden kann, Gestaltung durch den RL (deshalb eigene Vorbereitung des RLs auf die Führung zumindest in Grundzügen notwendig!)
- Einwirken auf evtl. Unzulänglichkeiten der Führung; der RL sollte bei Führung mit dabei sein!

- Ortsführer kritisiert vor den Gästen das Programm der Gruppe - unbedingt unterbinden und widerlegen, da sonst die Gruppe beunruhigt und verunsichert wird!
- Ortsführer übersieht in seiner Begeisterung den gesteckten Zeitrahmen - unbedingt rechtzeitig, evtl. mehrfach auf Zeitplanung aufmerksam machen und auch begeisterte Teilnehmer, die noch mehr sehen möchten, zur Einhaltung des Zeitrahmens motivieren
- Ortsführer ist unfähig/ ungeeignet/ unzumutbar - entlassen und Programm selber gestalten (deshalb eigene Vorbereitung des RLs auf die Führung zumindest in Grundzügen wichtig!)
- Ortsführer hät sich nicht an das ausgeschriebene Programm - vorher genau absprechen, was Pflichtbestandteil der Führung ist und Kontrolle durch den RL
- Ortsführer wird viel zu ausführlich- taktvoll unterbrechen und höflich nochmals auf Zeitrahmen hinweisen (auch bei "Respektspersonen" wie Pfarrern, Museumsdirektoren nicht zu lange damit warten!)
- ständige Geschäftemachereien des local guide (besonders in Nordafrika)- vorher besprechen, Reduktion auf 1 Teppichgeschäft; falls ein Teil der Gruppe sich auch für den Besuch weiterer Geschäfte interessiert, dem anderen Teil Möglichkeit zur eigenen Zeit- und Programmgestaltung geben!
- Ortsführer macht die Reiseleitung schlecht- Ruder nicht ganz aus der Hand geben, Kontrolle über die Gruppe und die Führungen behalten, indem man bei Besichtigungen mitgeht und versucht, im Bus in einer der vorderen Reihen zu sitzen.

3.7 Das Selbstverständnis des Reiseleiters (Ude)

"... daß man doch immer nur bei sich selber ankommt" (Nyanaponika)

Nach Datzer/Lohmann sind "Spaß am Reisen" und "Umgang mit anderen Menschen" die Hauptmotive, um RL zu werden. Die RL-Tätigkeit gilt für viele als "Traumjob" - gerade auch in Anbetracht der großen Arbeitslosigkeit. Wie sieht jedoch die aktuelle Situation von RLn aus?

Die berufsspezifische Situation von RLn ist - abgesehen von den "Sonnenseiten" - durch folgende Besonderheiten gekennzeichnet:

- Die RL-Tätigkeit ist bis heute kein anerkannter Beruf, d.h. die Aufgaben sind nirgends klar definiert und verankert.
- Es gibt keine Eingangsvoraussetzungen, d.h. jeder kann RL werden.
- Die Fortbildung ist ungeregelt und unregelmäßig. Die Kriterien für die RL-Honorierung sind nicht klar festgelegt.
- Die rechtliche und soziale Position des RLs zum Reiseveranstalter ist ungeklärt.
- Die Tätigkeit wird meist freiberuflich oder saisonal ausgeübt.
- Bei freiberuflich tätigen RLn ist der Einsatz trotz Einsatzvertrag häufig nicht sicher, da abhängig vom Zustandekommen der Teilnehmerzahl. Das bedeutet eine große finanzielle Unsicherheit.
- Die Reisekunden werden immer reiseerfahrener und stellen höhere Anforderungen.
- Die Reisegruppen werden immer heterogener und schwieriger zu leiten.
- Der RL wird mit vielen unterschiedlichen Erwartungen von Reisekunden, Reiseveranstaltern und Bereisten konfrontiert.
- RL sind sowohl in der Gruppe als auch durch das viele Reisen zu Hause sozial isoliert.
- RL sind großen Reise-Strapazen ausgesetzt.
- Das Image der RL-Tätigkeit ist niedrig.

RL, ein "Traumjob"?

Eine gängige Erwartung von Reiseveranstaltern und Reisekunden an RL ist, daß jene als Tätige im "Sonnenscheingeschäft" Tourismus Lebenslust ausstrahlen und immer nett und freundlich sein sollen. Da RL auch nur Menschen sind, so daß sie, genauso wie alle anderen Menschen auch, Gefühle der Angst, Hilflosigkeit, Wut u.a. empfinden, müßten eigentlich Reiseveranstalter, Reisekunden und ebenfalls RL darüber nachdenken, unter welchen Voraussetzungen sich RL - zumindest annähernd - dieser Erwartung entsprechend verhalten könnten. Anders ausgedrückt, wenn RL Lebenslust ausstrahlen sollen, müßte zunächst ihre eigene Lust am Leben gewährleistet sein.

Noch dazu begleiten RL Menschen in ihrer Freizeit, in der sie sich erholen, gesunden, neue Eindrücke und Erkenntnisse gewinnen. RL sind so - ob sie es wollen oder nicht - auch Vorbilder im Freizeit- und Gesundheitsverhalten, wenn Freizeit als Bereich der Erholung von der Arbeit angesehen wird.

Die Diskrepanz zwischen dieser und anderen Erwartungen und der Realität des RL-Alltags erscheint groß. Der Schein des "Traumjobs", bzw. des "sorgenlosen Weltenbummlers" trügt, das Sein steht auf wackeligen Füßen. Sein Menschsein[105], d.h. seine Alltagsrealität beeinflußt aber genauso seine Rolle als RL, wie diese umgekehrt Einfluß auf seinen Alltag hat. So hilft also kein Festhalten am Schein, denn Engagement, Leistungsbereitschaft und -fähigkeit, Gesundheit und letztlich auch Begeisterung und Lebenslust ist auf Dauer nur durch eine Veränderung der bestehenden Realität gewährleistet. Ein Besinnen auf diese Realität, die eigene Person, die eigene Gesundheit und die eigene Identität ist also erforderlich.

Aspekte eines neuen Selbstverständnisses

Welche Faktoren beeinflussen nun die Lebenslust von RLn, bzw. in welchen Bereichen müssen RL selbst aktiv werden, und wo müssen RL unterstützt und gefördert werden, damit sie Lust an ihrem Leben haben, diese Lust dann ausstrahlen und so auch Vorbilder für ein gesundheitsförderliches Freizeitverhalten darstellen können?

Was ist zu tun, damit die Leistungsbereitschaft und -fähigkeit, die Gesundheit und die Begeisterung sich immer wieder neu aus der eigenen Arbeit speisen und nicht langsam versiegen?

Im folgenden werden sechs Bereiche unter dem Gesichtspunkt der Stabilisierung und Gesundheitsförderung[106] von RLn beschrieben. Diese sechs Bereiche stellen außerdem die tragenden Säulen der Identität[107] dar, so daß Gesundheitsförderung auch gleichzeitig Identitätsentwicklung bedeutet.

Eigene und fremde Stabilisierung und Gesundheitsförderung erscheinen möglich und nötig. Ziel dabei ist, durch die Auseinandersetzung mit diesen Bereichen Schritte zu einem neuen Selbstverständnis in der Rolle des RLs zu ermöglichen und ein Bewußtsein für die eigenen Möglichkeiten und Grenzen zu bekommen.

Gesundheit soll hier als dynamischer Begriff verstanden werden und die Suche nach dem "bestmöglichen Maß geglückter Auseinandersetzung mit dem Selbst, der Umgebung und den Mitmenschen" bezeichnen.

Gesundheitsförderung ist dabei der "Prozeß, der die Einzelnen und die

Bevölkerung befähigt, die entscheidenden Faktoren für ihre Gesundheit zu erkennen, und ihnen ein größeres Maß an Selbstbestimmung in Bezug auf ihre Gesundheit und ihre gesamte Lebenswelt ermöglicht. Gesundheit soll damit nicht zum bestimmenden Lebensmotto deklariert werden, sondern das Ziel ist, Gesundheit in seinem sozialen Zusammenhang leichter möglich zu machen.[108]".

Werte, Sinn, Selbstwertgefühl

In einer Zeit des "Wertewandels" werden RL in ihren Reisegruppen und auch stationär ständig konfrontiert mit Menschen aus unterschiedlichen sozialen Schichten mit oft stark differierenden Lebenshaltungen und Wertvorstellungen. Noch dazu bewegen sie sich mit ihren Gruppen im Ausland, in welchem Menschen in anderen Lebensumständen mit noch ganz anderen Lebens- und Wertvorstellungen leben. Werte sind nun aber nicht nur der hauptsächliche Steuerfaktor des menschlichen Lebens, sie bestimmen auch den Selbstwert jedes Menschen. So werden Erfahrungen entweder als Erfolg oder als Versagen empfunden. Da die Selbstbewertung und damit das **Selbstwertgefühl**, wie auch das individuelle Wertesystem eines Menschen beeinflußt werden von Fremdbewertungen, stellt sich nicht nur bei jüngeren RLn in besonderem Maße die Frage nach der Verarbeitung dieser extrem unterschiedlichen Fremdbewertungen. Nach welchen Werten richten sich RL bei ihrer Arbeit? Wie erarbeiten sie sich ihre Identität? Im Gegensatz zu vielen anderen Berufsgruppen verändern sich gleich mehrere Säulen der Identität bei RLn häufiger (Arbeitgeber und damit die Erwartungen an die Arbeit, Umwelt durch das ständige "Unterwegs-Sein", enge Bezugspersonen gehen mehr und mehr verloren, Werte). Wie beeinflussen diese häufigen Veränderungen die Identität und damit auch die persönliche Stabilität sowie die physische und psychische Gesundheit?

Damit eng verbunden ist die Frage nach dem Sinn ihres Lebens, denn gesellschaftliche Werte, das individuelle Wertesystem, der Selbstwert und der Sinn sind eng miteinander verknüpft.

Trotz des "Wertewandels" herrschen in unserer Gesellschaft immer noch die Werte Erfolg, Geld, **Sozialprestige** vor. Ein Erreichen oder Nichterreichen entscheidet letztlich auch über das Selbstwertgefühl von Menschen. Mißt man den "Traumjob" des RLs an diesen Werten, so ist es kein Wunder, wenn diese Tätigkeit in der Bevölkerung kein gutes Image genießt, denn weder gibt es in nennenswertem Umfang RL-Karrieren, noch werden RL Millionäre. Wer sich als RL selbst auch noch an diesen gesellschaftlichen Werten mißt, dessen Selbstwertgefühl wird über kürzer oder länger darunter leiden müssen.

Es gibt jedoch noch andere Faktoren, die am Selbstwertgefühl von RLn nagen: Ein RL kann bisher kein Selbstwertgefühl aus einer durchlaufenen, staatlich anerkannten **Aus- bzw. Fortbildung** gewinnen. Außerdem hat er nur geringen Einfluß auf die zeitliche Gestaltung seines Arbeitsjahres, da die Einsatzverträge eine Beschäftigung nur bei Zustandekommen der Teilnehmerzahl garantieren. Um ihr finanzielles Überleben zu gewährleisten, schließen manche RL Verträge auch bei anderen Reiseveranstaltern für den gleichen Zeitraum ab, was sie zwingt, in dem einen oder anderen Fall vertragsbrüchig zu werden. Damit wiederum verärgern sie die entsprechenden Reiseveranstalter und gefährden ihr weiteres finanzielles Überleben und ihre Glaubwürdigkeit. Eine schwierige Situation, nicht nur finanziell (Arbeitslosigkeit und Sozialhilfe drohen), denn in dieser Weise kann über einen längeren Zeitraum ein negatives Selbstwertgefühl entstehen, da die Überzeugung verloren geht, die eigene Situation im Griff zu haben (**Theorie der Kontrollüberzeugung**[109]).

Noch dazu stehen RL häufig ganz alleine vor dieser schwierigen beruflichen Situation, da sie für freundschaftliche Beziehungen zu Hause durch ihre Reisetätigkeit wenig Zeit haben. Nach der "Theorie der positiven Gesundheitswirkung von sozialer Unterstützung und **stabilen, vertrauensvollen Beziehungen**"[110] beeinträchtigt auch dies die Gesundheit.

Folgen dieser Situation können für RL verschiedenster Art sein: Flucht in Depressionen, psychosomatische Krankheiten, Alkohol oder Drogen; rücksichtsloser Umgang mit dem Körper, Einsamkeit, Vereinzelung, Sinnlosigkeit.

Gesundheitsförderung heißt hier:

- Stabilisierung von RLn durch Fortbildungsangebote und Aussprachemöglichkeiten;
- Stärkung ihres Selbstwertgefühls und ihrer Führungskompetenz durch das Bewußtmachen ihrer Werte und damit ihrer persönlichen Fähigkeiten zur Einflußnahme auf ihr Leben und ihre Umwelt
- Förderung ihrer ganz persönlichen Talente, Stärken und Fähigkeiten
- Ausbau der Konfliktlösefähigkeit

Freundschaften, soziale Beziehungen

Als RL kennt man viele Menschen, oft in vielen Ländern. Diese Kontakte sind meistens jedoch sehr oberflächlich, ob es sich nun um Reisekunden, Agenten, Busfahrer, Hotelbedienstete oder örtliche Führer handelt. Die Fähigkeit, sich auf tiefere Beziehungen einzulassen und Nähe zuzulassen, geht mehr und mehr verloren. Auch die sozialen Beziehungen zu Hause werden mit Dauer und Intensität der Tätigkeit immer oberflächlicher. Emotionaler Kontakt und Austausch mit Personen, die eine Bedeutung für einen haben, sind jedoch wichtig, um an seiner Identität zu arbeiten und einen Selbstwert zu erlangen und zu erhalten.

Darüberhinaus wirken stabile und vertrauensvolle Sozialbeziehungen positiv auf die Gesundheit und das Wohlbefinden und stellen indirekt eine Voraussetzung dar für eine Veränderung von belastend empfundenen sozialen Bedingungen, die häufig erst gemeinsam mit anderen in Angriff genommen werden können.

Die Förderung von Beziehungsfähikgeit und sozialer Kompetenz ist bei RLn besonders wichtig, da sie in ihrer Rolle mit sehr vielen sehr unterschiedlichen Menschen umgehen müssen. **Beziehungsfähigkeit** heißt in starkem Maße aber auch **Konfliktfähigkeit**. Und das Konfliktpotential auf Reisen ist nicht gering. Konfliktfähigkeit setzt wiederum **Autonomie** voraus, um so Freundschaftsverluste oder die Beliebtheit als RL riskieren zu können, wenn die Meinungen zu weit auseinandergehen. Die Macht in der Rolle des RLs auszuspielen, führt zu keiner wirklichen Lösung des Problems, sondern nur zu einem kurzfristigen Sieg. Wer Konflikte wirklich lösen will, muß seine eigenen Bedürfnisse und Interessen kennen, sich in den anderen hineinversetzen, um ihn zu verstehen, muß nach Lösungen suchen, bei denen sowohl die eigenen Bedürfnisse als auch die der anderen zum Tragen kommen.

Gesundheitsförderung heißt hier also:

- Aufbau von Autonomie
- Förderung der Beziehungsfähigkeit und damit der kreativen Gestaltungsfähigkeit von sowohl privaten als auch beruflichen Beziehungen
- Ausbei der Konfliktlösekompetenz

Körper und Sinne

Die Botschaften und Signale seines Körpers wahrzunehmen stellt eine wichtige Fähigkeit der **Selbstwahrnehmung** dar, denn Gefühle können nur über den Körper wahrgenommen werden. Die Muskulatur des Körpers, seine Organe, Gelenke, Hautoberfläche usw. senden dem Gehirn Informationenen, die dann dort entschlüsselt und verstanden werden als Feststellung über die gegenwärtige Gefühlssituation. Bemerkt man zum Beispiel das Entstehen von Druck hinter den Augen und das Zusammenschnüren seiner Kehle, so läßt dies auf Traurigkeit schließen. Häufig ist gerade die Fähigkeit der Selbstwahrnehmung im Laufe der Kindheit durch Regeln und Gebote der Eltern ("Sei doch nicht traurig!"[111]) verlernt worden. Die Ignoranz der eigenen Gefühle ist stattdessen an ihre Stelle getreten.

Für RL ist es gerade auf längeren Fernreisen im Interesse der eigenen Gesundheit sehr wichtig, eine gute Selbstwahrnehmung wiederzuerlangen und **im Kontakt mit den eigenen Gefühlen** zu sein, um so die **Kräfte optimal einzuteilen** und mit den Gefühlen adäquat umzugehen. Nur die sorgfältige Beobachtung der eigenen Körperreaktionen gibt Aufschluß über die eigene Belastbarkeit, den eigenen Energiehaushalt und ermöglicht es zum Beispiel, rechtzeitig eine Pause zu machen und für Erholung zu sorgen oder Nahrung ausreichend und rechtzeitig zu sich zu nehmen.

Nur, wer seine Gefühle bewußt wahrnimmt, kann lernen, adäquat und gesundheitsförderlich mit ihnen umzugehen, denn verdrängte Gefühle können zu psychosomatischen Störungen (Bluthochdruck, Kopfschmerzen, Magengeschwüre ...) des RLs führen. Oder sie lösen Gefühlsexplosionen aus, die die Reisekunden verschrecken oder provozieren, so daß Konflikte eskalieren, ohne daß es in beiden Fällen zu einer konstruktiven Lösung kommt.

Gesundheitsförderung heißt hier:

- Ermöglichen angenehmer und positiver Körpererfahrungen (Aikido, Massage, Tanzen, ...)
- gezieltes Training einzelner Sinne (bewußt hören, sehen, ...)
- Schulung des Körperbewußtseins (Mimik, Gestik, Körperhaltung, Stimme) durch Video, Cassettenrecorder
- Aufklärung über die Bedeutung körperlicher Signale.

Sinnvolle Arbeit, gesunde Arbeitsbedingungen

Konfrontiert mit einer Fülle unterschiedlicher Erwartungen von Reisekunden, Reiseveranstaltern und Bereisten sollte der RL sich ganz persönlich damit auseinandersetzen, welche eigenen Erwartungen er an seine Arbeit hat, worin diese Arbeit sinnvoll für ihn ist und wie er für gesunde Arbeitsbedingungen, gerade bei sehr vollem Programm, sorgen kann. Ohne diese Auseinandersetzung besteht die Gefahr, zu glauben, alle möglichen Erwartungen erfüllen zu müssen, um der Aufgabe optimal gerecht zu werden und sowohl Reiseveranstalter, Reisekunden und die Bereisten zufriedenzustellen. Dies stellt nicht nur eine Dauerstreßsituation dar und her, sondern bedeutet auch, daß die eigene Person dabei möglicherweise zu stark vernachlässigt wird und zu starker körperlicher und psychischer Verschleiß die Folge sind.

Außerdem gibt es keine eindeutigen Kriterien, an denen sowohl der RL als auch der Reiseveranstalter und der Reisekunde den Erfolg der RL-Tätigkeit und das Gelingen einer Reise ablesen können. So kommt es, daß ein RL mit recht unterschiedlichen Maßstäben gemessen wird, die von Tour zu Tour und abhängig von den jeweiligen Reisekunden variieren können. Diese Maßstäbe der Reisekunden - und damit Lob oder Tadel - sind für die RL aber von existentieller Bedeutung, da ihre weitere Beschäftigung davon abhängen kann. Die auf solche Art möglicherweise drohende Arbeitslosigkeit stellt einen weiteren - nicht zu unterschätzenden - Streßfaktor für RL dar, der, aufgrund der fehlenden klaren Maßstäbe und damit der fehlenden Einschätzbarkeit und Unberechenbarkeit, das Selbstwertgefühl untergraben und die Gesundheit beeinträchtigen kann (Theorie der Kontrollüberzeugung[112]).

Darüber hinaus kann die drohende Arbeitslosigkeit demütigend und disziplinierend auf die RL wirken, so daß sich RL von den Erwartungen der Reiseveranstalter und Reisekunden auf Kosten ihres Selbstwertgefühls und ihrer Gesundheit zu sehr bestimmen lassen.

Auch hat der RL als Praktiker vor Ort oft wenig Einfluß auf die Planung und Organisation weiterer Touren. Eine Identifikation mit dem Reiseprodukt wird dadurch zunehmend erschwert, das Engagement, die Leistungsbereitschaft und die Kreativität der RL mehr und mehr beeinträchtigt, so daß ein lustloses Erfüllen des Standardprogramms die Folge sein kann.

Gesundheitsförderung heißt hier:

- klare Absprachen mit dem jeweiligen Reiseveranstalter über die eigenen Aufgaben treffen

- klare Darstellung des eigenen Kompetenz- und Aufgabenbereiches gegenüber den Reisekunden
- Selbsthilfezusammenschlüsse mit RL-Kollegen anregen, die das Ziel haben

  a) sich gegenseitig Verständnis entgegenzubringen und so zu entlasten

  b) sich gemeinsam zu erarbeiten, wie jeder RL für seine psychische und physische Gesundheit auf der Reise und unter den gegebenen Bedingungen sorgen kann

  c) sich - im Interesse aller - neue Möglichkeiten der Zusammenarbeit mit den Reiseveranstaltern überlegen, die mehr Einflußnahme auf zukünftige Touren gewährleisten und so motivierend auf RL wirken.

Sinnvolle Gegenwart, lebenswerte Zukunft, Umweltschutz

Der Tourismus - die Nummer eins unter den Wachstumsindustrien - hat weltweit großen Einfluß auf Wirtschaft und Gesellschaft der bereisten Länder[113]. Auf der Suche nach dem Exotischen und Einzigartigen wird genau dieses jedoch zerstört. Tourismus kann weltweit auch einen Beitrag zum Frieden und zu mehr Verständigung leisten - oder Vorurteile bestätigen. RL sehen und erleben sowohl die Zerstörung der letzten Paradiese wie auch fehlgeschlagene Begegnungen mit Menschen anderer Kulturen hautnah, eindringlich und kontinuierlich. Sie befinden sich hier in einer wichtigen Schlüsselposition, in einer Bewahrer-Rolle zum Schutze des Einzigartigen und in einer Vermittler-Rolle zwischen Menschen verschiedener Kulturen. Wenn Reisen weiterhin Lust machen soll, Einblicke in gerade die Unterschiedlichkeiten der Menschen, Kulturen, Gesellschaftsformen und Landschaften vermitteln und in der Auseinandersetzung damit den eigenen Horizont erweitern soll, dann bedeutet Gesundheitsförderung hier Umweltschutz.

Im Hinblick auf die Gegenwart und Zukunft des Tourismus heißt das, daß

- RL sich ihrer Schlüsselposition, ihrer Bewahrer- und Vermittler-Rolle bewußt werden
- RL ihre Praxis-Erfahrung einbringen in Projekte, Arbeitsgruppen und Organisationen, die sich mit Umweltschutz und Völkerverständigung beschäftigen (Arbeitsgruppe "Tourismus mit Einsicht", Arbeitskreis "Tourismus und

Entwicklung", Greenpeace, länderspezifische Arbeitsgruppen, ...)

- RL nicht ohnmächtige Erfüllungsgehilfen der Tourismusindustrie sind, sondern Mut und Selbstbewußtsein entwickeln, um gemeinsam mit Reiseveranstaltern neue Wege hinsichtlich eines umwelt- und sozialverträglichen Tourismus zu entwickeln
- RL in länderspezifischen Arbeitsgruppen gemeinsam mit Kollegen verantwortungsvoll nach Möglichkeiten und Wegen eines menschen- und umweltfreundlichen Gruppenreisens suchen.

Gesundheitsversorgung, Gesundheitswissen

RL sind durch die Art ihrer Tätigkeit gesundheitlich stark beansprucht. Eine ausreichende Absicherung durch eine Kranken- und Sozialversicherung ist deshalb unerläßlich. Wer gesund sein und bleiben will, muß jedoch auch wissen, wie Gesundheit auf Dauer erhalten wird.

Gesundheitsförderung heißt hier:

- Aufklärung über die Faktoren, die die Gesundheit bestimmen (Umwelt, Menschen, Klima, Arbeit, Gesellschaft, Beziehungen, bestimmte Verhaltensweisen, ...)
- Aufklärung über die Grundzüge der ganzheitlichen Medizin - Psychologie, d.h. über die Zusammenhänge zwischen Körper, Psyche, Lebens- und Arbeitsbedingungen (Psychosomatik)
- Vermittlung von Grundzügen der systemischen Familientherapie, um sich selbst und sein heutiges Rollenverhalten auf der Basis des Systems seiner Herkunftsfamilie verstehen und verändern zu lernen.

Ausblick: RL, ein "Traumjob"?

In der Realität spricht bisher manches dagegen - ähnlich wie bei anderen Tätigen in der Tourismus- und Freizeitindustrie. Nichtsdestotrotz tragen Veränderungen in allen beschriebenen Bereichen ihren Teil zu einer Verbesserung der Situation bei. An einer Verbesserung können aber nicht nur RL arbeiten, auch Reiseveranstalter, Reisekunden und Politiker sind in ihrem eigenen Interesse dazu aufgefordert, denn die anwachsende Freizeit der Bundesbürger und die damit einhergehende Gestaltungsnotwendigkeit dieser freien Zeit einerseits und das Heer der Arbeitslosen und deren Perspektivelosigkeit andererseits verlangen nach einer gesellschaftlichen Lösung. Neue Berufe im Freizeitbereich

gewähren und gesellschaftlich eine kontinuierliche Arbeit zu ermöglichen.

Eine Flucht aus individuell und gesellschaftlich einengenden Situationen und Zwängen ist unmöglich oder gesundheitsschädlich. Deshalb erscheint es sinnvoll und notwendig, sich der eigenen Situation zu stellen, denn nur dann ist es möglich, das eigene Leben, soziale Beziehungen und die Umwelt gemeinsam mit anderen kreativ gestalten zu lernen.

Wer kennt nicht das "...Sehnen, das aus der allzu vertrauten und als bedrückende Enge empfundenen Nähe nach einer lockenden Ferne verlangt, die man für eine befreiende Weite hält. Nicht bedenkt man aber bei solchem Sehnen, daß jene Ferne für den, der in ihr lebt, eben auch nur Nähe ist und daß sie wie unsere Nähe hier, beides in sich birgt: Enge und Weite. Welches von beiden sie ist, hängt von uns selber ab (Nyanaponika)."[114]

4. Lernen auf Reisen?

4.1. Tourismus und "Völkerverständigung"

In offiziellen Verlautbarungen, wie z. B. den Vereinbarungen von Helsinki (Konferenz für Sicherheit und Zusammenarbeit in Europa) wird der Tourismus häufig als ein wichtiges Mittel der Völkerverständigung und Friedenssicherung dargestellt: Dort geben die Teilnehmerstaaten "ihrer Absicht Ausdruck, verstärkten Tourismus sowohl für Einzel- als auch für Gruppenreisende zu fördern, ... eingedenk des Beitrages des internationalen Tourismus zur Entwicklung gegenseitigen Verständnisses zwischen den Völkern, zur größeren Kenntnis der Leistungen anderer Länder in verschiedenen Bereichen sowie zu wirtschaftlichem, sozialem und kulturellem Fortschritt."[115]

Wenn auch die Möglichkeit besteht, daß der Reisende mit den Bereisten Informationen austauschen und sich selbst von den Gegebenheiten im anderen Land überzeugen kann, so mag diese Aussage grundsätzlich berechtigt sein, und sicher werden eigene Erlebnisse und Erfahrungen der Reisenden gewichtiger sein als Kenntnisse, die aus Filmen oder Büchern gewonnen wurden.

Die optimistischen Äußerungen von Politikern und Personen, die im Fremdenverkehr tätig sind, werden jedoch von vielen Psychologen und

Soziologen in Frage gestellt: Zwar führe der Tourismus in den entsprechenden Regionen zweifellos zu bedeutsamen kulturellen, sozialen und wirtschaftlichen Veränderungen, doch fließe, dies speziell in den Entwicklungsländern, ein erheblicher Teil des Touristengeldes in die Entsendeländer zurück, womit der **wirtschaftliche Fortschritt durch den Tourismus in Frage gestellt** wird.

Das Geld wird verbraucht

- "für Investitionsgüter, die unmittelbar zur Erschließung für den Tourismus notwendig sind, wie Baumaterialien, Hotel- und Restaurantausstattungen, Verkehrsmittel, Versorgungsleitungen u.ä.
- für die Einfuhr von Konsumwaren, die Touristen im Land verbrauchen, z. B. Nahrungs- und Genußmittel
- für die Gehälter von ausländischem Personal in leitenden Positionen, wie Agentur-, Hotel- und Küchenchefs
- für den Gewinntransfer ausländischer Investoren."[116]

Es wird kritisiert, daß die Gelder in den **kapitalintensiven, konjunktur- und saisonabhängigen Dienstleistungszweig Tourismus** gelenkt werden, statt in den Aufbau der Landwirtschaft oder Industrie, die nicht nur sehr viel mehr Arbeitsplätze schaffen würden, sondern auch die im Lande benötigten Güter herstellen könnten.

Kritisch sind auch die **soziokulturellen Effekte des Tourismus** zu sehen: Zwar erfolgt einerseits eine Verbreitung westlich-europäischer Werthaltungen, z.B. was die Gleichberechtigung der Frau und der unteren sozialen Schichten betrifft, andererseits kann "die unmittelbare Konfrontation mit Menschen aus den privilegierten Industrieländern, die die scheinbare Attraktivität eines fremden Lebensstils demonstrieren, sehr oft unreflektierte Nachahmungseffekte auslösen."[117] Gerade im Urlaub hat ja der Tourist ein anderes Konsumverhalten als zu Hause, einen erhöhten Lebensstandard, er ist modisch gekleidet, untätig, wohnt in prächtigen Hotels, zeigt oft ein überhebliches Auftreten und gibt damit der einheimischen Bevölkerung ein "Gefühl von Minderwertigkeit (und) verstärkt die ohnehin vorhandene Identitätskrise."

Am massivsten sind die soziokulturellen Effekte des Tourismus im Bereich des **Prostitutionstourismus**[118] und des damit verbundenen Menschenhandels in einigen Ländern Asiens (z.B. Thailand) oder Afrikas (z.B. Kenia).

Aufgrund der Schäden, die der Ferntourismus in Dritte-Welt-Ländern im Bereich der religiös-ethischen Ordnungen, der Kultur, aber auch ökologisch und ökonomisch verursacht, sind Tourismuskritiker (z.B.

Arbeitskreis "Tourismus und Entwicklung" in Basel) zum Teil der Meinung, man sollte das Reisen in diese Länder gänzlich unterlassen. O'Grady plädiert für die **Einrichtung von Tourismusenklaven** "außer Reichweite des täglichen Lebens der Bevölkerung". Das heißt, "daß die Ferienzentren unabhängig sein müßten, geographisch abgelegen, und sie müßten über Einrichtungen und Attraktionen verfügen, die den Touristen an das Ferienzentrum binden."[119] Mit Hilfe einheimischer Architekturstile, Einrichtungen, Kunst und Nahrungsmitteln kann die Illusion des authentisch Fremdartigen aufrechterhalten werden - dies in eigens für den Massentourismus geschaffenen Miniaturwelten wie in Disneyland. -In Thailand hat man einige Mini-Thailands geschaffen, z.B. "Thailand in MINIATUR" (TIM), wo in einem kleinen Park typische Beispiele aus dem ganzen Land gezeigt werden.

> "Hier kann der Tourist arbeitende Elefanten sehen, Bauern, die Reis anpflanzen, Bewässerungssysteme aus Bambusrohr, traditionelle Häuser und ähnliche Attraktionen. In einem anderen Zentrum 'The Ancient City' (Die Alte Stadt), sind viele alte und unbenutzte Tempel aus den ländlichen Gebieten neu aufgebaut oder reproduziert worden. Das ganze Areal kann an einem Tag besichtigt werden und bietet ausgezeichnete Hintergrundinformationen zum Buddhismus und seiner Architektur."[120]

Durch die Einrichtung solcher Tourismus-Enklaven können die Touristen und ihr störender Einfluß von der einheimischen Bevölkerung abgehalten werden. Anstatt in "mobilen Ghettos" in einheimische Dörfer und in das Privatleben der Menschen einzudringen (massives Photographieren), bleibt der Tourist in seinem eingegrenzten Bereich, wo ihm die Illusion des Exotischen geschaffen wird durch Künstler, Sänger, Tänzer und einheimische Handwerker. Das Ferienzentrum wird in diesem Falle zu einer Art Freilichtmuseum, um das umliegende Land vor den touristischen Auswirkungen zu schützen.

Die oben angedeuteten Probleme treffen insbesondere für Entwicklungsländer zu und sind nur teilweise auf Europa, insbesondere auf die armen Regionen des Südens, anwendbar. Ein "völkerverständigender" Effekt von organisierten Rundreisen kommt aber auch bei den meisten europäischen Zielen nicht zum Tragen, da der Tourist nur Kontakte mit ausgesuchten Einheimischen, wie z.B. Hotelpersonal, Reiseführern und Busfahrern, hat und er somit nur zu leicht Fehlschlüsse aus dem Verhalten dieser Berufsgruppen auf die Bevölkerung des Landes zieht. In der Praxis ist es eher so, daß in der Gruppenreise eine "Völkerverständigung" zwischen den deutschen Landsleuten aus verschiedenen Regionen stattfindet und man plötzlich feststellt, daß gar nicht alle Hamburger so kühl, alle Rheinländer so spaßig und alle Bayern so sepplhaft sind, wie es das Klischee will.

Ein weiteres Problem ist die **mangelnde "gedankliche Verarbeitung der Oberflächeneindrücke** (Fehlen von Hintergrundwissen wirtschaftlicher, sozialer und politischer Art), die Vorurteile eher verstärkt bzw. neu"[121] hervorruft. Ein Hindernis in der Vermittlung von Wissen aus jenen drei Bereichen stellt sich dem RL[122] in der Tatsache dar, daß der Reisende in "Urlaubsstimmung" ist, d. h. daß er häufig nicht bereit ist, viel nachzudenken, sich mit Problemen zu belasten und es vorzieht, nur das Schöne zu sehen.

Zu hoch gesteckte Ziele in bezug auf "Völkerverständigung" (schon dieser Begriff greift viel zu hoch) sind aus obengenannten Gründen zum Scheitern verurteilt. Inwiefern auch kleine und Kleinstziele einen Schritt in Richtung eines Verständnisses für fremde oder ungewohnte Lebensformen darstellen können, zeigt der Brief eines heimgekehrten Mallorca-Urlaubers:

> "Ich habe nie gewußt, daß man Käse auch am Stück essen kann. Und zum Essen muß ich jetzt immer Rotwein trinken. Vino Tinto ... Das habe ich bei Euch gelernt. Teurer Spaß, aber ich bin seitdem viel fröhlicher."[123]

Das Deutschlandbild im Ausland am Beispiel Italien

Um im Sinne der "Völkerverständigung" reisepädagogisch tätig werden zu können, muß der RL das Bild der Deutschen vom bereisten Land und seinen Bewohnern wie auch das der Einheimischen von den Deutschen kennen. - Dieses Bild hängt u.a. von der Anzahl der Besucher und dem davon erhofften Profit ab. Aus dem Bewußtsein einer wirtschaftlichen Abhängigkeit vom Tourismus und den ausländischen Besuchern (den "barbari") heraus scheinen auch die Italiener, wie eine Umfrage im Auftrag einer italienischen Zeitschrift zeigt, nur wenig Sympathien für die Deutschen zu hegen. Jene bilden in der Rangfolge der Beliebtheit sogar das Schlußlicht: "In einer Rangliste der Antipathien führten die Deutschen mit 27,1 % an und lagen damit noch vor den Russen mit 17,3 %, Israelis, Iranern und Chinesen."[124]- Bevor die einzelnen Elemente dieses Bildes analysiert werden, möge seine Stellung im europäischen Zusammenhang herausgestellt werden.

> "Es gibt typische Nord- und Süd-, typische Ost- und West-Images. Zum **europäischen Nord-Bild** gehört Fortschrittlichkeit auf Kosten des Gemüts, Frauenemanzipation bis zur Sittenlosigkeit, Melancholie, die allenfalls mit Alkohol aufgeheitert werden kann. Das Deutschenbild der Italiener hat deutli-

che Ähnlichkeit mit dem Schwedenbild der Deutschen ... Die **West-Ost-Polarität** kreist in Europa um die Pole Verfeinerung - seelische Ursprünglichkeit. Die Westvölker gelten als feiner, artikulierter, exakter. So sehen wir die Franzosen und so sehen in gewisser Weise die Russen uns. Die Ostvölker hingegen gelten als emotionaler, tiefer, unverdorbener und ungegliederter, weniger rational."[125]

Im folgenden sollen die gängigen Bilder der Italiener vom Deutschen aufgezählt werden. - Die Präsentation dieser Images von seiten des RLs gegenüber der Gruppe darf allerdings keinesfalls zu massiv, sondern muß in geschickter, taktvoller, vielleicht humorvoller Weise erfolgen, um nicht sogleich Gegenreaktionen bei den Mitgliedern der Gruppe auszulösen.

Nach Manfred Koch[126] unterteilt sich das Bild der Italiener von den Deutschen in drei größere Komplexe:

Der disziplinierte Nordländer: Die Deutschen haben ein großes Bücherwissen, sehen sich sämtliche Sehenswürdigkeiten an, sind introvertiert, gemessen, ernst, reserviert und kalt; auch ihre Kinder sind diszipliniert und brav, ihre Frauen energisch und aktiv. Die Deutschen sind spartanisch, sparsam und gehen in keine Luxushotels, haben keinen Sinn für gutes Essen und für äußerliche Schönheit. Im Wesen und in ihrer Kleidung sind sie unraffiniert, sie gehen schwer, legen mehr Wert auf Bequemlichkeit denn auf Eleganz (z.B. große massive Sandalen, Rucksäcke, schlechte Frisuren), insgesamt ist ihre Erscheinung "viereckig". Sie sind nicht sehr schnell, verstehen langsam, sind nicht verschlagen, manchmal linkisch.

Der kriegerische Deutsche: Weiterhin wird der Deutsche für autoritätsgläubig, aggressiv und grausam gehalten, was zum größten Teil auf die Erlebnisse des letzten Weltkrieges und die antideutschen Massenmedien zurückzuführen ist.

Der reiche und moderne Deutsche: Der Deutsche ist reich, führt ein modernes Leben. Die deutsche Frau ist kein Hausmütterchen, sondern nimmt ihre Stelle im öffentlichen Leben ein, ist dadurch selbstbewußt, aber auch kälter und nicht so zärtlich wie die Italienerin, wodurch sich viele Eheprobleme ergeben. Zwar besitzen die Deutschen häufig schönere Häuser, gepflegtere Gärten und eine größere Hygiene als die Italiener, jedoch sind ihre Städte einförmig wie die Menschen, das Leben eher traurig, wodurch die hohe Selbstmordquote in Deutschland zu erklären ist. Viele Italiener sehen es zudem als nationale Schande an, daß ihre Landsleute in Deutschland arbeiten müssen; da es sich hierbei vorwiegend um Süditaliener handelt, bedauern die Norditaliener, daß in ihren Augen somit die Nation schlecht vertreten wird.

Die **negativen Klischees der Deutschen gegenüber den Italienern** fallen in sechs größere Bereiche, die nur kurz angedeutet werden sollen: "Spaghetti-Esser"; "Pappagalli und Frauenhelden"; "faule Arbeitsscheue, die den ganzen Tag auf der Piazza herumstehen oder im Kaffeehaus sitzen, ständig streiken"; "Kommunisten"; "Verräter" (1. und 2. Weltkrieg); "Vogelmörder"

Demgegenüber neigen Personen mit **positiven Klischees** dazu, im heutigen Italiener noch einen Nachfahren der alten Römer oder der Humanisten zu sehen, ihn und die Kunstwerke der vergangenen Zeiten zu idealisieren und dabei Gegenwartsprobleme zu übersehen. Ein italienisches Sprichwort faßt diese Problematik gut auf, indem es sagt: "Der Deutsche liebt Italien und die Italiener, aber er schätzt sie nicht, der Italiener schätzt die Deutschen, aber er liebt sie nicht."

Reflexion und Veränderung von Stereotypen: Ansätze zur "Völkerverständigung"

Kennt der RL das Deutschenbild im Ausland und andererseits die am häufigsten vorkommenden Einstellungen und Vorurteile der Deutschen gegenüber dem bereisten Land und seinen Bewohnern, so kann er versuchen, sie einerseits als notwendige Orientierungshilfen und in ihrer emotionalen Färbung bewußt zu machen, andererseits aber an diesen vorgefaßten Meinungen zu arbeiten und sie zu differenzieren.

Beim Aufbau von Images und Vorurteilen findet eine Mischung von Informationen aus verschiedensten Quellen statt, wobei der einzelne schließlich selbst nicht mehr genau weiß, woher seine Einzelinformationen stammen. Durch Untersuchungen wurde die allmähliche Verflachung des Einflusses der Informationsquelle nachgewiesen und gezeigt, "daß von glaubhaften, hochangesehenen Quellen in der ersten Woche mehr Informationen behalten werden. Unglaubwürdige Quellen holten jedoch nach einigen Wochen auf. Die untersuchten Studenten hatten vergessen, woher die Information stammte."[127]

Vorurteile hängen nicht selten mit einem besonderen Phänomen zusammen: der **selbsterfüllenden Erwartung**. Ausgehend von Vorstellungen und Annahmen über das wahrscheinliche Verhalten anderer Menschen, beziehen wir diese in unser Verhalten mit ein, wobei in der anderen Person, mit der wir zusammentreffen, ein ähnlicher Prozeß abläuft. Dieser Mechanismus, gefördert durch ein nur **selektives Sehen und Hören**, das von seiner Erwartung gesteuert wird, "erzeugt einen Kreislauf, bei dem unsere ursprünglich falsche Annahme durch das Verhalten der anderen Person bewahrheitet wird. Man hat sich unbewußt aufeinander eingestellt, und die Erwartungen haben sich von selbst erfüllt"[128] (self-fulfilling prophecy).

> In einem langwierigen und natürlich nicht mit einer Reise abgeschlossenen Vorgang lernt der Reisende, die "eigenen Erwartungen, Verhaltensweisen, Werte, Normen, Einstellungen usw. zu relativieren, d.h. sie nur aus ihrem eigenen soziokulturellen Bereich zu verstehen und sie nicht als alleinigen Maßstab zu nehmen. Durch diese Relativierung erfolgt nicht nur eine Förderung der Selbstwahrnehmung, sondern auch der Fremdwahrnehmung. Dadurch, daß es gelingt, die eigenen soziokulturellen Verhaltensweisen und ihre Bestimmungsgründe in Frage zu stellen, erlangt ... (der Reisende) eine größere Sensibilisierung und auch mehr Verständnis für die Erwartungen, Bedürfnisse, Verhaltensweisen, Einstellungen des Partners."[129]

Eine grundlegende Voraussetzung für diese Sensibilisierung ist die **Bereitschaft zur Kommunikation**, sowohl von seiten der Reisenden wie auch von seiten der Einheimischen. Leider ist die Bereitschaft letzerer in touristischen Ballungsgebieten bereits derart überbeansprucht, daß der Tourist keine Neugierde, kein Interesse mehr auslösen kann, sondern im Gegenteil durch sein Auftreten in größeren Gruppen nur noch als einer unter vielen, als Wirtschaftsfaktor, nicht mehr als Mensch gesehen wird. Das bedeutet, daß Begegnungen vom RL geplant werden müssen (z.B. Treffen mit Lehrern, die Deutsch unterrichten, und ihren Schülern; Erfahrungsaustausch mit deutschen Emigranten, Befragung von Vertretern aus Politik, Wirtschaft usw.). Auch auf Wander- oder Radreisen bieten sich leichter als auf der organisierten Rundreise das unprogrammierte und nicht einplanbare Gespräch "am Wegesrand". Reisen unter dem Aspekt der "Völkerverständigung" haben mehr Aussicht auf "Erfolg", wenn sie in Gegenden führen, die weniger reich mit Kulturdenkmälern gesegnet sind, die bisher touristisch noch nicht im vollen Maße erschlossen sind und wenn Orte berührt werden, die abseits der vielbefahrenen Touristenstraßen liegen.

Europagedanke

Bei Reisen im europäischen Ausland sollte der Europagedanke als pädagogischer Auftrag zugrundeliegen. Die Reiseleitung vermittelt deshalb nicht nur Kenntnisse und Einsichten zu den Gegebenheiten einer bestimmten Stadt oder Region, sondern behandelt diese exemplarisch und stellt sie in den europäischen Kontext. Thematische Bezüge sind hier:

- "die Besonderheit und Vielfalt des europäischen Raumes;
- die prägenden geschichtlichen Kräfte in Europa;
- die sozialen und wirtschaftlichen Strukturen in Europa;

- die Entwicklung des europäischen Rechts-, Staats- und Freiheitsdenkens;
- die Entwicklungen im Sinne der Neuordnung und Integrationsbestrebungen nach 1945;
- die Bedeutung gemeinsamen Handelns und überregionaler Institutionen zur Lösung wirtschaftlicher, sozialer und politischer Probleme;
- die Notwendigkeit eines Interessenausgleichs in Europa;
- die Bedeutung der Zusammenarbeit in der Europäischen Gemeinschaft;
- die Bedeutung der Zusammenarbeit der Staaten der Europäischen Gemeinschaft mit anderen Staaten der Welt; die Wertvorstellungen und Interessen, die den Entscheidungen in Europa zugrunde liegen."[130]

Führt die Reise jedoch über die Grenzen Europas hinaus - und nicht nur dann - sollte man sich fragen, ob wir nicht zu stark vom europäischen Weltbild her beurteilen. Dieser **Eurozentrismus** sollte thematisiert und kritisch beleuchtet werden.

4.2. Interkulturelles Lernen auf Reisen (Müller)

Der Begriff des "interkulturellen Lernens" taucht erstmals in der Mitte der 70er Jahre auf. In dieser Zeit begannen Wissenschaftler ("Austauschforscher"), sich damit zu beschäftigen, ob und wie Menschen sich in ihren Einstellungen durch den Kontakt mit anderen Kulturen verändern.- Da in vielerlei Hinsicht "interkulturell gelernt" werden kann (auch die berühmten Rucksacktouristen auf Kreta haben "gelernt", wie sie bei der Olivenernte an Jobs kommen - und damit den Einheimischen die Arbeitsplätze wegnehmen), darf der Umgang mit diesem Handlungsziel nicht wertfrei sein, sondern hat in eine deutliche Richtung zu gehen.

Das Lernziel " Empathie "

Als ein möglicher Leitgedanke des interkulturellen Lernens hat sich in den letzten Jahren das Konzept der "Empathie" bewährt. Sein Ansatzpunkt ist die weit verbreitete Annahme, daß persönliche Erfahrungen und direkte Begegnungen von Menschen die Basis für eine "internationale Verständigung" leisten, bei der "Vorurteile und Feindbilder" überwunden werden sollen. Unterschwellig schwebt in diesen Vorstellungen stets die Wertung mit, daß dieser Prozeß besonders gut durch gegenseitige "Sympathie" und die Verringerung von nationalen Unterschieden gedeiht.

Vorurteilsforscher sind sich jedoch einig, daß die angestrebten Ideale mit Sympathie und wechselseitiger Anpassung nicht erreicht werden können, da zu leicht eine Harmonisierung nach eigenen Vorstellungen stattfindet, die langfristig und vor allem bei Konflikten nicht tragfähig ist.- Norbert Ropers und Axel Detert - zwei Fachleute des Ost-West-Tourismus, die auch über Forschungserfahrungen verfügen - schreiben dazu:

> "Eine bessere und realistischere Basis für internationale Verständigung dürfte darin liegen, die Unterschiede zu erkennen und zu akzeptieren. Zunächst müssen wir wissen, mit wem und womit wir es zu tun haben. Wir sollten gut informiert sein über die fremde Welt, die uns erwartet - und was sie erwartet. Die Eigenarten des besuchten Landes zu erkennen und zu verstehen und das Sichhineinfühlen in das Denken und Empfinden seiner Bewohner, das ist der Kerngedanke eines Konzepts, das die Fachwelt 'Empathie' nennt."[131]

Demnach ist das Erkennen und die Akzeptanz von Unterschieden eine Grundvoraussetzung für eine "internationale Verständigung", die ein möglichst wirklichkeitsgetreues Bild vom eigenen und vom fremden Land zeichnet. Empathie oder ein so verstandenes interkulturelles Lernen zu fördern bedeutet, daß man das bereiste Land, sein System und seine Menschen besser "verstehen" lernt - mit dem Kopf und dem Gefühl!

So betrachtet, ist das interkulturelle Lernen eine Einstellung und nicht eine Ansammlung von Methoden, die ein RL beliebig zur länderkundlichen Vertiefung einsetzen kann. Der Pädagogische Leiter des Deutsch-Französischen Jugendwerks, Dieter Reichel-Blomberg, sieht es so:

> "Interkulturelles Lernen zielt ... auch auf das Verhalten, auf das Zusammenleben, auf die Frage, wie Angehörige verschiedener Kulturen anders miteinander umgehen können als durch Rivalität, Konflikte, Unterdrückung, Kriege, und insofern sind nicht in erster Linie die Sehenswürdigkeiten, also die Umgebung, sondern ebenso die Menschen der anderen Kultur, die diese Umgebung geprägt haben und weiterhin prägen, das Zentrum des Interesses. Das Lernfeld steht mir nicht nur gegenüber wie eine Sehenswürdigkeit, eine Ferienbeschäftigung

oder eine vorübergehende Bekanntschaft, sondern ich bin dessen Bestandteil, bin eingebunden in einen Prozeß des Miteinanderumgehens."[132].

Die Praxis des interkulturellen Lernens

Den Bereich "Länderkunde" gibt es seit jeher in der Ausbildung und Praxis von RL/innen. In einer Veröffentlichung des Studienkreises für Tourismus von Hansjochem Kunze (1975) ist damit an Methoden gedacht, die "Menschen die neue Urlaubsumgebung nahebringen wollen." Das hat sich bis heute auch nicht geändert.

Die zwischenzeitlich zunehmend geschulte "interkulturelle Sensibilität" hat jedoch nicht nur das Ziel, den Reisenden mit Informationen über Land und Leute zu versorgen, sondern soll auch die Blickwinkel der einheimischen Bevölkerung und ihre kulturellen Hintergründe so verdeutlichen, daß der Tourist sich bewußt als Gast und Partner des besuchten Landes versteht. Dabei steht die "Von-Mensch-zu-Mensch"-Ebene im Vordergrund, die der Mentalität entgegensteht, sich als Urlauber oder Studienreisender überall auf der Welt als König zu fühlen, statt sich auf der Suche nach authentischen Erfahrungen mit Respekt und Demut an fremde Kulturen heranzutasten.

Je nach Art der Reise (Ferienfahrt, Studienreise, internationale Begegnungen z.B.) ist es in unterschiedlichem Maße möglich, länderkundlich-interkulturelle Inhalte im Programm anzubieten. Während in einem Ferienort an der Costa Brava in der Regel nur hier und da entsprechende Tupfer gesetzt werden können - wobei nicht die Vielzahl der speziell für Touristen kreierten Veranstaltungen wie Paella-Essen usw. gemeint sind - bieten andere Reisezusammenhänge mehr Spielraum, weil die Erwartungen des Publikums anders sind und oft auch die Reiseart - z.B. Bus - mehr Flexibilität zuläßt. In allen Situationen sollte jedoch die Faustregel gelten, daß ein RL seinen Kunden nichts Ungewolltes "aufsetzt", sondern die interkulturellen Elemente atmosphärisch passend einbaut.

Der RL als "Kulturmittler"

"Vermittlung" bedeutet u.a., sich zwischen mehreren Seiten ausgleichend zu verhalten und ihnen behilflich zu sein, aufeinander zuzugehen. Ohne das Medium der Sprache ist dieser Prozeß weitestgehend einseitig, was die Bedeutung von Fremdsprachenkenntnissen für RL belegt. Sprache wirkt im RLalltag vor allem in Erläuterungen und in Gesprächen.

Gesprächstechniken

RL mit interkulturellem Anspruch schaffen sich - mehr als sonst üblich - Situationen, in denen entspannte Gespräche über das vorher Erlebte oder über allgemeine Aspekte des bereisten Landes gut möglich sind: Das Café auf dem Marktplatz, ein kleiner Spaziergang oder des öfteren "Programmpausen" an reizvollen Orten sind dafür bestens geeignet.

Weiterhin gilt es hier, von der Rolle des dozierenden Experten wegzukommen und mehr in die eines Gesprächsleiters - noch besser: "Gesprächsanimateurs" - zu schlüpfen: aus dem Frage-und-Antwort-Spiel, das z.B. oft bei Studienreisen abläuft, wird eine gemeinsame Runde, bei der nachgefragt und ermutigt wird, eigene Eindrücke zu schildern. Die Interpretationen des RL bleiben sparsam, wichtiger ist das Gefühl der Reiseteilnehmer, selbst etwas entdeckt und in einen Zusammenhang gestellt zu haben. Man weiß, daß solche Eindrücke als Erlebnis haften bleiben und damit weitaus mehr Möglichkeiten für authentische Erfahrungen bieten als beispielsweise Diavorträge, die vielleicht das selbe Informationsmaterial umfassen, aber nicht in dem Maße emotionale Prozesse zulassen.

Ähnliche Grundsätze des Zurücknehmens der eigenen Rolle gelten in Gesprächen, an denen Einheimische - oftmals als Gästeführer - vor Ort beteiligt sind. Annäherungen zwischen den vertretenen Kulturkreisen werden erreicht, wenn der RL etwas dafür tut, daß beide Seiten über Dinge sprechen können, die sie aus ihrem jeweiligen Alltag kennen und bei denen sie aneinander Interesse zeigen (z.B. Religion, Sport, Musik, Familienleiben ...). Ein behutsamer RL, der oftmals fragt:"... und wie ist es bei Ihnen zu Hause?" erzeugt auch hier eine stärkere Beteiligung als durch das bloße Zuhören der Reisegäste bei einer Erläuterung. Lediglich die Lücken der "internationalen Vergleichbarkeit" sind noch von ihm zu füllen - wiederum eine Fähigkeit, die sich kaum durch eine Methodenbeschreibung erlernen läßt.

Wenn der **RL als Übersetzer** fungiert, weil viele Teilnehmer der jeweils anderen Sprache nicht mächtig sind, so gibt es dafür gewisse Verhaltensnuancen, die Partnerschaftlichkeit und Annäherung unterstützen:

- Ein Verteilen der Verantwortung für das Übersetzen auf mehrere Schultern signalisiert das Bemühen der ganzen Gruppe (und nicht nur ihres Leiters!). Außerdem kann man sich gegenseitig helfen.
- Bei Unklarheiten sollte ruhig nochmal nachgefragt werden.
- Diskussionen, die aufgrund einer Übersetzung innerhalb der eigenen nationalen Teilgruppe entstehen, sollten zusammengefaßt "zwischenübersetzt" werden, um nicht zu viel Zeit zu verlieren und dennoch alle auf dem laufenden zu halten.
- Bei einem Gespräch zwischen Angehörigen aus zwei Nationen führt die Übersetzung von längeren und komplizierten Beiträgen

schnell zur Ermüdung. Eine angemessene Technik wäre das Erlernen einer knappen, einfachen Ausdrucksweise.

- Beim gegenseitigen Übersetzen ist es angebracht, kleine "Verdauungszeiten" zuzugestehen und nicht gleich den nächsten Beitrag zu formulieren. Die jeweils andere Seite hat dann mehr Raum zum Nachdenken und kann dazwischen eigene Bemerkungen einbringen.

Über die grundsätzliche Rolle der Sprache in interkulturellen Zusammenhänger sagt Dieter Reichel-Blomberg:

> "Die unterschiedlichen Sprachen, die in einer Begegnungsgruppe gesprochen, aber nicht von allen verstanden werden, sind oft nicht nur ein Hindernis auf dem Weg zu einer Verständigung. Es ist nämlich nicht immer gesagt, daß Kommunikation die Beziehungen verbessert. Fehlende Fremdsprachenkenntnisse können auch verhindern, sich 'zu' nahe zu kommen und überdecken fundamentales Unverständnis oder mangelnde Motivation, zu verstehen. Insofern ist es wichtig, daß Sprachen bzw. deren Anwendung nicht zu sehr idealisiert werden und daß man z.B. die Verbesserung von Fremdsprachenkenntnissen nicht automatisch gleichsetzt mit einer Verbesserung von Verständigung. Oft treten bei guten Sprachkenntnissen zunächst einmal gerade die Unterschiede und Konflikte mehr hervor und oft ist es für die Beteiligten sehr schwer, damit angemessen umzugehen. Es ist dies natürlich nicht ein Plädoyer für die Sprachlosigkeit oder Konfliktvermeidung, sondern ein erneuter Hinweis darauf, daß die Art, wie man mit Sprache umgeht, genauso wichtig ist wie das Sprachniveau."[133]

Situationsgestaltung als "interkulturelle Alternative"

Ich habe mehrfach betont, daß die intekulturelle Idee im wesentlichen von der Einstellung der RL und ihrem Gesprächsverhalten getragen wird. Ebenso wichtig erscheinen authentische ("echte") Eindrücke vom Alltagsleben, die nur dann zustandekommen können, wenn der Reisende möglichst dezent in die Alltagswelt "eintaucht" und Eindrücke auf sich wirken lassen kann. Überall dort, wo Touristen in größeren Gruppen auftreten, ist es schwierig, solche Erlebnisse zu haben, so daß der um Interkulturalität bemühte RL immer wieder Phasen anbietet, in denen jeder Reisegast etwas für sich unternehmen kann. Die gemütlichen, aber intensiven Gespräche im Nachhinein verstehen sich von selbst - ebenso wie das Bemühen, dem Anvertrauten durch gutes Informationsmaterial und präzise Erläuterungen möglichst viele Hemmschwellen zu nehmen.

Aber auch mit Gruppen haben RL immer wieder **Alternativen, um ihre Standardsituationen so oder so zu gestalten**:

- Eine Fahrt mit öffentlichen Verkehrsmitteln bringt dichtere Eindrücke als die mit einem eigenen Reisebus.
- Kleine Gespräche und Nachfragen bei Passanten ermöglichen oft interessantere Auskünfte als der routinierte Vortrag eines professionellen Touristenführers.
- Mahlzeiten in ortsüblichen Gaststätten können zu Geschmacksüberraschungen führen; allemal führen sie zu einer sinnlichen Auseinandersetzung mit eigenen Schmeck- und Eßgewohnheiten, die die sogenannte "internationale Küche" nicht initiiert.
- Die Einladung, sich auf einheimischen Märkten nicht nur Souvenirs, sondern auch einige typische Lebensmittel zu kaufen und sie zu kosten, hat zur Folge, daß der Reisegast sich selbst in den Trubel stürzt und sämtliche Sinne benutzen kann - ein Umstand, der für das "Aufweichen" zur Bereitschaft, interkulturell zu spüren, gar nicht hoch genug bewertet werden kann.

So gibt es unzählig viele, von RL gestaltbare kleine Begebenheiten, die einzeln alle banal erscheinen mögen, aber als Summe - und damit als Konzept! - ein ganz anderes Reiseerlebnis hinterlassen als ohne entsprechende Impulse.

"Interkulturelle Konflikte"

Nur allzu oft führen mangelndes Hintergrundwissen im Ausland zu Fehlinterpretationen. Hier ein Beispiel: Am Nachmittag eines Hochsommertages wird eine deutsche Urlaubergruppe, die gerade mit dem Flugzeug in Süditalien angekommen ist, von einem Bus abgeholt, der sie ins Hotel bringt. Auf der Fahrt schauen viele Gäste aus dem Fenster und sammeln ihre ersten Eindrücke von dieser Region. Dabei fallen einem Reisenden die vielen Straßenbauarbeiter auf, die sich im Schatten ausruhen. "Da sieht man's mal wieder, wie faul die Italiener sind!", sagt er daraufhin für alle hörbar.

Wie verhält sich der RL in dieser Situation - und wie in den anderen Fällen, wo es (deutschen) Touristen an Fingerspitzengefühl mangelt und sie ihre heimischen Werte und Normen für allgemein gültig erklären? Beim genannten Beispiel kostes es vielleicht nur ein wenig Mut, zu erläutern, daß es in Süditalien wegen der großen Hitze andere Pausenzeiten und ein anderes Arbeitstempo gibt.

Oftmals ist es schwieriger: für manche Menschen bedeutet eine Erläuterung der örtlichen Verhältnisse bereits. daß "man gemeinsame Sache mit den Ausländern macht". Dann geht es zunächst um die Balance innerhalb der betreuten Gästegruppe, weit weg von allen interkulturellen Theorien ..., und dennoch hat jeder Mensch seine ganz persönlichen Grenzen - auch der RL! - die er auch bei großer Toleranz nicht zu überschreiten bereit ist.

Der Umgang mit der kniffligen Alltagssituation im interkulturellen Kontext gehört eigentlich in jede Ausbildung von AuslandssRLn/innen, denn er kann in gewissem Umfang erlernt werden. In der Praxis existieren bisher jedoch nur wenige Übungseinheiten, die in dieser Richtung trainieren.[134]

Hinweise zu Vorbereitung, Fortbildung und Literatur

Während zur Vorbereitung der länderkundlichen Aspekte meist eine differenzierte Auswahl an Reiseführern reicht, ist es damit - mit wenigen Ausnahmen - auf dem Weg zur "interkulturellen Sensibilität" nicht getan. Wie kann sich also ein RL über Literatur vorbereiten? - Grundsätzlich gilt: es gibt eine Reihe von aktuellen Veröffentlichungen, die sich wissenschaftlich mit interkulturellen Lern-Zusammenhängen befassen, aber fast nichts über die Umsetzungsmöglichkeiten in breitere Tourismusfelder aussagen.

- Ein gelungenes Beispiel sind die "**Sympathie-Magazine**" des Studienkreises für Tourismus und Entwicklung (Kapellenweg 3,82 541 Ammerland, Tel.: 08177-1783), die u.a. vom Bundesministerium für wirtschaftliche Zusammenarbeit unterstützt werden. Hier wurde versucht, durch die Mischung von sachlicher Information, Geschichten aus dem Alltag, reiche Bebilderung und ergänzende Kommentare in Zusammenarbeit mit einheimischen Autoren für eine Reihe von Ländern Vorbereitungsmaterial zu sammeln, das eindeutig auch - in unterhaltsamer Weise - auf die Einstellung der Reisenden zielt. Es ist erfreulich, daß sich auch viele Veranstalter dieses Mediums bedienen.

- Im Bereich des **Jugendreisens**, der seit jeher auch eine große Anzahl von internationalen Begegnungen umfaßt, ist interkulturelles Lernen mittlerweile mehrfach für Praktiker/innen aufgearbeitet worden. Auch Erwachsenen-RL können durchaus von dieser Literatur profitieren, müssen die geeignete Umsetzung für ihr Arbeitsfeld aber selbst leisten. Übersichten könne u.a. angefordert werden bei: **transfer e.V.**, Ostmerheimer Str. 397, 51 109 Köln, Tel. 0221-69 87 09

Wesentliche Einflüsse für die Fortbildung von RLn/innen zu interkulturellen Aspekten kommen zur Zeit häufig aus dem Entwicklungshilfebereich. Dort liegen intensive Vorerfahrungen mit langfristigen Kulturaustauschprozessen vor, zumal dieses Feld mit beachtlichen staatlichen Zuschüssen bedacht wird. Andererseits haben die dort tätigen Lehrteams Probleme damit, ihre Konzepte auf touristische Unternehmungen umzustellen - und das einsichtigerweise nicht nur aufgrund von didaktischen Zwängen, sondern auch wegen inhaltlicher Bedenken.

Dennoch gab es über lange Jahre eine Zusammenarbeit der **Deutschen Stiftung für internationale Entwicklung (DSE)** mit großen Fernreiseveranstaltern und Auslandsvorbereitung ihrer Multiplikatoren. Mittlerweile haben sich mit dem Angebot des interkulturellen Trainings einige Fortbilder/innen selbständig gemacht und z.T. spezialisiert. Einige davon sind durchaus in der Lage und willens, auch RL/innen vorzubereiten, aber die Dienste dieser Agenturen haben ihren Preis. Eine Übersicht zu interkulturellen Trainings gibt es bei: DSE, Hans-Böckler-Str.5, 53 225 Bonn, Tel. 0228-40010 (Die DSE verfügt zudem über ein riesiges länder- und themenspezifisches Archiv, das auf Anfrage sogenannte "Ländermappen" - gegen eine akzeptable Gebühr zusammenstellt.)

Einen phantastischen und zum Teil (fast) kostenlosen Service bietet das **Institut für Auslandsbeziehungen** (Charlottenplatz 17, 70 173 Stuttgart, Tel. 0711-2225-0). - Das Institut ist auf folgenden Sammelgebieten tätig: Auslandskunde, ausländische Kulturpolitik, Kulturbeziehungen mit dem Ausland, Kulturtheorie, Völkerbild/ Nationale Stereotypen, Austauschforschung, Probleme der Entwicklungs- und der Bildungshilfe, Geschichte der Auswanderung und des Auslanddeutschtums, Wanderungsfragen und Minderheitenprobleme, die deutschsprachige Presse im Ausland. Der Nachweis von Materialien für wissenschaftliche und publizistische Arbeiten, für Vorträge, Referate, Studienreisen etc. ist möglich. Auch Literaturzusammenstellungen zu bestimmten Themen für Interessenten außerhalb des Großraums Stuttgart sind über das Institut zu beziehen.

Ähnlich wie bei der Literatur gibt es auch im Fortbildungsbereich Angebote aus dem Jugendreisesektor, die erfreulich sind und - mit Unterstützung des Bundesjugendplans - die Entwicklung von intensiven Trainigsformen zur interkulturellen Kommunikation ermöglichen. In diesem Zusamenhnag gibt es enge Kontakte zwischen Forschern und Praktikern. Die einzelnen **Seminare** werden veranstalterübergreifend angeboten und sind somit für jedermann/ jede Frau offen: "**Modellseminare für Jugendreisen und internationale Begegnung**", c/o transfer e.V., s.o.

4.4. "Neues Reisen" ("sanfter Tourismus") und Reisepädagogik

Eine erste pädagogische Theorie des Reisens wurde zum Thema "Jugendreisen" von Giesecke, Keil und Perle (1967)[135] entworfen. Aus den tourismuskritischen Publikationen von Krippendorf[136] und Zimmer(1984)[137], Kramer (1983)[138], Mäder (1985)[139], Armanski (1986)[140] und Steinecke (1986 ff)[141] entwickelte sich ein Zweig der Reisepädagogik, der sich mit einer Qualifizierung des Tourismus in Richtung eines "**umwelt- und sozialverträglichen Tourismus**" und mit Tourismuskritik befaßt. In diesen Zusammenhang gehören auch die Gruppe Neues Reisen e.V. in Berlin, der Arbeitskreis für Tourismus und Entwicklung in Basel, der Studienkreis für Tourismus e.V. am Starnberger See und die vielfältigen Veröffentlichungen, die sich kritisch mit dem Dritte-Welt-Tourismus auseinandersetzen.

1983 wurde Wolfgang Günters "Handbuch für Studienreiseleiter"[142] und 1984 die Dissertation von Marie-Louise Schmeer zum Thema "Reisepädagogik. Didaktik und Methodik der Bildungsreise am Beispiel Italien"[143] veröffentlicht. Dieser zweite, mehr **pragmatisch orientierte Zweig der Reisepädagogik** wurde in der Folge von der Verfasserin an der Universität München am pädagogischen Lehrstuhl von Prof. Dr. Erich Wasem weiterentwickelt[144] und befaßt sich z.B. mit pädagogischen Prinzipien der Reisekonzeption und -gestaltung, der Gäste- und Museumsführung, der Ausbildung von RLn (vgl. ähnl. Ausrichtungen u.a. an den Universitäten Bielefeld: Wolfgang Nahrstedt; Trier: Albrecht Steinecke; Göttingen; Berlin: Walter Eder[145]).

Reisepädagogik befaßt sich mit der Tatsache, daß immer mehr Menschen reisen, die z.T. völlig unvorbereitet wegfahren. Die pädagogischen Bestrebungen verlaufen in verschiedene Richtungen, z.B.:

- Einbezug reisepädagogischer Themen in Lehrpläne und Schulbücher
- Angebot reisepädagogischer Themen an Volkshochschulen[146], Universitäten und Institutionen der Erwachsenenbildung
- Öffentlichkeitsarbeit, Ausstellungen, Beteiligung an Tagungen usw. in Richtung eines "sanften Tourismus" (z.B. Gruppe Neues Reisen, Gruppe "Tourismus mit Einsicht", StfT)
- Einsatz für eine Qualifizierung der Reiseinformation und zielgruppenspezifische Informationsaufbereitung

-	Einsatz für eine verbesserte RLausbildung
-	Gruppen, die sich speziell mit Dritte-Welt-Tourismus und seinen Auswirkungen befassen (z.B. Arbeitsgemeinschaft "Tourismus mit Einsicht")
-	reisepädagogisch und kritisch aufbereitete Medien (z.B. Informationsbroschüren, Reisehandbücher, "Sympathie-Magazine" und "Blickwechsel-Filme" des Studienkreises für Tourismus)
-	reisepädagogische Überlegungen zur massentouristischen Situation (Gisela Wegener-Spöhring[147])

Die Schwerpunkte liegen im allgemeinen entweder im ökologischen oder sozial-humanistischen Bereich. Aus diesen beiden Teilgebieten leitet sich die eindeutigere Bezeichnung für bewußtes Reisen statt des schwer eingrenzbaren Begriffs "sanfter Tourismus" ab, nämlich der "**sozial- und umweltverträgliche Tourismus**".

Baumgartner[148] hatte schon 1977 gefordert, daß außer wirtschaftlichen auch soziokulurelle und ökologische Belange zu berücksichtigen seien und ein "sanfter Tourismus" auf einer ganzheitlichen Betrachtungsweise zu basieren habe. Robert Jungk[149] gilt heute als der Vater des Begriffs "sanfter Tourismus".

Die Kontrastierung Jungks des Einzel- mit dem Massentouristen trifft nicht durchweg zu - der Massentourist z.B. richtet oft weniger Schaden an als der "alternative", vermeintlich "sanfte" Individualtourist. Auch die von Jungk apostrophierten "Erlebnisse" (contra "Sehenswürdigkeiten") können sich nicht nur im landschaftlich-ökologischen Bereich verhängnisvoll auswirken, sondern ebenso in den zwischenmenschlichen Beziehungen. Ein Beispiel dafür ist der Alternativtourismus:

Der **Alternativtourismus** wird insbesondere von Jugendlichen zwischen 14 und 19 Jahren getragen - einer Gruppe, bei der nach der Reisestatistik die Reiseintensität am stärksten ist. Aber: es sind auch die Jugendlichen, die als Rucksacktouristen von der neuen Freiheit in besonderer Weise Gebrauch machen, wovon einige negative Beispiele zeugen mögen: Man will nicht traditionelle Sehenswürdigkeiten, sondern Menschen im bereisten Land kennenlernen, wobei die Gastfreundschaft überstrapaziert und durch Weitergeben von "Geheimtips" die Einheimischen ausgenutzt werden. Man möchte seine eigene Sichtweise auf das besuchte Land übertragen und badet, auch wenn im besuchten Land dies absolut unüblich ist, nackt, geht nur im Bikini und Shorts in die Orte und verletzt dadurch das Schamgefühl der Bevölkerung. Man übernachtet am Strand und benützt die umliegende

Gegend als Toilette und Müllabladeplatz. Man geht hinaus in die heile Natur, in intakte Lebenswelten und merkt nicht, daß man durch sein Eindringen diesen Zustand verändert.

> Der Alternativtourismus (auch als Individual-, Abenteuer-, Expedititons-, und Rucksacktourismus bezeichnet) ist "bei näherem Hinsehen ... nichts anderes als eine subkulturelle Variante des Massentourismus. Es gibt erstanuliche Parallelen zwischen Alternativtourismus und Massentourismus, sowohl was die Ursachen und Motive für den Urlaub angeht als auch, was die Aktivitäten während der Reise und die ökonomischen, sozialen, kulturellen und ökologischen Auswirkungen für die besuchten Länder betrifft."[150]

In dem Maße, wie die Auswirkungen dieser Urlaubsform deutlicher werden, wächst auch die Kritik an selbstorganisierten Alternativreisen, die insbesondere an der Diskrepanz zwischen Anspruch und Wirklichkeit solcher Reisen festgemacht wird. [151]

> "Obwohl es viele Alternative nicht wahrhaben wollen, hat der Normaltourist einige wichtige Pluspunkte auf seiner Seite. Er ist zumindest in Europa in seiner Arbeits- und Lebenssituation wie auch in seiner äußeren Erscheinung den Einheimischen viel ähnlicher als die Szenenleute. Auch die gewohnte Einhaltung der Regeln des 'guten Benehmens' erleichtern konfliktfreie Kontakte zu den Menschen des Gastlandes."[152]

Aufgabe:*Versuchen Sie, die Bedürfnisse des Reisegastes, der Bereisten und der am Tourismus Beteiligten (inklusive der Reiseleitung) zu berücksichtigen und fragen Sie nach, inwieweit diese in folgenden Bereichen mit einem sanften, "intelligenten" Tourismus zu verbinden wären: Hotel- und Ferienarchitektur; Infrastruktur und Erschließungen; Essen und Verpackungsmaterial der Nahrungsmittel; Ruhe, gute Luft; Transportmittel!*

4.4. Urlaub und Umwelt (Boy-Helmchen)

Umweltbewußtsein bleibt im Urlaub zu Hause

In den letzten Jahren nahm die Bedeutung der Umwelt als wichtiger Wirtschaftsfaktor immer mehr zu. Sie wurde sogar zu einem wesentlichen Orientierungsmaß für die Verbraucher. Rücksicht auf die Umwelt wird mittlerweile in allen Produktions- und Dienstleistungsbereichen erwartet. Mittlerweile fühlt sich beispielsweise jeder dritte deutsche Urlauber von Umweltproblemen in seinem Ferienort gestört.[153] "Das Umweltbewußtsein der Deutschen selbst ist jedoch nicht besonders ausgeprägt, wenn es um den Urlaub geht. Vier von fünf Reiseverkäufern haben die Erfahrung gemacht, daß das Thema für ihre Kunden keine große Bedeutung hat. Dennoch gibt es eine kleine Klientel, die ökologische Kriterien der Urlaubsentscheidung zugrunde legt."

Die ökologischen Faktoren am Urlaubsziel interessieren die Reisenden vor allem dann, wenn sie direkt damit konfrontiert werden. Falls überhaupt nachgefragt wird, dann nach denjenigen Umweltfaktoren, die für die persönliche Urlaubsqualität entscheidend sind. Von größtem Interesse ist, ob die Strände sauber sind. Darauf folgen die Lärmbelästigung und sauberes Wasser. Ob dieses allerdings durch Kläranlagen der Hotels und Siedlungen garantiert wird, interessiert die meisten schon nicht mehr. Überhaupt scheinen Umweltschutzmaßnahmen der Hotels kaum wahrgenommen zu werden. Ökologische Maßnahmen, wie etwa sparsamer Umgang mit Wasser und Elektrizität oder Müllvermeidung, rangieren nach den Umfrageergebnissen auf dem letzten Platz.

Das geringe Interesse kann man den Kunden jedoch gar nicht verübeln. In den "schönsten Wochen des Jahres" wolle man sich eben mit nichts auseinandersetzen, das irgendwie problembehaftet ist - vielleicht auch in der heimlichen Ahnung, daß hinter den Kulissen der heilen Urlaubswelt gar nicht alles so heil ist.[154] Bisher fand die touristische Planung, ob Landschafts-, Verkehrs- , Orts-, Marketing- oder Hotelplanung, überwiegend aus dem Blickwinkel der herkömmlichen, rein analytischen Erfassung statt. Von Ver- und Entsorgungsfragen wollte man aus touristischer Sicht beispielsweise überhaupt nichts wissen. Die einzelnen Experten deckten ihren jeweiligen Spezialbereich ab, es entstanden in der Regel fachlich gute Arbeiten, die aber untereinander nicht ausreichend abgestimmt waren.[155]

Wachgerüttelt durch Ereignisse Ende der achtziger Jahre und Anfang der neunziger Jahre - wie die Algenblüte an der Adria, die 1500 Hotels die Existenzgrundlage gekostet hätte - ist die deutsche Reisebranche aktiv geworden. "Die intakte Umwelt im Urlaubsgebiet ist der Ast, auf dem wir alle sitzen," so Martin Buese, Vorsitzender des Ausschusses Umwelt und Kultur des DRV. Gleichzeitig sei die Forderung der Kunden nach einem Mindeststandard an intakter Umwelt in den letzten Jahren gestiegen "auch wenn sie dafür nichts bezahlen wollen." Zahlreiche **Initiativen der Veranstalter** in den letzten Jahren sind ein Beweis dafür: Die Integration des Umweltgedankens in das Management der TUI, die Hotelcheck-Liste von NUR mit Daten von gegenwärtig über 400 Hotels, das Abfallsammelprojekt der LTU auf den Malediven oder die

"Jedes einzelne Besichtigungsobjekt, jede Anlage, Stadt usw. muß zwar in ihrer künstlerischen, architektonischen, historischen usw. Eigenart erläutert werden, aber es ist auch als Teil des größeren, vom obersten Lernziel definierten Zusammenhangs und damit exemplarisch dafür und daraufhin zu deuten. In jedem Einzelobjekt muß deshalb der Gesamtzusammenhang angedeutet werden: Es ist einerseits auf das bereits Erarbeitete hinzuweisen und andererseits daran ein weiterer Teil jenes Gesamtzusammenhangs auszulegen, der mit Abschluß der Fahrt für alle sichtbar geworden sein muß."[160]

Die **Auffächerung eines Leitthemas in verschiedene Aspekte** ergibt sich bei Reisen, die unter einem bestimmten Thema stehen, wie z.B. "Auf den Spuren von Tilman Riemenschneider in Franken", "Zeugnisse der Staufer in Baden-Württemberg", "Gotische Kathedralen in Nordfrankreich" oder "Entlang des mittelalterlichen Pilgerweges nach Santiago de Compostela".

Strukturierung eines uneinheitlichen Reiseprogramms

Die meisten Reisen sind nach Gesichtspunkten der geographischen Nähe, weniger nach thematischen Überlegungen konzipiert. Hier entsteht die Gefahr, insbesondere wenn auch örtliche Führer herangezogen werden, daß sich die inhaltliche Vermittlung auf unverbundenes, isoliertes Faktenwissen beschränkt und es der Reiseleitung nicht gelingt, historische oder sonstige Zusammenhänge aufzuzeigen. Es ist deshalb sehr wichtig, daß sich der RL so vorbereitet, daß er **Beziehungen zwischen den einzelnen Objekten und Führungen** herstellen kann, so daß die Reiseinformation am Schluß in einem geordneten System erscheint. Voraussetzung für die Vermitttlung strukturierten Wissens, das der Teilnehmer auch viel besser behält als isoliertes Faktenwissen, ist, daß sich der RL selbst die Beziehungen zwischen den besichtigten Objekten verdeutlicht.

Diese Beziehungen werden z.B. in einer Skizze deutlich, wie am **Beispiel einer fünfzehntägigen Italienreise "Rund um den Stiefel"** (zwei Tage Fahrt und dreizehn Tage Rundfahrt mit Besichtigungen) demonstriert wird. Die hier angeführten Themen aus der Geschichte sind exemplarisch herausgegriffen und beliebig ergänzbar (z.B. aus dem Bereich der Philosophie, der Politik, der Geographie, der Wirtschaft); durch eine zu große Zahl von Themen wird allerdings die Strukturierung erschwert.

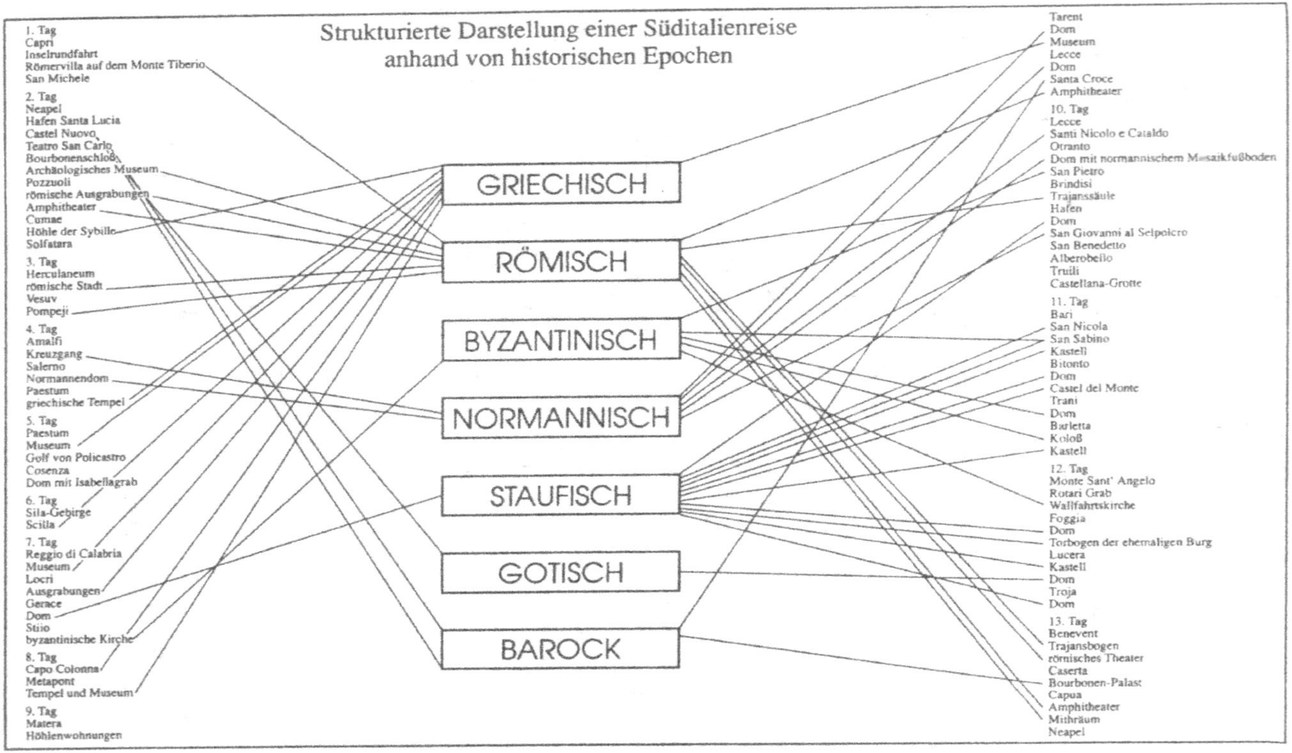
Strukturierte Darstellung einer Süditalienreise
anhand von historischen Epochen
GRIECHISCH
RÖMISCH
BYZANTINISCH
NORMANNISCH
STAUFISCH
GOTISCH
BAROCK
1. Tag
Capri
Inselrundfahrt
Römervilla auf dem Monte Tiberio
San Michele
2. Tag
Neapel
Hafen Santa Lucia
Castel Nuovo
Teatro San Carlo
Bourbonenschloß
Archäologisches Museum
Pozzuoli
römische Ausgrabungen
Amphitheater
Cumae
Höhle der Sybille
Solfatara
3. Tag
Herculaneum
römische Stadt
Vesuv
Pompeji
4. Tag
Amalfi
Kreuzgang
Salerno
Normannendom
Paestum
griechische Tempel
5. Tag
Paestum
Museum
Golf von Policastro
Cosenza
Dom mit Isabellagrab
6. Tag
Sila-Gebirge
Scilla
7. Tag
Reggio di Calabria
Museum
Locri
Ausgrabungen
Gerace
Dom
Stilo
byzantinische Kirche
8. Tag
Capo Colonna
Metapont
Tempel und Museum
9. Tag
Matera
Höhlenwohnungen
Tarent
Dom
Museum
Lecce
Dom
Santa Croce
Amphitheater
10. Tag
Lecce
Santi Nicolo e Cataldo
Otranto
Dom mit normannischem Mosaikfußboden
San Pietro
Brindisi
Trajanssäule
Hafen
Dom
San Giovanni al Selpolcro
San Benedetto
Alberobello
Trulli
Castellana-Grotte
11. Tag
Bari
San Nicola
San Sabino
Kastell
Bitonto
Dom
Castel del Monte
Trani
Dom
Barletta
Koloß
Kastell
12. Tag
Monte Sant' Angelo
Rotari Grab
Wallfahrtskirche
Foggia
Dom
Torbogen der ehemaligen Burg
Lucera
Kastell
Dom
Troja
Dom
13. Tag
Benevent
Trajansbogen
römisches Theater
Caserta
Bourbonen-Palast
Capua
Amphitheater
Mithräum
Neapel

Die Besichtigungsmonumente waren bei dieser Reise extrem unterschiedlich und reichten von der Zeit der Griechen bis hinein in die Neuzeit. Durch eine Skizzierung des Reiseverlaufs nach dem hier aufgeführten Schema wird es dem RL deutlich, welche Schwerpunkte zu welchen Zeitpunkten zu behandeln sind, an welcher Stelle eine Epoche neu eingeführt wird (Einführungsreferat) bzw. wo von der Besichtigung her eine Epoche abgeschlossen und eine Zusammenfassung geboten ist. Die Vorstrukturierung erleichtert es dem RL gerade bei längeren Reisen, die einem Thema zugeordneten Programmpunkte mit Teilzielen zu kombinieren und sie miteinander in Beziehung zu setzen, schon Erklärtes zu wiederholen, auf noch Kommendes zu verweisen.

Bei einem nicht-themenbezogenen Reiseprogramm ist es besonders wichtig, daß sich der RL die Mühe macht, seine Zielsetzungen zu überdenken oder, besser noch, auszuformulieren. - Albrecht Steinecke u.a.[161] erarbeiteten eine Auflistung von Basis-, Grob- und Feinzielen zu einer Irlandreise, wobei hier schwerpunktmäßig geographische und gesellschaftliche Zielsetzungen ausformuliert wurden:

"Lernziele zum Themenbereich "Naturraum, Umweltbedingungen, -belastungen"

a) **Groblernziel**: Den Teilnehmern soll ein umfassender und fundierter Überblick über den Naturraum, die Umweltbedingungen und -belastungen in Irland vermittelt werden.

b) **Feinlernziele**

* Die Teilnehmer sollen die irische Landschaft in ihrer Entstehungsgeschichte verstehen. Es gab zwei große Perioden: amorikanische und kaledonische Faltung.

Mögliche Haltepunkte: Kaledonische Faltung: Wicklow Mountains; Amorikanische Faltung: Fahrt von Killarney nach Cork, Bellyvourney, Inch (Küstenmorphologie)

Methode: Fahrtbegleitender Kommentar

* Die Teilnehmer sollen erkennen, daß zwei große Eiszeiten das irische Relief geformt haben.

Mögliche Haltepunkte: Wicklow Mountains, Connemara, Clifden

Methode: Besichtigung eines Aufschlusses, fahrtbegleitender Vortrag

* Es soll die nacheiszeitliche Entwicklung dargestellt werden, am Beispiel der Moor- und Karstlandschaften.

Mögliche Haltepunkte: Kilcormac, Kilfenora (Burren), Cliffs of Moher (Küstenmorphologie)

Methode: Besichtigung eines Reliefausschnittes, Säuretest

* Die Teilnehmer sollen die Umweltprobleme Irlands erkennen und in ihren Ursachen verstehen.

- Wasserverschmutzung - möglicher Haltepunkt: Howth

Methode: Führung

- Luftverschmutzung - mögliche Haltepunkte: Howth, Dublin

Methode: Beobachtung

- Landschaftsverbrauch - mögliche Haltepunkte: Kilcormac, Kilfenora (Cliffs of Moher - Küstenmorphologie)

Methode: Überblicksvortrag"

"Lernziele zum Themenbereich 'Politische Strukturen, Prozesse und Konflikte'

a) **Groblernziel:** die heutige politische Situation Irlands verstehen und die wichtigsten geschichtlichen Entwicklungslinien kennenlernen

b) **Feinlernziele**

* formalpolitische Organisation der Republik

- Regierungssystem und Organe

mögliche Haltepunkte: Dublin, Leinster House

- Parteiensystem

mögliche Haltepunkte: Dublin, Leinster House

- Verwaltungssystem

* geschichtliche Entwicklungsprozesse

- historische Entwicklung der Parteien

mögliche Haltepunkte: Dublin, Bank of Ireland

- Aufstände und zentrale Bewegungen

mögliche Haltepunkte: Boyne-Tal, West-Cork, Lough-Mask House

* Konflikt Nord-/Südirland

- Unterschiede zwischen Nationalisten und Unionisten (kulturelle Identität und politische Zielsetzung)

mögliche Haltepunkte: Dublin, General Post Office; Howth

-Entwicklung, Bedeutung und Einfluß der IRA; Gruppierungen der Unionisten

mögliche Haltepunkte: Portlaoise, Curragh, Limerick."

Methoden

Parallel zur inhaltlichen und didaktischen Vorbereitung des RLs verläuft die methodische Konzeption. Man unterscheidet zwischen direkten und indirekten Methoden. Bei den **direkten Methoden** - Vortrag, Referat, Führung - geht die Aktivität vom RL aus, die Reisegäste sind Zuschauer und Zuhörer - ihre Aufmerksamkeit ist, abgesehen von den zu erläuternden Inhalten, sehr stark auf den RL konzentriert, der quasi als Schauspieler vor der Gruppe agiert. **Rhetorische Fähigkeiten, Gestik und Mimik** spielen beim Führungsvortrag eine sehr wichtige Rolle (vgl. dazu ausführlich Schmeer-Sturm: Gästeführung. Lehrbuch und Intensivkurs. Oldenourg Verlag München, 3. Aufl. 1996!).

Äußeres Erscheinungsbild und rhetorische Präsentation spielen selbstverständlich auch bei **indirekten Methoden** eine Rolle, jedoch ist der RL hier nicht so sehr Schauspieler, sondern eher Pädagoge. Er tritt stärker in den Hintergrund und motiviert die Teilnehmer durch geschickte Fragen und Impulse, sich aktiv an der Führung zu beteiligen. Ziel ist hier nicht der geschliffene Vortrag, sondern das **Gespräch vor den Führungsobjekten**. Das Gespräch muß genauso wie der Vortrag motivierend aufgebaut und inhaltlich strukturiert sein. Es gehört viel Geschick und auch Erfahrung in der Gesprächsführung dazu, die Teilnehmer, ohne daß sie es merken und sich womöglich schulmäßig abgefragt fühlen, zum Mitmachen und Mitreden zu aktivieren.

Weitere Formen indirekter Vermittlung sind Experimentierformen, wie z.B. die Diskussion mit Experten, ein Abendseminar zu Literatur oder Politik, die Feldforschung in Arbeitsgruppen, eine Gesprächsrunde mit deutschen Emigranten, das Erlernen landestypischer Lieder, die Bild- und Textmeditation, Spiele und Projekte.

4.6. Dramaturgie und Erlebnis

Bei der Planung einer Reise berücksichtigt die Reiseleitung dramaturgische Gesichtspunkte und überlegt sich: Wo setze ich

Höhepunkte? Wo sind **Entspannungspausen** angebracht? Wo möchte ich bewegen, wo eher erheitern und belustigen? Wie **variiere** ich Inhalte und Methoden? Wie kann der **Biorhythmus** berücksichtigt werden, und wie können die Höhepunkte bzw. Entspannungspausen entsprechend gelegt werden? Wie nütze ich Wetter- und Lichtverhältnisse aus, um Kunst- und Naturerlebnisse zu fördern (z.B. Besichtigung von Tempelruinen im Abendrot; Wanderung zu einem Aussichtspunkt im Morgengrauen, improvisierte Badegelegenheit an einem schönen Strand zur Mittagspause)? Welche Strecke wähle ich, um Verkehrsstauungen zu vermeiden und evtl. durch typische Orte zu fahren? Wie können zu erwartende Störungen des Ablaufs (wie etwa langes Warten im Stau) abgemildert werden (z.B. durch das Abspielen von Musikkassetten)? Sowohl die Einzelführung als auch das Programm einer ganzen Reise sollte auf einen **inhaltlichen oder emotionalen Höhepunkt** zulaufen.

Ziel dieser dramaturgischen Überlegungen von seiten der Reiseleitung ist es, dem Urlauber Erlebnisse zu vermitteln. Der Zukunftstrend geht dahin, daß der Urlauber weniger eine Reise nach einem bestimmten Land buchen wird, sondern sich vielmehr nach Animationsangeboten (Urlaubsaktivitäten) zur Buchung einer Reise entscheiden wird. Reinhard Schober geht diesbezüglich noch einen Schritt weiter: "Nicht in erster Linie Land- oder Animationsangebot sollten buchungsfähig sein, sondern bereits der erlebnismäßige Zustand, um den es dem Urlauber ja letztlich geht."[162]

Schober unterscheidet bezüglich des Urlaubs vier **Haupterlebnisbereiche**:

1. Exploratives Erleben

"Damit ist das suchende Informieren gemeint, das Erkunden, das spielerische Probieren, die Neugierde auf das Besondere. Jedoch darf die Abweichung zum Bekannten nicht extrem groß sein, um nicht panische Angst auszulösen. Gewisse Angstreize üben jedoch Anziehungskraft aus."[163]

Beispiele:

- die verschiedenen öffentlichen Verkehrsmittel einer Stadt ausprobieren (z.B. Metro, Zahnradbahn, Vaporetto)
- Esels- oder Kamelritt

4.5. Didaktik und Methodik der Rundreise

"Anspruchsvolle Unterhaltung" ergibt sich nicht von alleine durch das Runterspulen von Daten und Fakten einerseits, von Witzen und Anekdoten andererseits. Sie muß inhaltlich und methodisch sorgfältig geplant sein, denn nach zu vielen Reisen geht es dem Teilnehmer so, daß er zwar ein Kaleidoskop von Eindrücken mitnimmt, diese jedoch unstrukturiert und ohne Zusammenhang bleiben. Es gelingt der Reiseleitung nicht, ein geschlossenes Gesamtbild der bereisten Region zu vermitteln.

Wünschenswert wäre deshalb eine **thematische Gesamtkonzeption** bei der Reisevorbereitung und eine davon abhängige didaktische Planung, wobei "Didaktik" verstanden wird als Theorie der Bildungsinhalte, ihrer Auswahl und Anordnung. Dadurch soll die Vielfalt der Eindrücke strukturiert, bestimmten Themen untergeordnet, in eine bestimmte Ordnung gebracht werden. Die Zielsetzungen ergeben sich aus dem Bestand der Führungsdenkmäler, der entsprechenden Wissenschaft (zumeist Geschichte und Kunstgeschichte), einer ihr entsprechenden Vermittlung und natürlich auch aus den persönlichen Interessen des RLs.

So erstrebenswert die Zielorientierung der Reiseleitung auch ist, so sehr ist auf der anderen Seite vor **übermäßiger Spezialisierung** und zu starker Beschränkung auf ein Thema zu warnen (z.B zwei Wochen lang "Auf den Spuren der Etrusker in Mittelitalien"). Insbesondere wenn sich die Besichtigung über längere Zeit erstreckt, ist mit einer Übersättigung der Teilnehmer zu rechnen. Dasselbe gilt für die Beschränkung auf nur eine Betrachtungsweise (z.B. die nur kunstgeschichtliche, die einseitig politische usw.).

Richtziele

Die Ziele einer Reise bzw. von Einzelbesichtigungen können vom RL auf der Richt-, Grob- und Feinzielebene festgelegt und in Beziehung zu den Besichtigungsobjekten gesetzt werden. Den weltanschaulichen Hintergrund bei der Erarbeitung der inhaltlichen Ziele bilden die auf oberstem Abstraktionsniveau stehenden, noch unpräzisen Richtziele. Jene werden teilweise vom Veranstalter im Prospekt vorgegeben (insbesondere bei religiös motivierten Fahrten oder bei Reisen, die aus öffentlichen Mitteln gefördert werden, z.B. bei Begegnungsprogrammen).

Für die Rund- und Studienreise bzw. für geführte Besichtigungen schlage ich folgende **Richtziele** vor:

Die Reiseteilnehmer sollen

- historische, politisch-gesellschaftliche, soziale, wirtschaftliche, religiöse, geographische Grundstrukturen des bereisten Landes kennen
- die kulturellen Hintergründe der Kunst kennen
- sich der geschichtlich bedingten Relativität der eigenen Wertvorstellungen und Verhaltensweisen bewußt werden
- neue Formen der Lebensbewältigung kennenlernen und positive Impulse für den eigenen Lebensentwurf erhalten
- die besichtigten Monumente (z.B. historisch, kunstgeschichtlich, geographisch) einordnen können
- "Sehen lernen" (z.B. Kunstwerke und/oder geographische Phänomene beschreiben können)
- sich in dem neuen Land allein zurechtfinden können
- sich für fremde Denk- und Lebensweisen öffnen und sie akzeptieren, Abbau von Vorurteilen und Anbahnung von Toleranz und Völkerverständnis, Verantwortungsgefühl
- Bereitschaft, sich für ein vereintes Europa zu engagieren bzw. Weltverständnis entwickeln
- Kommunikationsbarrieren überwinden
- Sensibilität für Stimmungen und Atmosphärisches entwickeln
- Freude und Spaß an den Besichtigungen und an der Reise als solcher haben
- Bereitschaft entwickeln, sich für eine gesunde Umwelt einzusetzen, die Bedeutung eines umwelt- und sozialverträglichen Tourismus erkennen sowie sich dementsprechend verhalten

Die fortwährende Besinnung auf diese Richtziele, deren schwerpunktmäßige Gewichtung von Stadt zu Stadt und von Region zu Region unterschiedlich sein wird, ist unerläßlich; von ihnen werden alle übrigen Ziele bestimmt.

Mangelware. Der RL kann anregen, deshalb generell möglichst sparsam mit Wasser umzugehen und zu helfen, das Wasser sauber zu halten, sich z.B. erst nach dem Baden im Pool, See oder Meer einzucremen, dem klaren Wasser und der Haut zuliebe. Ebenso hilft die mehrmalige Nutzung von Handtüchern, den Wasserverbrauch und die Verwendung von Waschmitteln zu reduzieren.

Souvenirs, Souvenirs: Der weltweit sprunghaft angestiegene Handel mit lebenden oder toten Tieren und Pflanzen, Teilen davon oder Erzeugnissen daraus stellt eine zunehmende direkte Gefährdung vieler Arten dar. Besonders bedrohlich hat sich in der heutigen Zeit des Massen- und Ferntourismus der Handel mit Souvenirs entwickelt. Hier gilt es anzuregen, möglichst Reiseandenken, die im Gastland selbst hergestellt werden, zu erwerben und die der Tier- und Pflanzenwelt des Urlaubslandes keinen Schaden zufügen. Der RL sollte darauf hinweisen, daß beim Kauf von Souvenirs aus Tieren und Pflanzen die Wahrscheinlichkeit groß ist, daß diese unter die Bestimmungen des Washingtoner Artenschutzübereinkommens fallen. So kann es passieren, daß die erworbenen Gegenstände beim Verlassen des Urlaubsortes abgenommen werden und Geldbußen bis 100.000 DM und in schweren Fällen Haftstrafen bis zu 5 Jahren möglich sind.

Sextourismus und Kinderprostitution: Bereits seit einigen Jahren ist der DRV mit Terre des Hommes in Kontakt, um gegen Angebote von Reiseveranstaltern und Hotels vorzugehen, in denen Sextourismus und insbes. Kinderprostitution angeboten wird. Nach einer Studie der Freien Universität Berlin fahren jährlich bis zu 400.000 Deutsche als Sextouristen ins Ausland. Deshalb ist der Appell an die Reiseveranstalter und die vor Ort tätigen Reiseleiter unverzichtbar und wichtig, die "Aktivitäten fortzusetzen, um Sextourismus und sexuellen Mißbrauch von Kindern im Ausland zu verhindern. Dazu gehört nicht allein der fast schon selbstverständliche Verzicht auf entsprechende Angebote in den Katalogen, es muß auch jede Form von Werbung unterlassen werden", so das Bundesjustizministerium.[158] Der RL kann über Hintergründe und Auswirkungen von Sextourismus und Kinderprostitution informieren und dazu beitragen, Verantwortungsbewußtsein bei den Gästen zu entwickeln. Die vom DRV mit Anmerkungen zum Thema "Prostitution" herausgegebene Broschüren sollte der RL an seine Gäste ausgeben.[159]

Qualitätssicherung und das Umweltaudit touristischer Standorte vom DER. Auch die Ankündigung von Studiosus, ab 1996 die Bahnanreise in das Grundleistungspaket zu integrieren, sowie der Umweltgroschen der Europäischen Reiseversicherung seien Schritte in die richtige Richtung. Der DRV leistet seinen Beitrag mit Umweltbroschüren.[156]

Zur Realisierung dieser Ziele ist es genau so wichtig, die Mitarbeiter und die Vertragspartner im In- und Ausland regelmäßig zu schulen, zu informieren und zu motivieren. Einen nicht unerheblichen Beitrag übernehmen die **Reiseleiter** im direkten Gastkontakt, denn sie haben die größten Möglichkeiten, auf die Reisenden in den Zielgebieten **aufklärend einzuwirken** und die Gäste zu motivieren, bereits entstandene Umweltschäden zu minimieren oder zu ihrer Beseitigung beizutragen. An das Verantwortungsbewußtsein kann schon im Informationsvortrag oder am Begrüßungsabend appelliert werden. In der Ferienzeit verbinden sich eine Vielzahl von Erwartungen und Bedürfnissen, doch leider decken sich die persönlichen Wünsche der Gäste nicht mit denen der Natur. Der Reiseleiter kann ein bewußtes Reisen, das Rücksicht auf Natur und Umwelt nimmt und die kulturellen Eigenheiten der Urlaubsregion, vermitteln. Er sollte interessante Tips und Anregungen geben, wie der Gast durch in "Reisen auf die sanfte Tour" mehr aus seinem Urlaub machen kann. Unterstützt wird seine aufklärende Information durch vom DRV und dem WWF herausgegebene Broschüren, die auch in großen Mengen angefordert und an Urlaubsgäste verteilt werden können. An dieser Stelle sollen einige wesentliche Punkte daraus genannt sein:[157]

Andere Länder, andere Sitten: Der beste Weg, die Fremde kennenzulernen ist der Versuch, die Gastgeber zu verstehen. Der RL sollte anregen, z.B. die Kleidung nicht nur dem Klima, sondern auch den Sitten des Gastlandes anzupassen und z.B. das Verbot von FKK oder "oben ohne" aus moralischen und religiösen Geboten zu beachten. Es gibt Länder, da gilt es als unschicklich, Frauen oder Kinder zu fotografieren und wieder andere glauben, durch ein Foto ihre Seele zu verlieren.

Fair zur Natur: Der RL hat Einfluß darauf, ob auf den Erlebnisausflügen auch die "letzten Naturparadiese" erforscht werden müssen. Bei Safaris und Exkursionen sollten die Naturbeobachtungen zur Sicherheit der Gäste und zum Schutz der Natur in gebührendem Abstand vorgenommen werden. Den Busfahrer aufzufordern, bei Pausen den Motor abzustellen - auch wenn die Klimaanlage in dieser Zeit dann nicht arbeitet - gehört zu den Selbstverständlichkeiten.

Mit allen Wassern gewaschen: Sauberes Wasser ist eine wichtige Lebensgrundlage - aber in vielen Urlaubsregionen

> "Jedes einzelne Besichtigungsobjekt, jede Anlage, Stadt usw. muß zwar in ihrer künstlerischen, architektonischen, historischen usw. Eigenart erläutert werden, aber es ist auch als Teil des größeren, vom obersten Lernziel definierten Zusammenhangs und damit exemplarisch dafür und daraufhin zu deuten. In jedem Einzelobjekt muß deshalb der Gesamtzusammenhang angedeutet werden: Es ist einerseits auf das bereits Erarbeitete hinzuweisen und andererseits daran ein weiterer Teil jenes Gesamtzusammenhangs auszulegen, der mit Abschluß der Fahrt für alle sichtbar geworden sein muß."[160]

Die **Auffächerung eines Leitthemas in verschiedene Aspekte** ergibt sich bei Reisen, die unter einem bestimmten Thema stehen, wie z.B. "Auf den Spuren von Tilman Riemenschneider in Franken", "Zeugnisse der Staufer in Baden-Württemberg", "Gotische Kathedralen in Nordfrankreich" oder "Entlang des mittelalterlichen Pilgerweges nach Santiago de Compostela".

Strukturierung eines uneinheitlichen Reiseprogramms

Die meisten Reisen sind nach Gesichtspunkten der geographischen Nähe, weniger nach thematischen Überlegungen konzipiert. Hier entsteht die Gefahr, insbesondere wenn auch örtliche Führer herangezogen werden, daß sich die inhaltliche Vermittlung auf unverbundenes, isoliertes Faktenwissen beschränkt und es der Reiseleitung nicht gelingt, historische oder sonstige Zusammenhänge aufzuzeigen. Es ist deshalb sehr wichtig, daß sich der RL so vorbereitet, daß er **Beziehungen zwischen den einzelnen Objekten und Führungen** herstellen kann, so daß die Reiseinformation am Schluß in einem geordneten System erscheint. Voraussetzung für die Vermitttlung strukturierten Wissens, das der Teilnehmer auch viel besser behält als isoliertes Faktenwissen, ist, daß sich der RL selbst die Beziehungen zwischen den besichtigten Objekten verdeutlicht.

Diese Beziehungen werden z.B. in einer Skizze deutlich, wie am **Beispiel einer fünfzehntägigen Italienreise "Rund um den Stiefel"** (zwei Tage Fahrt und dreizehn Tage Rundfahrt mit Besichtigungen) demonstriert wird. Die hier angeführten Themen aus der Geschichte sind exemplarisch herausgegriffen und beliebig ergänzbar (z.B. aus dem Bereich der Philosophie, der Politik, der Geographie, der Wirtschaft); durch eine zu große Zahl von Themen wird allerdings die Strukturierung erschwert.

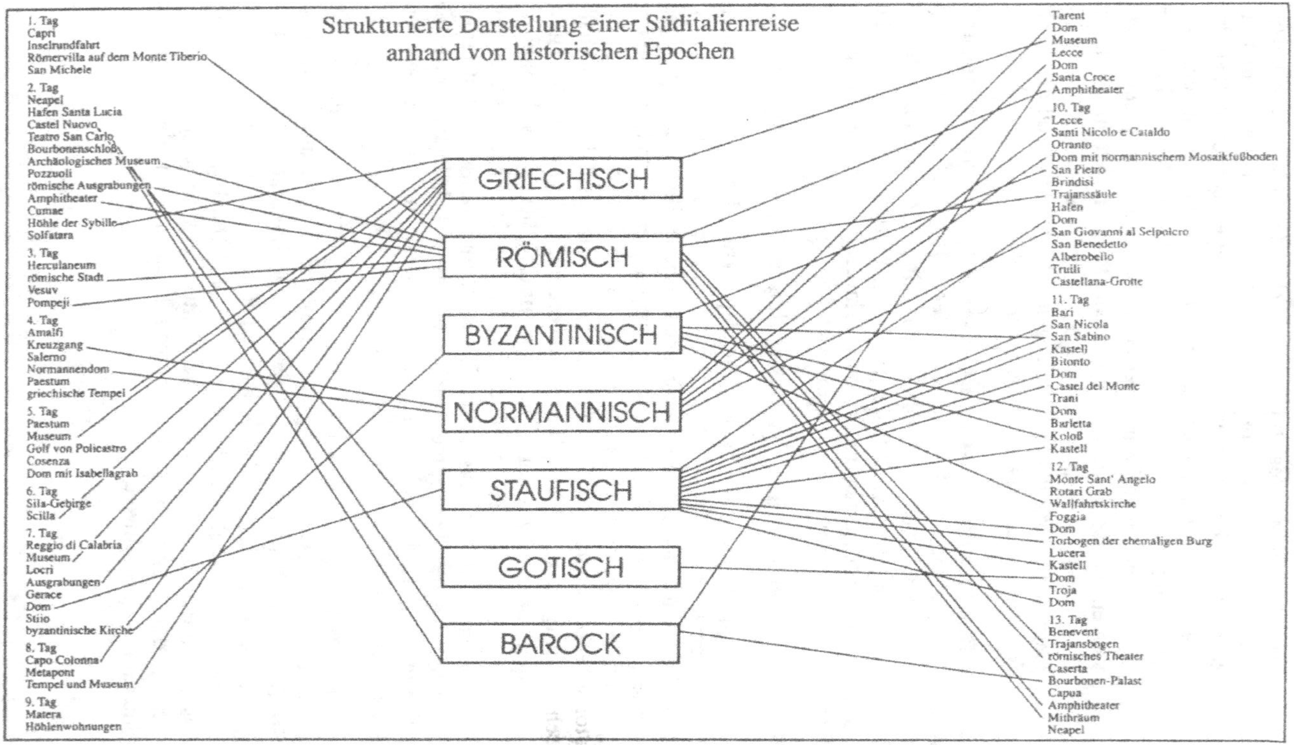

Strukturierte Darstellung einer Süditalienreise anhand von historischen Epochen

Die Besichtigungsmonumente waren bei dieser Reise extrem unterschiedlich und reichten von der Zeit der Griechen bis hinein in die Neuzeit. Durch eine Skizzierung des Reiseverlaufs nach dem hier aufgeführten Schema wird es dem RL deutlich, welche Schwerpunkte zu welchen Zeitpunkten zu behandeln sind, an welcher Stelle eine Epoche neu eingeführt wird (Einführungsreferat) bzw. wo von der Besichtigung her eine Epoche abgeschlossen und eine Zusammenfassung geboten ist. Die Vorstrukturierung erleichtert es dem RL gerade bei längeren Reisen, die einem Thema zugeordneten Programmpunkte mit Teilzielen zu kombinieren und sie miteinander in Beziehung zu setzen, schon Erklärtes zu wiederholen, auf noch Kommendes zu verweisen.

Bei einem nicht-themenbezogenen Reiseprogramm ist es besonders wichtig, daß sich der RL die Mühe macht, seine Zielsetzungen zu überdenken oder, besser noch, auszuformulieren. - Albrecht Steinecke u.a.[161] erarbeiteten eine Auflistung von Basis-, Grob- und Feinzielen zu einer Irlandreise, wobei hier schwerpunktmäßig geographische und gesellschaftliche Zielsetzungen ausformuliert wurden:

"Lernziele zum Themenbereich "Naturraum, Umweltbedingungen, -belastungen"

a) **Groblernziel**: Den Teilnehmern soll ein umfassender und fundierter Überblick über den Naturraum, die Umweltbedingungen und -belastungen in Irland vermittelt werden.

b) **Feinlernziele**

* Die Teilnehmer sollen die irische Landschaft in ihrer Entstehungsgeschichte verstehen. Es gab zwei große Perioden: amorikanische und kaledonische Faltung.

Mögliche Haltepunkte: Kaledonische Faltung: Wicklow Mountains; Amorikanische Faltung: Fahrt von Killarney nach Cork, Bellyvourney, Inch (Küstenmorphologie)

Methode: Fahrtbegleitender Kommentar

* Die Teilnehmer sollen erkennen, daß zwei große Eiszeiten das irische Relief geformt haben.

Mögliche Haltepunkte: Wicklow Mountains, Connemara, Clifden

Methode: Besichtigung eines Aufschlusses, fahrtbegleitender Vortrag

* Es soll die nacheiszeitliche Entwicklung dargestellt werden, am Beispiel der Moor- und Karstlandschaften.

Mögliche Haltepunkte: Kilcormac, Kilfenora (Burren), Cliffs of Moher (Küstenmorphologie)

Methode: Besichtigung eines Reliefausschnittes, Säuretest

* Die Teilnehmer sollen die Umweltprobleme Irlands erkennen und in ihren Ursachen verstehen.

- Wasserverschmutzung - möglicher Haltepunkt: Howth

Methode: Führung

- Luftverschmutzung - mögliche Haltepunkte: Howth, Dublin

Methode: Beobachtung

- Landschaftsverbrauch - mögliche Haltepunkte: Kilcormac, Kilfenora (Cliffs of Moher - Küstenmorphologie)

Methode: Überblicksvortrag"

"Lernziele zum Themenbereich 'Politische Strukturen, Prozesse und Konflikte'

a) **Groblernziel:** die heutige politische Situation Irlands verstehen und die wichtigsten geschichtlichen Entwicklungslinien kennenlernen

b) **Feinlernziele**

* formalpolitische Organisation der Republik

- Regierungssystem und Organe

mögliche Haltepunkte: Dublin, Leinster House

- Parteiensystem

mögliche Haltepunkte: Dublin, Leinster House

- Verwaltungssystem

* geschichtliche Entwicklungsprozesse

- historische Entwicklung der Parteien

mögliche Haltepunkte: Dublin, Bank of Ireland

- Aufstände und zentrale Bewegungen

mögliche Haltepunkte: Boyne-Tal, West-Cork, Lough-Mask House

* Konflikt Nord-/Südirland

- Unterschiede zwischen Nationalisten und Unionisten (kulturelle Identität und politische Zielsetzung)

mögliche Haltepunkte: Dublin, General Post Office; Howth

-Entwicklung, Bedeutung und Einfluß der IRA; Gruppierungen der Unionisten

mögliche Haltepunkte: Portlaoise, Curragh, Limerick."

Methoden

Parallel zur inhaltlichen und didaktischen Vorbereitung des RLs verläuft die methodische Konzeption. Man unterscheidet zwischen direkten und indirekten Methoden. Bei den **direkten Methoden** - Vortrag, Referat, Führung - geht die Aktivität vom RL aus, die Reisegäste sind Zuschauer und Zuhörer - ihre Aufmerksamkeit ist, abgesehen von den zu erläuternden Inhalten, sehr stark auf den RL konzentriert, der quasi als Schauspieler vor der Gruppe agiert. **Rhetorische Fähigkeiten, Gestik und Mimik** spielen beim Führungsvortrag eine sehr wichtige Rolle (vgl. dazu ausführlich Schmeer-Sturm: Gästeführung. Lehrbuch und Intensivkurs. Oldenourg Verlag München, 3. Aufl. 1996!).

Äußeres Erscheinungsbild und rhetorische Präsentation spielen selbstverständlich auch bei **indirekten Methoden** eine Rolle, jedoch ist der RL hier nicht so sehr Schauspieler, sondern eher Pädagoge. Er tritt stärker in den Hintergrund und motiviert die Teilnehmer durch geschickte Fragen und Impulse, sich aktiv an der Führung zu beteiligen. Ziel ist hier nicht der geschliffene Vortrag, sondern das **Gespräch vor den Führungsobjekten**. Das Gespräch muß genauso wie der Vortrag motivierend aufgebaut und inhaltlich strukturiert sein. Es gehört viel Geschick und auch Erfahrung in der Gesprächsführung dazu, die Teilnehmer, ohne daß sie es merken und sich womöglich schulmäßig abgefragt fühlen, zum Mitmachen und Mitreden zu aktivieren.

Weitere Formen indirekter Vermittlung sind Experimentierformen, wie z.B. die Diskussion mit Experten, ein Abendseminar zu Literatur oder Politik, die Feldforschung in Arbeitsgruppen, eine Gesprächsrunde mit deutschen Emigranten, das Erlernen landestypischer Lieder, die Bild- und Textmeditation, Spiele und Projekte.

4.6. Dramaturgie und Erlebnis

Bei der Planung einer Reise berücksichtigt die Reiseleitung dramaturgische Gesichtspunkte und überlegt sich: Wo setze ich

Höhepunkte? Wo sind **Entspannungspausen** angebracht? Wo möchte ich bewegen, wo eher erheitern und belustigen? Wie **variiere** ich Inhalte und Methoden? Wie kann der **Biorhythmus** berücksichtigt werden, und wie können die Höhepunkte bzw. Entspannungspausen entsprechend gelegt werden? Wie nütze ich Wetter- und Lichtverhältnisse aus, um Kunst- und Naturerlebnisse zu fördern (z.B. Besichtigung von Tempelruinen im Abendrot; Wanderung zu einem Aussichtspunkt im Morgengrauen, improvisierte Badegelegenheit an einem schönen Strand zur Mittagspause)? Welche Strecke wähle ich, um Verkehrsstauungen zu vermeiden und evtl. durch typische Orte zu fahren? Wie können zu erwartende Störungen des Ablaufs (wie etwa langes Warten im Stau) abgemildert werden (z.B. durch das Abspielen von Musikkassetten)? Sowohl die Einzelführung als auch das Programm einer ganzen Reise sollte auf einen **inhaltlichen oder emotionalen Höhepunkt** zulaufen.

Ziel dieser dramaturgischen Überlegungen von seiten der Reiseleitung ist es, dem Urlauber Erlebnisse zu vermitteln. Der Zukunftstrend geht dahin, daß der Urlauber weniger eine Reise nach einem bestimmten Land buchen wird, sondern sich vielmehr nach Animationsangeboten (Urlaubsaktivitäten) zur Buchung einer Reise entscheiden wird. Reinhard Schober geht diesbezüglich noch einen Schritt weiter: "Nicht in erster Linie Land- oder Animationsangebot sollten buchungsfähig sein, sondern bereits der erlebnismäßige Zustand, um den es dem Urlauber ja letztlich geht."[162]

Schober unterscheidet bezüglich des Urlaubs vier **Haupterlebnisbereiche**:

1. Exploratives Erleben

"Damit ist das suchende Informieren gemeint, das Erkunden, das spielerische Probieren, die Neugierde auf das Besondere. Jedoch darf die Abweichung zum Bekannten nicht extrem groß sein, um nicht panische Angst auszulösen. Gewisse Angstreize üben jedoch Anziehungskraft aus."[163]

Beispiele:

- die verschiedenen öffentlichen Verkehrsmittel einer Stadt ausprobieren (z.B. Metro, Zahnradbahn, Vaporetto)
- Esels- oder Kamelritt

- bei Flugreisen im Cockpit mitfliegen
- Besuch eines Flohmarktes
- Besuch eines Lebensmittel- oder Fischmarktes, letzteres insbesondere in den frühen Morgenstunden
- Zusammentreffen mit fremden Menschen (z.B. Besuch einer Schule, eines Kindergartens, einer Universität, Gespräch mit deutschen Emigranten)
- Besuch einer Opern-, Konzert- oder Theatervorstellung
- Besuch einer Sportveranstaltung
- Ausprobieren verschiedenartiger Nationalgerichte in Luxusrestaurants oder ganz einfachen einheimischen Lokalen
- Ausprobieren verschiedener Getränke und Weinprobe (in einer Bar, während eines Picknicks mit mitgebrachten Bechern oder im Bus)
- Ausprobieren besonderer Obstsorten, wobei der RL vorher darauf achten sollte, daß die Stücke gut gewaschen werden
- Ausprobieren besonderer Süßigkeiten oder gastronomischer Spezialitäten des besuchten Landes
- Wanderungen
- Fahrradtouren
- Erkundungen zum Nachtleben eines Ortes

2. Soziales Erleben

Das soziale Erleben wird vom RL gefördert, indem er sich möglichst bald die Namen aller Teilnehmer einprägt und sie häufig mit Namen anspricht, um sie so auch den anderen Gruppenmitgliedern bekanntzumachen. Eine Institution bei vielen Reiseveranstaltern ist inzwischen die **"Welcome-Party"** geworden, wo den Reisegästen Gelegenheit zum ersten Kennenlernen gegeben wird. Bietet es sich vom Kundenkreis her an, so könnte der RL auch eine Party, evtl. in Verkleidung (Jugendgruppen) oder gemeinsame Besuche von Tanzlokalen und Diskotheken organisieren.

Gemeinschafts- und Gruppenzugehörigkeitsgefühl kann jedoch auch durch vielfältige andere Gemeinschaftsunternehmungen gefördert werden.

3. Biotisches Erleben

> "Der im Büro- und Haushaltsmaschinen-Alltag nutzlose und vergessene Körper darf sich auf Gebirgswanderungen oder in der Sonne am Meer räkelnd voll entfalten. Dieser durchaus prickelnde Genuß wird gerne mit 'Erholung' rationalisiert, was ja auch tatsächlich eintreten kann. Weiterhin zählt zum biotischen Erleben die 'Animation' durch interessante Gerichte, die Reizung der Riech-Epithelien durch eine frische, aromatische Luft usw."[164]

Das biotische Erleben wird vom RL dadurch gefördert, daß er die Gäste auf **Sinneseindrücke** aufmerksam macht und sie dazu anregt, diese ganz auf sich einwirken zu lassen, wie z.B.:

* **akustische Sinneseinwirkungen**: Musik, Sprechen, klangvolle Dialekte, Vogelsingen, das Zirpen der Zikaden, das Rauschen der Wellen, das Schreien auf einem Markt (z.B. arabische Laute auf der vuccirìa in Palermo), in einem Stadion, typische Geräusche einer bestimmten Stadt (z.B. Dohlengeschrei in Volterra). - Harald Neifeind[165] stellt anhand der Piazza von Siena fest, daß Akustik schneller an die Emotionen geht, Geräusche an Gefühle erinnern und das Hören allein ein zusätzliches Element der Erinnerung an etwas liefert, das man authentisch erlebt hat. Bei einem Experiment mit Studenten aus Göttingen und München suchten die Teilnehmer, in kleine Gruppen aufgeteilt, die Piazza mit Kassettenrekorder akustisch zu erfassen. Die einen nahmen Erklärungen eines RLs auf, die anderen das Rufen von Kindern, das Plätschern des Fonte-Gaia-Brunnens, ein Interview mit deutschen Rucksacktouristen, das Gurren der Tauben, die Geräusche der umliegenden Restaurants: Für alle Beteiligten eine neue Erlebnistiefe, da man sich einmal von der Dominanz des Sehens befreien durfte.

* **Geruchssinn**: Der Geruch des Meeres, der Kanäle von Venedig, der Geruch einer Stadt, eines Hotels (z.B. riechen viele Hotels im Ostblock nach einem ganz bestimmten Desinfektionsmittel), der Duft fremdartiger Blumen (Thymian, wilder Fenchel, acridolce), Sträucher (Rosmarin) und Bäume (Pinien, Mandarinenplantagen), Parfums und Essenzen, Speisen und Früchte, der Geruch einer Landschaft, eines Strandbades (z.B. nach Sonnenöl), Weihrauchgeruch in einer Kirche, Moder in einem verlassenen Bauernhaus

* **Augensinn**: Bewußtmachung von Formen und Farben, Schönheiten in der Landschaft, Kunst und Alltag (z.B. Mode)

* **Geschmackssinn**: Fremdartige Speisen und Getränke, bewußtes Genießen bestimmter Lebensmittel, wie z.B. Olivenöl aus erster

Pressung, Weinessig und Wein

* **Tastsinn**: Das Rieseln des Sandes durch die Hände, die glatten, spitzigen, schuppenartigen, stachligen, porösen Oberflächen gewisser Pflanzen, Erfassen verschiedener Baumaterialien nicht nur durch das Auge, sondern auch durch den Tastsinn, evtl., außer wenn die Figur im Museum steht und nicht berührt werden darf, das Anfassen einer Skulptur (z.B. Denkmal, Brunnenfigur) oder eines fein gearbeiteten Reliefs oder Mosaiks

4. Optimierendes Erleben

> "Die Verschönerung durch Bräune, die Vitalisierung durch den ständigen Aufenthalt 'im Freien', in der Natur, die Beurlaubung von 'Frustrationen' und die Steigerung der Lebensfreude aufgrund vieler entlastender überkompensierter Arrangements 'verstärkt' den Urlaubsreisenden. Kommt er nach Hause zurück, darf er Lob und Erfolg erwarten."[166]

Dieses "optimierende" Erleben kann z.B. mittels (nicht zu langer) Wanderungen oder improvisierter Badepausen auf einer Rundreise gesteigert werden.

Was den - solchen Modellen wie dem Schobers - zugrunde gelegten Aufbau der Person (z.B. Philipp Lersch) betrifft, so begegnet ihm inzwischen die Psychologie mit Vorbehalten und betont stärker seine Abhängigkeit vom sozialen Umfeld und den soziologischen Bedingungen. Im übrigen sind die von Schober genannten Erlebniskategorien[167] um das **Bildungserlebnis** zu erweitern, das z.B. durch eine exzellente Kunstführung ausgelöst werden kann, sowie das **religiöse Erlebnis**, das sich auf Reisen bei der Wanderung durch eine großartige Landschaft, durch ein Ruinengelände, durch den Besuch eines Gottesdienstes, durch menschliche Kontakte einstellen kann.

Animationsmodell Länderkunde

Ein erst seit wenigen Jahren existierender Typ des RLs - der Animateur - wird heute verstärkt von Hotels und Veranstaltern eingesetzt, um die Erlebnisqualität des Urlaubs zu steigern. Dabei gibt es auch Versuche, den Erlebnisaspekt auf Exkursionen zu übertragen, die ihren Niederschlag z.B. in dem Animationsmodell Länderkunde von Horst Martin Müllenmeister[168] gefunden haben, das in Feriengebieten von der TUI umgesetzt wird.

Müllenmeister hat **20 Gebote für Länderkundler** aufgestellt:

"1. Traue keinen touristischen Traditionen. Nicht alles, was man bewahrt, hat sich bewährt.

2. Betrachte Sehenswürdigkeiten kritisch. Prüfe immer, ob sie des Sehens wirklich würdig sind.

3. Behandle sehenswerte Sehenswürdigkeiten ohne falsche Ehrfurcht. Klassisches muß nicht unbedingt langweilig sein. Versuche es mit einem ungewöhnlichen Blickwinkel, anderem Licht und einer neuen Optik.

4. Fürchte Dich mehr vor Routine als vor allen Mächten der Finsternis.

5. Zeichne Dir auf einer Landkarte die touristischen Ströme ein. Vermerke die klassischen Routen, auf der alle Ausflugsbusse fahren. Meide diese Strecken unter beinahe allen Umständen.

6. Kannst Du eine touristische Hauptverkehrsstraße nicht umgehen, so fahre in unüblicher Richtung oder zu ungewöhnlicher Stunde. Der Unterschied zwischen Gedränge und Idylle ist oft nur eine Frage der Tageszeit.

7. Entwickle in Dir eine Leidenschaft für Nebenstraßen.

8. Entdecke Dir Deine Sehenswürdigkeiten selbst. Du findest sie in ausreichenden Mengen am Wegrand. Vorrat und Nachwuchs sind in aller Welt reichlich vorhanden.

9. Haste nicht.

10. Hüte Dich vor Übermaß. Auch beim Ausflugsprogramm kann weniger mehr sein. Die Zahl der gebotenen Attraktivitäten ist kein Indikator für Qualität.

11. Achte auf die Entfernungen. Berechne die Fahrtstunden und setze sie ins Verhältnis zu den Aufenthalten. Dosiere die Kilometer wie ein Geizhals und die Fahrtpausen wie ein Verschwender. Bedenke, daß die Überwindung von Distanzen kein Selbstzweck ist.

12. Merke: Sich bewegen ist besser als bewegt werden.

13. Prüfe kontinuierlich, ob Du eine Rundfahrt umwandeln kannst in einen Rundgang.

14. Schule Deine Phantasie; erfinde regelmäßig Spaziergänge und

Wanderungen. Kombiniere Fahrtstrecken mit Fußwegen, wo immer es möglich ist.

15. Verplane bei einer Rundfahrt nicht jede Minute; gönne Deinen Urlaubern genügend Freiheit, Freizeit und persönlichen Spielraum.

16. Bedenke, daß eine Versuchsplantage genauso interessant sein kann wie ein Tempel.

17. Die Welt ist kein Museum. Aber ein Museum sollte immer ein Stück Welt spiegeln. (Bei Führungen bitte memorieren.)

18. Verliere Dich nicht in Einzelheiten, sondern erleuchte die Zusammenhänge. Du sollst Deine Urlauber nie langweilen.

19. Sei sportlich: Mache Jagd auf Vorurteile.

20. Beachte: Die aufregendste Sehenswürdigkeit für Menschen ist immer noch der Mensch."

Der Begriff "**Animation**" (vgl. dazu Kap. 2.13 "Der Animateur") umfaßt "Anregung, Beratung und die Aktivität selbst, zu der angeregt oder die organisiert wird, auch die Wirkung, die durch sie ausgelöst wird (Spaß, erhöhter Kontakt, freundliche, aufgelockerte Atmosphäre, gute Stimmung)"[169]. Das Animieren durch den RL hat jedenfalls "nur dann eine Berechtigung, wenn es hinleitet zu 's'animer'. Und Animation ist beides, die Hilfestellung für die Selbsthilfe, beleben und Leben bekommen, lebhaft machen und lebhaft werden, ermutigen und Mut fassen. Es handelt sich um einen Prozeß im Wechselspiel."[170]

Animation und **Erlebnispädagogik**[171] bedarf nicht so sehr der verbalen Information, sondern vor allem der "**originalen Begegnung**" (H. Roth), des "**primären Erlebens**" (A. Portmann). Das bedeutet, daß die Anregungen des RLs sich nicht auf Daten, Fakten und Zahlen beschränken, sondern auch an die **Sinne** wenden, was ein Beispiel von Hansjochem Kunze belegen mag:

> "Wir fanden auch eine neue, wundervolle Form des Schlafs: den Tempelschlaf. Vassae, Peloponnes, als die Straße noch nicht asphaltiert war: Müde kamen wir an. Statt nun den Tempel zu besichtigen, legten wir uns im Säulenschatten schlafen. Wir erlebten die alten heiligen Steine durch die Haut, einprägsamer, unvergeßlicher, als es nur mit dem Verstand gelungen wäre."[172]

Persönlichkeitsentfaltung und Bewußtseinserweiterung

Eine Reise kann dem Reisenden und dem RL eine Fülle nicht voraussehbarer Erlebnisse und Selbsterfahrungen eröffnen. Die Erlebnisse, von denen hier die Rede ist, stehen nicht im Programm. Sie drängen sich auch nicht auf. Sie sind plötzlich da für denjenigen, der dafür offen und bereit ist, sich dem Unbekannten auszusetzen.

Kein RL kann seine Gruppe bewußtseinsmäßig über das selbst erreichte Maß hinaus weiterbilden. Beschränkt sich der Horizont des RLs auf reines Wissen, wird auch der Horizont seiner Gäste nicht weit über das Wissensmäßige hinauswachsen. Hat der RL Phantasie, Charme und Witz, wird er entsprechende Funktionen auch bei seinen Mitreisenden wecken. Besitzt er eine starke Einbildungskraft und vermag er Anekdotisches und Mythologisches so gegenwärtig zu machen, daß es vor den Augen seiner Mitreisenden ersteht, dann wird er zum geistigen Medium, das sie bisher unbekannten geistigen Welten näherbringt.

Das Unvorhergesehene, an dem der eine achtlos vorübergeht und von dem sich der andere inspirieren läßt, kann als symbolisches Rätsel oder als archetypisches Bild auf einer Säule zu sehen sein, kann als mythologische Szene ein Kapitell zieren oder das Zeichen einer nicht mehr existierenden Gilde sein. Es kann als antikes Spiel auf einer Treppe erscheinen, in den Stein geritzt oder als Höhlenmalerei plötzlich erkennbar werden. Es kann als Ritual oder Festzeremonie, als unvorhergesehene Beleuchtung, als Orgelklang in einer einsamen Kirche, in dem Gesichtsausdruck eines Pilgers, als Abendgesang der Mönche in einer Abtei, als Déjà-vu-Erlebnis oder Aha-Erlebnis von einem Moment auf den anderen ein allumfassendes Gefühl, ein plötzliches Wissen um geheime Dinge auslösen, die in jedem von uns und im Weltgefüge wirken und nur indirekt wahrnehmbar sind.- Das Argument, daß der Gruppenreisende solche geistigen, spirituellen und transzendenten Erfahrungen nicht sucht, auch gar nicht dazu fähig ist und in der Freizeit lieber zur Tagesordnung (Coca-Cola und Unterhaltung) übergeht, als fürs Ungewöhnliche, Kuriose, Mysteriöse um ihn herum offen zu sein, kann von der Verfasserin nicht geteilt werden. Zweifellos muß sich der RL dem von der Abreise und Anfahrt erschöpften Reisenden und seinem zunächst etwas limitierten, "banalen" Level erst einmal anpassen und für gute Stimmung und Motivation sorgen. Aber es können Augenblicke kommen, die dazu herausfordern, kurz innezuhalten. Der RL unterbricht sein Programm und überläßt dem Augenblick die Regie: Blockaden, Schamgefühle und Ausdrucksbarrieren fallen. Glück, Andacht, Gebet, Ergriffenheit und Erinnerungen brechen durch. Der Reisende erfährt den Unterschied zwischen der meßbaren Zeit (Pensum) und der erlebten Zeit: Im Hier und Jetzt eines solchen Augenblicks wird die "Ewigkeit" erahnbar.

5. Themen der kulturhistorischen Führung

Im folgenden sollen inhaltliche und methodische Hinweise für die Aufbereitung von geschichtlich und kunsthistorisch orientierten Führungen gegeben werden.

5.1. Die Stadt und ihr Umfeld

Emotionale Einstimmung

Bei einer Rundreise spielt häufig die Erklärung und Erfassung von Stadtstrukturen eine gewichtige Rolle. Der "Einstieg" könnte auf der emotionalen Ebene erfolgen: Drei Bereiche, die sowohl die Teilnehmer ansprechen auch die wichtigsten Lebensbereiche der Bewohner betreffen, sind die der Berufe, des Sinns sowie der Liebe und des Gefühlslebens.

Es kommt oft vor, daß in einer Stadt auf Grund einer bestimmten industriellen oder wirtschaftlichen Ausrichtung gewisse **Berufszweige** dominieren. Zu fragen ist hier nach den Löhnen, der Kaufkraft in einer Stadt, der Berufsverteilung, evtl. Gefährdungen, nach typischen Männerberufen, nach Berufen, die es bei uns nicht gibt, nach der Effektivität bestimmter Berufe und dem Problem der Arbeitslosigkeit. Gibt es z.B. Programme zum Einsatz arbeitsloser Jugendlicher?

Der Bereich des **Sinns** bezieht sich vor allem auf **religiöse und politische Einstellungen** der Bewohner und ist an Parteireklamen, Versammlungen und Festen, an vollen bzw. leeren Kirchen, Indizien für Glauben, Aberglauben und an heidnischen Relikten ablesbar. Die Lebensbeschreibung des Stadtheiligen und das Erzählen einer Legende kann den Blick der Reisenden für die Stadt öffnen.

Um den Bereich der **Liebe** und des **Gefühlslebens** der Bewohner einer Stadt anzusprechen, kann der RL z.B. auf Hochzeitsrituale hinweisen, aber auch auf die Lage vieler unverheirateter Liebespaare aufmerksam machen, die noch keine eigene Wohnung haben und sich deshalb in ihren Autos auf Parkplätzen oder Aussichtspunkten näherkommen. Auch der Tod und seine Stellung in der Gesellschaft kann angesprochen werden, die Monumentalität der Friedhöfe, Trauerplakate an den Hauswänden, schwarze Bänder an den Türen eines Hauses, wo ein Bewohner gestorben ist. Nicht zuletzt spielt im Gefühlsleben der Bewohner einer

Stadt auch das Vergnügen eine wichtige Rolle. Wohin geht man oder fährt man, wenn man sich amüsieren will? Wie verbringt man das Wochenende? Wie sieht das Nachtleben dieser Stadt aus?

Geschichte der Stadt

Nach dieser emotional bestimmten Hinführung wird der RL im allgemeinen auf die Geschichte der besuchten Stadt eingehen. Eine wichtige Fragestellung ist z.B. die nach dem **Verhältnis der Stadt zu ihrem Umland**. Das Phänomen "Stadt" ergibt sich nicht nur aus der Zahl der Einwohner, sondern auch aus sozialen, ökonomischen und kulturellen Charakteristika, wie z.B. dem Vorhandensein von Ämtern, Militär und aus der Kontrolle über das Umland.

Um die Geschichte einer Stadt zu erhellen, sind die **Gründe für ihr Wachsen** zu suchen und die Unterschiede zwischen den Städten, die Sitz eines Königs- oder Adelshofes waren, zwischen Handels-, Industrie- und Hafenstädten sowie Städten mit politischer Bedeutung herauszuarbeiten. Die Geschichte der Handelsstädte z.B. ist engstens mit der der Verkehrswege verbunden, die Industriestädte verdanken ihren Aufstieg der Nähe von Rohstoffen und/oder Arbeitskräften. Die Geschichte der Bischofssitze ist geprägt von ihrer Funktion als klerikale Zentren.

> Der RL muß den Teilnehmern verdeutlichen, "daß jede bedeutende Stadt ein Politikum darstellt ... Die Ordnungsgesetze, die die Stadt geformt haben, bestimmen auch jene der Staaten, die von ihnen beherrscht worden sind. Die Verfassungen, die das Zusammenleben von Gottheiten und Menschen, von Herrschern und Beherrschten, von freien Bürgern und unfreien Lohnarbeitern regelten, schufen sich selbst jeweils das ihnen angemessene bauliche Erscheinungsbild".[173]

Beim Betrachten einer mittelalterlichen, aber auch einer neueren Stadt kann der RL mit den Gruppenmitgliedern folgende Fragen diskutieren: Spricht aus dieser Architektur Macht oder Wohlstand, Idealsinn oder aber Elend ihrer Erbauer und Bewohner? Wird in dieser Häuserzeile ein Bestreben der Familien, sich gleichzuordnen, sichtbar, oder spricht sie eher von einem Bedürfnis, sich auszuzeichnen, einem Bedürfnis, die anderen Familien, z.B. durch einen möglichst hohen Turm, zu übertrumpfen? Wofür wirbt dieser Palast (z.B. für die Finanzkraft eines Bankiers)?

Der RL kann Gegensätze zwischen den einzelnen Städten deutlich machen, indem er z.B. folgende Fragen zur Diskussion stellt: Auf welche Eigenarten der Bewohner läßt die Bevorzugung des Barockstils in den Kirchen, Palästen und Brunnenanlagen Roms schließen, die strenge Renaissance-Architektur der Paläste in Florenz, die nach mathematischen Regeln konzipierten Gemälde der Frührenaissance?

Im Schrifttum zur Urbanistik gibt es eine Reihe verschiedener **Gliederungssysteme** für das unbegrenzte Material, wobei jeweils unterschiedliche Gesichtspunkte in den Vordergrund gerückt werden. Man unterscheidet z.B. nach Ländern oder Provinzen, nach Epochen, man betrachtet die Stadtanlagen aufgrund ihrer geographischen Lage oder versucht, sie anhand von wirtschaftlichen Voraussetzungen zu Gruppen zusammenzufassen: "Marktstädte, Hafenstädte, Städte an Durchgangsstraßen oder Furten, Handelszentren oder reine Agrarstädte".[174] Die folgenden Ausführungen halten sich an die Gliederung von Wolfgang Braunfels' "Abendländischer Stadtbaukunst". Er unterscheidet zwischen Bischofsstädten, Stadtstaaten, Reichsstädten, Seemächten, Idealstädten, Residenzstädten und Hauptstädten.

Bischofsstädte: Was die Bischofsstädte betrifft, so sind fast alle erfolgreichen Städte des frühen Mittelalters römische Bischofsstädte gewesen. Bis zum 5. Jahrhundert hatten die meisten einen Dom, dessen Standort sich in der Folgezeit im allgemeinen nicht mehr veränderte. Allerdings ist von diesen spätantiken Bischofsdomen, mit Ausnahme von Bauten in Rom und Ravenna, keiner unversehrt bis heute erhalten geblieben.

> "Überall entfaltete sich ein vergleichbares Residenzprogramm, zu dem neben dem Dom ein Baptisterium, der Bischofspalast, das Hospital, die Anlage der Glockentürme, der Friedhof, seit dem 9. Jahrhundert nördlich der Alpen immer, und südlich zuweilen auch ein Kreuzgang gehörten, an dem sich die Domkanoniker angesiedelt hatten".[175]

Wichtige Beispiele solcher Bischofsresidenzen in Italien sind Aquileja, Grado, Torcello, Parma, Pisa; in Deutschland Köln, Hildesheim, Trier und Bamberg.

Stadtstaaten: Die Stadtstaaten traten nicht selten die Nachfolge der Bischofsstädte an und entwickelten sich ab dem 12. Jahrhundert, in dessen Verlauf die Einwohnerzahl mancher Städte unverhältnismäßig zunahm. "Die Ausweitung der Handelsbeziehungen zwischen den Städten und das Ansteigen der Produktion bewirkten eine Vermehrung der Wirtschaftszentren und eine Anziehung der Landbevölkerung aus der Umgebung".[176]- Indem die bischöfliche oder gräfliche Stadtherrschaft Ordnung schuf und Schutz gewährte, kam sie der Entwicklung des Wirtschaftslebens zugute.

Durch peinlich genaue **Reglementierung in der städtischen Statuten-Gesetzgebung** versuchte man, das tägliche Leben der Bürger in feste Bahnen zu lenken. Es gab dabei Kleiderordnungen und Luxusgesetze, aber ebenso Bestimmungen, die die Höhe der Bauwerke begrenzten oder gewisse Verschönerungsmaßnahmen an Palästen und Häusern vorschrieben, was z.B. bei einem Stadtrundgang in Siena nachvollziehbar ist. Die Rivalität zu anderen Stadtstaaten erwies sich immer wieder als Ansporn für militärische, wirtschaftliche und künstlerische Leistungen, doch den Impetus zur Monumentalisierung des Stadtorganismus bewahrten sich die Städte immer nur so lange, wie sie politisch frei waren.

Reichsstädte: Die Reichsstädte entstanden im 13. und 14. Jahrhundert.

> "Die meisten verdanken ihre Entstehung dem Zusammenbruch des staufischen Kaisertums, viele dem Aufstand des Bürgertums gegen seine Bischöfe, einige auch dem Aussterben von Grafen- oder Fürstengeschlechtern. Wo aber gleichzeitig die Territorialfürsten erstarkten, konnten Städte keine neuen Freiheiten erringen. Das war in Alt-Bayern, in Österreich, in Sachsen und Brandenburg, auch in Böhmen der Fall. Reichsstädte finden sich in Franken und in Schwaben, am Rhein, ehemals im Elsaß, der Schweiz und den Niederlanden, vereinzelt im Küstenbereich der Nord- und Ostsee."[177]

Zwischen 1789 und 1806, bei der Selbstauflösung des "**Heiligen Römischen Reiches Deutscher Nation**", waren noch 51 Reichsstädte übrig, von denen im Regensburger Reichssaal 14 auf der rheinischen (z.B. Hamburg, Lübeck, Frankfurt, Köln), 37 auf der schwäbischen Städtebank (z.B. Augsburg, Nürnberg, Regensburg, Ulm) saßen. Es handelt sich also bei den Reichsstädten, zumindest ab dem 17. Jahrhundert, um deutsche Städte - das heißt, daß sich ein auf Deutschland spezialisierter RL besonders mit dieser Thematik vertraut machen sollte.

Im Unterschied zu den italienischen Stadtstaaten wurden die Konkurrenzkämpfe vor allem in den wirtschaftlichen Bereich verlagert und nicht in Kriegen ausgetragen. Das bedeutet für den RL, daß er ökonomische Aspekte (z.B. die Bedeutung der Verkehrswege, der Zünfte usw. für die wirtschaftliche Blüte der Reichsstädte) herausarbeiten sollte. Bauten, Gemälde, Skulpturen, Dichtung, Geschichtsschreibung usw. sind vielfach im Sinne der Selbstdarstellung des kommunalen Stolzes erklärbar.

Seestädte: Bei den Seestädten können wir zweierlei Formen unterscheiden: Städte wie Genua oder Neapel, **an den Hügel gebaut**, wobei die Bewohner durch die Raumnot gezwungen wurden, die Berghänge immer höher hinauf zu bebauen, enge, niedrige Wohnviertel in der Hafengegend, großzügige, vornehmere Bauten, je höher man nach oben steigt. In diesen Städten gibt es einen "Dualismus von Stadt und

Hafen,... (einen) Gegensatz zwischen den Bergstraßen und Hafengassen." Andererseits gibt es den Typus der Seestadt, in der mittels Kanälen oder Flußläufen die **Schiffe unmittelbar vor den Waren- und Wohnhäusern** anlegen konnten. In diesen Handelszentren, zu denen beispielsweise Amsterdam und Lübeck zählen, begegnet man "schmalen, hohen Gebäuden, deren Größe sich erst nach rückwärts ganz entfaltet."[178]

Allen Seestädten ist gemeinsam, daß sie danach trachteten, Besitzungen und Rechte jenseits der Meere zu erwerben sowie Kolonien, Niederlassungen oder zumindest Stützpunkte im Ausland zu errichten. Diese **Orientierung nach dem Ausland** bringt eine große Offenheit für das Neue und Fremde mit sich.

Bei der Betrachtung der Seestädte spielt neben dem ästhetischen und geschichtlichen auch der wirtschaftliche Gesichtspunkt eine Rolle. Viele Häfen stehen zur Zeit in einer schweren Krise, was z.B. bei der Besichtigung eines Güterhafens thematisiert werden kann.

Idealstädte: Idealstädte und Städte nach regelmäßigem Grundriß hat das hohe und späte Mittelalter in ganz Europa gekannt. Idealstädte entstanden meist für vorübergehende Aufgaben, und als diese, seien sie nun politischer, militärischer oder wirtschaftlicher Art gewesen, wegfielen, verloren sie ihren Daseinsgrund (in Italien z.B. Pienza, in Frankreich Aigues-Mortes und Richelieu).

Zahlreiche **Festungen und Festungsstädte** entstanden seit dem 16. Jahrhundert bis in die Mitte des 18. Jahrhunderts hinein, durch die der Absolutismus "gefährdete Grenzen und neueroberte Gebiete zu sichern suchte."[179] In dieser Zeit findet sich häufig ein sternförmiger Grundriß der Stadtstruktur, wie z.B. in der Stadt Palmanova, die die Venezianer gegen die Einfälle der Osmanen geplant hatten. - Neben dem sternförmigen findet sich in dieser Zeit auch der sechseckige Grundriß, wie z.B. in Grammichele und Avola auf Sizilien. Diese beiden Städte wurden auf dem Reißbrett nach regelmäßigem Plan entworfen, um alte Orte zu ersetzen, die Ende des 17. Jahrhunderts von einem Erdbeben zerstört worden waren. - Eine Musterstadt des Barocks ist La Valletta (Malta), das ab 1566 zu einer Inselfestung gegen die Osmanen ausgebaut wurde und als die vollkommenste Festungsstadt berühmt war.

Zur Geschichte der Idealstädte zählen weiterhin die zahlreichen Stadtplanungen als Festungen der schwedischen Krone, die zwischen 1600 und 1715 angeordnet wurden, um ihr neues Ostseereich zu sichern (z.B. Kalmar, Landskrona oder das mißlungene Projekt für Carlsburg an der Stelle des heutigen Bremerhaven).

Es ist immer empfehlenswert, daß der RL mit **Plänen und Grundrissen** arbeitet. Bei dem Besuch von Idealstädten ist dieses Hilfsmittel unerläßlich: Durch neuere Siedlungen am Rande der alten Städte ist die zugrunde liegende Struktur nicht immer sofort einsichtig.

Residenzstädte: Während in den Bischofsstädten sakrale Bauten dominieren, in den Stadtstaaten ein reiches Kommunalprogramm, so in den Residenzstädten Bauten des Hofes:

> "Zu einem voll entwickelten **Residenzprogramm**, wie es Turin oder München gestaltet haben, gehören neben der Residenz und den ihr zugeordneten Kanzleien und Ministerien die Hofkirchen und Hoftheater, die vielfältigen Gebäulichkeiten für den Marstall und die Wachen, eine Reihe Klosterstiftungen und Votivkirchen, die besonderen Kirchenbauten, die der Grablege der Fürsten dienten, nicht zuletzt auch der Kranz der Villen und Schlösser auf dem Lande."[180]

Während in den Bischofsstädten der Dom die ganze Stadt überstrahlt, ist es in den Residenzstädten das **Schloß**. Viele der großartigsten Residenzstädte Europas, wie z.B. Berlin, Nancy, Karlsruhe, Mannheim, Potsdam, St. Petersburg oder vor allem Versailles - das vollkommenste Beispiel -, haben ihr prächtiges Gewand in der Zeit des **Absolutismus** erhalten. Ausdruck der Macht, die ganz vom Fürsten bestimmt wird, ist die Führung der Straßenzüge: Nicht selten sind alle wichtigen **Straßenachsen** einer Residenzstadt auf das Schloß hin orientiert.

Die Eigenart einer Residenzstadt wie Turin kann der RL durch die Kontrastierung mit Idealstadt und Stadtstaat herausarbeiten: Wohntürme gibt es nun nicht mehr, das Wachstum wird durch streng vorgezeichnete Planungen geregelt, wobei die Planung dem Wachstum stets voraus war. Im Gegensatz zu Idealstädten, wie Palmanova und Pienza, die mühselig belebt werden mußten, waren die Palaststraßen von Turin dicht bevölkert. Allerdings ist gerade in Turin auch die Gegenwart stark präsent: Seit dem Ende des 19. Jahrhunderts begann der Wachstumsprozeß dieser Industriestadt, die ihre bebaute Fläche heute um mehr als das Zehnfache vergrößert hat.

Hier kann der RL mit der Gruppe der Frage nachgehen: Wird die Residenzstadt durch das Turin des Fiatkonzerns "erdrückt", sind die Häuser der Altstadt renovierungsbedürftig, sind sie vorwiegend in Büros, Kanzleien und Läden umgewandelt worden, oder herrscht hier noch echtes urbanes Leben? Wo wohnt die "gute" Gesellschaft von Turin? Wo wohnen die Arbeiter der Fiatwerke? Wo wohnen die "terroni" (Schimpfwort der Norditaliener für Arbeiter aus Süditalien)?

Hauptstädte: Was die Hauptstädte von Residenzstädten unterscheidet, sind

"drei ihr Wesen bestimmende Eigenschaften:

1. Die Massen als politische Macht und als politische Aufgabe;

2. Die Sonderstellung einer solchen Stadt nach Volkszahl, Wirtschaftskraft und geistiger Produktion und

3. ihr Gegensatz zu der Provinz oder den Provinzen.

Echte Hauptstädte sind die größten Städte ihres Landes" und waren, wie z.B. Prag, Wien, London oder Paris, "zu allen Zeiten auch der geistige Mittelpunkt der Kultur des jeweiligen Staates".[181]

Praktische Fragen zur Orientierung in einer Großstadt

In einer Haupt- oder Großstadt ist zumeist die Gegenwart stärker präsent als in kleineren Orten, die von Reisegruppen besucht werden. Hier interessieren den Reisegast auch praktische Fragen, die ihm die Orientierung erleichtern, z.B. nach den **Verkehrsverbindungen**: Wie benutzt man Bus, Trambahn, Untergrundbahn oder sonstige Verkehrsmittel? Kann eine Stadt ohne Metro den Charakter einer Hauptstadt haben? Wie hoch sind die Preise für die Benutzung der öffentlichen Verkehrsmittel? Wieviel Prozent der Bevölkerung benutzen regelmäßig ein öffentliches Verkehrsmittel?

Eine andere Frage, die Touristen interessiert, ist die nach dem **Geschäftsleben und den Einkaufsmöglichkeiten**. Wo gibt es günstige Läden? Welches sind typische Produkte? Wo kauft "man" ein? Gibt es Flohmärkte, Antiquitätenmärkte usw.?

Interessant für eine deutsche Reisegruppe ist auch die Frage nach der **Repräsentation von deutschen Instituten** in der jeweiligen Stadt. In Rom gibt es z.B. das Deutsche Archäologische Institut (seit 1892), die "Hertziana" (Kunsthistorisches Institut seit 1912), die Villa Massimo, in der seit 1928 deutsche Künstler Stipendien in Rom erhalten können. Ferner gibt es die Botschaft der Bundesrepublik Deutschland beim Heiligen Stuhl, zwei deutsche Schulen, einen deutschen Kindergarten sowie ein Goethe-Institut. - Das Thema kann ausgeweitet werden, z.B. durch folgende Fragen: Wie werden deutsche Touristen und die in Rom lebenden Deutschen angesehen? Wie ist das Rombild der Deutschen in Geschichte und Literatur gewesen? Gibt es eine Partnerstadt der besuchten Stadt in Deutschland? Lernen die Bewohner der besuchten Stadt Deutsch?

Themen und Probleme der Gegenwart: "Stattreisen" contra museale Stadtbesichtigungen

Versuche, die "antiquarische" und "monumentalische" Geschichtsbetrachtung (nach Nietzsche) durch kritische und weniger museale Besichtigungen zu ersetzen, gibt es in den letzten Jahren vielfach in der neuen Geschichtsbewegung. Stichworte dazu sind "**Alltagsgeschichte**" und "**Spurensicherung**". Ganz anders als bei den traditionellen Reiseveranstaltern ist die Art der Sehenswürdigkeiten bei Anbietern aus der politischen Szene (z.B. "antifaschistische Stadtrundfahrten" in München durch den Deutschen Gewerkschaftsbund) und/oder aus dem alternativen Bereich.

Die "Stattwerkstadt Wien" z.B. verspricht, "die Wirklichkeit" zu liefern und bietet Busrundfahrten zu Themen an wie:

- Wir vergessen nie (auf den Spuren von Faschismus und Widerstand in Wien).
- Energie und Ökologie im Wiener Raum

Ein positives Beispiel für den Versuch, die touristische Musealisierung von Städten und ihre Reduzierung auf Highlights nach dem Baedecker Sternchen-Prinzip aufzuheben, ist z.B. die Gruppe "**Stattreisen Berlin**". Auch hier ist, wie bei der Mehrzahl der Studienreisen, der konzeptionelle Leitgedanke der historische Aspekt. Es werden jedoch nicht vorrangig die Vermittlung geschichtlicher Themen der Vergangenheit, die kunstgeschichtliche Betrachtung und Einordnung angestrebt - im Vordergrund stehen anhand eines Stadtteils - dabei wird meist zu Fuß gegangen - vielmehr Sozial-, Gegenwarts- und Alltagsgeschichte.

Themen am Beispiel der mittelalterlichen Stadt

Auch bei Besichtigungen und Rundreisen, die nicht unter aktuellen Themen und Gegenwartsaspekten wie die "Stattreisen" stehen, sollten die im Programm ausgeschriebenen Monumente nicht nur vom kunsthistorischen Standpunkt her besichtigt werden, sondern es sollte auch danach gefragt werden, wie das Leben der Menschen in der Vergangenheit organisiert war.

Nachfolgende Liste[182] gibt Vorschläge dazu, welche geschichtlichen Schwerpunkte einer Stadt - hier am Beispiel des Mittelalters - der RL in seiner Einführung oder vor Ort exemplarisch behandeln könnte. Diese Einleitung kann notwendig sein wenn eine längere Fahrtstrecke zu gestalten ist und durch die Erklärungen des RLs die Anfahrt zum Treffpunkt mit dem Local Guide überbrückt werden soll.

- Gab es Wurzeln in der Antike (Kontinuitätsfrage)?
- Ausbildung der Städtelandschaft einer Region
- Welche Elemente waren stadtbildend (z.B. Burg oder Pfalz als Herrensitz, Bischofssitz, Kloster oder Stift, Markt, Brücke, Wik = Umschlagplatz und Siedlung einer weitgehend kaufmännischen Bevölkerung)?
- Wodurch wuchs die Stadt an (z.B. Landflucht und ihre Gründe, Bevölkerungszunahme und damit verbundene berufliche Spezialisierung, Förderung durch Stadtherrn, Städtegründungspolitik im Landesausbau)?
- Wie sah die Stadt im Mittelalter aus?
- Immunitätsbezirke (z.B. "Domstadt")
- Straßennetz innerhalb des Mauerrings, Entwicklung von Parzellen und Vierteln, Anordnung und Gestaltung der Häuser
- Herren- und Armenviertel
- War die Stadt ummauert? Wie war die Festung und Verteidigung organisiert?
- Welche Gewerbe waren hier im Mittelalter ansässig und wie arbeitete man damals? Welche Berufe gab es?
- Herrschaftsverhältnisse (die Stadtherrschaft mit ihren Vertretern, Immunitätsprivilegien, Hoheitsrechte, Einzelrechte, Dualismus zwischen Bischof und Graf); Ausübung der Herrschaft durch Amtsträger und Ministerialen (z.B. Schultheiß und Vogt)
- Sonderrechte für Teile der Stadtbevölkerung, Freiheiten ("Stadtluft macht frei binnen Jahr und Tag."); Stadtrechte
- Städtisches Verfassungsleben, genossenschaftliche Vereinigungen, Schwurvereinigungen und ihre Versuche, sich am Stadtregiment zu beteiligen; Entwicklung der Bürgerschaft zu einer eigenen Autonomie gegenüber dem Stadtherrn; Organe der städtischen Selbst- und Mitverwaltung (z.B. Schöffenkolleg)
- mittelalterliche Gerichtsbarkeit (Folterkammern, Hexenverfolgungen)
- Spitäler und Krankheiten (z.B. Lepra) und der Umgang der Gesunden mit der Krankheit

- Stapelrechte und Handelsförderung, Kaufhäuser
- städtische Oberschicht (Kaufleute, Ministerialen, Fernhändler, Patriziat)
- städtische Mittelschichten (Handwerker und Gewerbetreibende und ihre Organisation in den Zünften)
- Zünfte: Kartellfunktion, Zunftzwang, Beschränkung der Mitgliederzahl, das Leben in der Zunft
- städtische Unterschichten (teilweise Gesellen und Lehrlinge, Gehilfen, Tagelöhner, Hauspersonal, Gesinde, unehelich Geborene, "unehrliche" Berufe wie Henker, Müller, Weber)
- Randgruppen (Bettler, Fremde) und Minderheiten (Juden)
- Prestige, Ehren- und Sittenkodex der einzelnen Schichten (z.B. Kleiderordnungen, Zunftordnungen, Lebensführung, Weltbild)
- Glaube und Manifestationen der Frömmigkeit (z.B. Zunftheilige und -kapellen)
- soziale Versorgung und Absicherung?
- Umweltbelastung in einer mittelalterlichen Stadt (Lärm, Wasserversorgung, Abfallbeseitigung, städtische Maßnahmen zur Reinhaltung der Gewässer und zur Entsorgung)

5.1.1. Die Stadtrundfahrt

Funktion der Stadtrundfahrt

In einer kleineren Stadt, die nur für einen Tag oder kürzer besucht wird, ist es Zweck der Stadtrundfahrt, möglichst allumfassende Informationen zu geben. Wenn die Gruppe von auswärts kommt, ist im allgemeinen auf der Hinfahrt ein Einführungsreferat zur Geschichte der Stadt vorauszustellen.

Anders sind die Forderungen an eine Stadtrundfahrt, die während einer Städtereise (z.B. eine Woche London) stattfindet: In diesem Fall sollte sie den detaillierten Besichtigungen vorausgehen, erste Orientierungsmöglichkeiten bieten und die Monumente erfassen, die nicht mehr bei den Einzelbesichtigungen berücksichtigt werden. Die Besichtigung ist in diesem Fall nicht zu ausführlich. Bei der **informativen Stadtrundfahrt** möchte der Kunde möglichst viele Monumente vorgestellt bekommen, um auch Anregungen für einen evtl. freien Tag und Besichtigungen nach seinen speziellen Interessen zu erhalten. Die Auswahl der Objekte wird sich danach richten, ob man einen Bus für die ganze Dauer der Reise zur Verfügung hat oder ob mit der Stadtrundfahrt alle Objekte, die mit öffentlichen Verkehrsmitteln ungünstig zu erreichen sind, abgedeckt werden müssen.

Planung und Auswahl der Sehenswürdigkeiten

Wenn der RL eine Stadt noch nicht oder noch nicht gut kennt, ist eine genaue Planung zu Hause unerläßlich. Erste Voraussetzung ist ein genauer **Stadtplan**, evtl. mit gekennzeichneten **Einbahnstraßen**, Buslinien und Sehenswürdigkeiten. Der RL kann die Stadtrundfahrt nach verschiedenen Gesichtspunkten gliedern, sei es nach Epochen, Kunstthemen oder geographischen Gegebenheiten. Da bei den meisten Rundreisen die Zeit knapp ist, empfiehlt sich eine **Kombination von Gesichtspunkten der örtlichen Nähe und möglichen historischen Anknüpfungsmöglichkeiten**.

Die Auswahl der Sehenswürdigkeiten wird zumeist vom Reiseprospekt her vorstrukturiert. Ist dies nicht der Fall, sollte der **Bekanntheitsgrad der Objekte** (Zahl der "Sternchen") mit in Rechnung gestellt werden, denn eine Reise hat immer auch einen gewissen Prestigecharakter: Eine Romreise würde von ihrem Gesamtwert her gemindert, wenn das Kolosseum oder die Peterskirche nicht gesehen würden.

In diesem Zusammenhang muß auf den **Stellenwert der Stadtrundfahrt im Gesamtprogramm** Rücksicht genommen werden: Ist die Gruppe noch mehrere Tage in Rom, so kann die Peterskirche bei der Stadtrundfahrt zugunsten anderer Objekte entfallen und an einem anderen Tag ausführlich erklärt werden. Ist die Stadtrundfahrt am ersten oder zweiten Tag der Reise, so sind die Teilnehmer wissensdurstig und wollen möglichst viel sehen; liegt sie stattdessen am Ende einer zweiwöchigen Reise, so sind wenige Besichtigungsschwerpunkte und eine größere Betonung des Erlebnismäßigen empfehlenswert.

Auch für die Fahrt selber sind tageszeitbedingte Möglichkeiten der Aufnahmefähigkeit und -bereitschaft sowie körperliche Belastbarkeit einzukalkulieren und entsprechende **Ruhepausen** in Form von Kaffee- und Mittagspausen zu planen.

Die **Lage des Hotels**, von dem die Gruppe morgens abfährt bzw. die Straße, durch die der Bus in die Stadt fahren wird, sollte eruiert werden, ebenso evtl. **Öffnungs- und Gottesdienstzeiten**. Wird kein offizieller Stadtführer genommen, so ist mit verstärkten Schwierigkeiten von seiten der autorisierten Führer (vgl. Kap. 2.6 "Die rechtliche Stellung des RLs") zu rechnen, und es muß die Arbeitszeit derselben mitberücksichtigt werden (im allg. 9-12 bzw. 13; 15-17 Uhr), um entweder besonders besuchte Punkte außerhalb dieser Zeit zu besichtigen oder Erklärungen dort mit einer gewissen Vorsicht abzugeben.

Ausarbeitung der Streckenführung

Stehen die Besichtigungspunkte fest, zeichnet der RL die **Route** in den Stadtplan ein, kennzeichnet (z.B. mit einem Punkt) die Ein- und Aussteigeorte, strichelt die Strecken, die zu Fuß zurückgelegt werden sollen und fertigt von diesem Plan eine **Kopie**, falls er einen ortsunkundigen Fahrer hat.

Parallel dazu stellt er allgemeinverständliche Beschreibungen der Monumente, an denen man vorbeifährt oder die er von innen besichtigt, mit Nennung ihres Stils und ihrer Funktion zusammen. Dabei ist zu überlegen, an welcher historisch dazu prädestinierten Stelle, selbst wenn heute davon nichts mehr zu sehen ist, von der **Stadtgründung**, von wichtigen historischen, politischen und kulturellen Ereignissen zu sprechen ist.

Auf davon getrennten Blättern notiert oder sammelt er **allgemeine Erläuterungen**, die bei längeren Strecken ohne Besonderheiten, bei einem Verkehrsstau oder sonstigen "Leerzeiten" eingefügt werden können, z.B.: Anekdoten über die Stadt und ihre Persönlichkeiten; industrielle Schwerpunkte; klimatische Besonderheiten; kulinarische Spezialitäten; Folkloristisches; Einkaufsmöglichkeiten.

Die Vorbereitung der Teilnehmer

Im allgemeinen bereiten sich die Teilnehmer von Rundreisen kurzfristig, d.h. von Tag zu Tag, auf die Besichtigungen vor. Der RL kann ihnen dabei behilflich sein, indem er am Abend vorher oder bei der Fahrt zur Stadt einen **kopierten Stadtplan mit eingezeichneter Route** austeilt und anhand dessen bereits die Route der Stadtrundfahrt erläutert. Er sollte dabei den Stadtplan nicht nur "graphisch", sondern auch geschichtlich erklären, Hauptachsen zeigen, sakrales oder profanes Zentrum und ihre Beziehung zueinander, Stadtbefestigungen und Flußläufe. Der RL ermöglicht so eine erste Orientierung der Teilnehmer.

Kennt sich der RL selbst noch nicht gut aus oder fühlt er sich bezüglich der Erklärungen unsicher - womöglich angesichts einer besonders anspruchsvollen oder vielleicht sogar unangenehmen Gruppe - wird er diese Vorbereitung der Teilnehmer, eine Verringerung seines Wissensvorsprungs und die Provokation unangenehmer Fragen, vermeiden.

Letzte Vorbereitungen der Stadtrundfahrt

Kommt der RL bereits am Abend vor der Stadtrundfahrt an, so kann er sich noch nach evtl. bedeutsamen **verkehrsmäßigen Änderungen** (z.B. Metro-Baustellen, Einrichtung von Fußgängerzonen und Einbahnstraßen) erkundigen, um unliebsame Überraschungen während der Stadtrundfahrt zu vermeiden.

Wird die Stadtrundfahrt mit einem einheimischen Bus durchgeführt, empfiehlt es sich, telefonisch die **Abfahrtszeiten zu bestätigen**. Bei großen Gruppen ist, um lange Wartezeiten zu vermeiden, eine **Vorbestellung des Mittagessens** ratsam. Schließlich erstellt der RL spätestens zu diesem Zeitpunkt eine Zusammenfassung der Streckenführung und eine genaue Zeiteinteilung. -Reine Stadtrundfahrten sind immer schwieriger durchführbar, da viele historische Zentren für den Autoverkehr bereits gesperrt sind oder werden. Aus diesem Grund wird man die Rundfahrt in vielen Fällen mit einem Rundgang kombinieren müssen. Die Zeitleiste mit den Angaben der zu besichtigenden Orte könnte mit folgenden Zeichen erläutert werden:

A = Aussteigen (u. evtl. Innenbesichtigung)

F = Fußweg

TT = Treffpunkt mit den Teilnehmern

TB = Treffpunkt mit dem Bus

Schriftliche Zusammenfassung für die Teilnehmer

Es wird von den Teilnehmern als positiv empfunden, wenn sich der RL zu Hause die Mühe macht, die **wichtigsten Sehenswürdigkeiten der Stadtrundfahrt**, möglicherweise ergänzt durch **Skizzen, Grund- und Aufrisse**, zusammenzustellen und diese (gegen Auslagenerstattung, soweit nicht vom Veranstalter bezahlt) an die Gruppe auszugeben. Der Reisegast braucht so während der Fahrt nicht mitzuschreiben und kann sich anhand der kurzen Erklärungen später besser an die einzelnen Besichtigungspunkte erinnern.

Der Nachteil von Rundfahrten gegenüber Rundgängen ist der, daß die Teilnehmer in "Einwegkommunikation" durch den RL "berieselt" werden und es schwierig ist - insbesondere bei längerem Sitzen im heißen Bus und nach größeren Mahlzeiten - die Reisegäste zu aktivieren. Durch die vorgegebene Sitzstruktur im Bus, die an veraltete Schulzimmer erinnert, ist es nur ansatzweise möglich, einen kommunikativen Führungsstil (vgl. Schmeer-Sturm: Gästeführung) zu realisieren. Auch ist durch den meist hohen Geräuschpegel des Verkehrs kaum ein Gespräch, das von allen Teilnehmern nachvollzogen werden kann, durchführbar, höchstens einmal eine kleine Quiz- oder Scherzfrage der Reiseleitung, die durch Zuruf beantwortet werden kann.

Die Planung einer Stadtrundfahrt gehört zu den arbeitsaufwendigsten Vorbereitungen des RLs, weil er eine Vielzahl von Monumenten, die kurz aufeinander folgen, "synchronisieren" muß und sich durch Änderungen in der vorbereiteten Streckenführung (Baustellen, Einbahnstraßen, Hindernisse etc.) bisweilen unvorhersehbare Komplikationen, die nur durch gute Landeskenntnisse, Flexiblität und Phantasie ausgeglichen werden können, ergeben.

5.1.2.Der Stadtrundgang

Die Planung eines Stadtrundganges verläuft ähnlich wie die einer Stadtrundfahrt. Vorteile sind, daß ein Rundgang leichter unter ein spezielles Thema zu stellen ist als eine Rundfahrt (z.B. Literarischer Rundgang: Auf den Spuren der Dichter in Paris), daß der RL eher an einer interessanten Stelle verweilen kann und ggf. etwas vorträgt. Allerdings haben es die Teilnehmer nicht so bequem wie im Bus, und man darf sie nicht durch zu lange Erläuterungen und damit verbundenes Stehen ermüden. Die psychische und physische Aufnahmefähigkeit wird sonst leicht überstrapaziert. Auch ist das Gelingen eines Rundganges z.T. wetterabhängig.

Für den RL ist der Rundgang stimmlich, evtl. auch physisch anstrengender als die -fahrt, aber er hat hier mehr Möglichkeiten, die Teilnehmer zu aktivieren, sie in Form einer "**kommunikativen Führung**" mit einzubeziehen oder aber Formen der äußeren Differenzierung - also Aufteilung in Kleingruppen - vorzunehmen. Allerdings sollte die Teilnehmerzahl bei einem Rundgang 20-25 Personen nicht überschreiten.

Falls die Gruppe größer ist oder die Sehenswürdigkeiten weiter auseinander liegen, könnte auch eine Mischform gewählt werden: längere Erklärungen und Überbrückung weiterer Strecken im Bus, Spaziergänge evtl. in Kleingruppen und Kirchenbesichtigungen in der Großgruppe. Das bequeme Verkehrsmittel Bus sollte auch zur Vor- und Nachbereitung des Stadtrundganges genutzt werden, so daß der Rundgang selbst von relativ abstrakten historischen Erklärungsteilen entlastet werden kann.

5.1.3. Profane Gebäude und Anlagen

Einen hohen Stellenwert bei einer Besichtigung haben profane Gebäude und Anlagen. Während in der traditionellen Rundreise im allgemeinen, was Profanbauten betrifft, nur Paläste, Villen und alte Rathäuser betrachtet werden, ist im Sinne eines größeren Gegenwartsbezugs für eine Erweiterung des üblichen Spektrums zu plädieren: Einzubeziehen wären somit auch die meist vernachlässigte Architektur ab dem Klassizismus sowie moderne Urbanistik, Gesichtspunkte neuerer Architektur, öffentliche Nutz-, Sozial- und Repräsentationsbauten sowie die Wohnmöglichkeiten der verschiedenen sozialen Schichten. Je nach Alter und Zweck der Gebäude können sie nach verschiedenen ästhetischen, kunsthistorischen und historischen Interpretationsmustern betrachtet werden, sollten aber mit gegenwartsbezogenen und soziologisch-politischen Bezügen kombiniert werden.

Rathäuser und Stadtpaläste: Will der RL mit seiner Gruppe einen Stadtpalast besichtigen, so empfiehlt es sich, zuerst einen günstigen Standort zu suchen (Photographierstellung), von dem aus das Gebäude möglichst vollständig zu sehen ist. An dieser Stelle beginnt der RL mit einem kurz gefaßten Überblick über die Baugeschichte (Daten soweit wie möglich vermeiden), bespricht die gegenwärtige Funktion des Palastes und geht dann in die Beschreibungsphase über. Diese Reihenfolge kann auch abgewechselt werden. Nach der Beschreibung sollten kurz entweder vom RL oder, wenn die Reise fortgeschritten ist, von den Teilnehmern die wichtigsten Stilphänomene genannt werden und damit die Bauepoche benannt und gegen die jeweils vorangegangene und nachfolgende Epoche abgegrenzt werden. Kluckert schlägt dazu folgende Methode vor: Er fragt bei einer Renaissance-Fassade: "Was müßte man verändern, um aus dieser Fassade eine Barockfassade zu gestalten?"[183]

Des weiteren ist zu fragen, inwieweit der Palast typisch für die sozialkulturelle Entwicklungsstufe seiner Zeit ist, inwieweit aus ihm der soziale Stand seiner Bewohner spricht. Angesichts eines mittelalterlichen Kommunalpalastes in Italien liegt es nahe, über die Geschichte der freien Kommune in Italien zu berichten. Vor einem heute als Rathaus genutzten Bau könnte der RL über die Regierung der Stadt, die in ihr dominierenden Parteien sprechen.

Bürgerbauten: Bevor der RL auf die Bürgerbauten eingeht, sollte er klären, wer zu bestimmten Zeiten als Bürger galt, welche Voraussetzungen dafür erfüllt werden mußten (z.B. mußten sie als Freie und ehelich geboren sein, mußten wehrfähig sein und gewisse Waffen besitzen, erwerbsfähig sein und ein bestimmtes Vermögen nachweisen).

Wer sich im Mittelalter - bis hinein ins 19. Jahrhundert - politisch betätigen wollte, mußte in vielen Städten Mitglied einer Zunft sein.

Obwohl die Geburtenziffern im Mittelalter bis zum Anfang des 18. Jahrhunderts sehr hoch waren, betrug die Kopfzahl der einzelnen Bürgerfamilien nur 4-5 Personen, da die in jeder Stadt fast in jedem Jahrzehnt wiederkehrende Pest und andere Krankheiten sehr große Opfer forderten.

Die bauliche und künstlerische Leistungsfähigkeit des Bürgertums hängt in vielen Fällen mit der Größenordnung der Städte und ihrer Bedeutung in Handel und Politik zusammen. Mit dem Anwachsen der Städte tritt der Bürger auch im künstlerischen Leben neben die bisher führenden Stände. Häufig werden Pfarrkirchen durch die Tatkraft des Bürgertums finanziert (z.B. der Dom von Florenz), dienen in Ermangelung anderer Räumlichkeiten als Versammlungsraum der Bürger, werden langsam zum Sammelbecken von Stiftungen aller Art. In diesem Zusammenhang ist auch das wachsende **Selbstbewußtsein der Handwerker und Künstler** zu erwähnen, die nicht mehr lediglich Ausführende sind, sondern selbst zu Bauherren und Auftraggebern auf allen Gebieten der Kunst werden. Dieses wachsende Selbstbewußtsein drückt sich in der Darstellung des einzelnen im Bildnis, im Stifterbild, im Grabstein usw. aus.

Durch den Absolutismus im ausgehenden 17. und 18. Jahrhundert wird die eigenständige Entwicklung bürgerlicher Kultur geschwächt, denn mehr und mehr tritt der Landesherr und Staat als Auftraggeber hervor. Führend sind nun nicht mehr die Bürger-, sondern die Fürstenstädte.

Ein erneuter Aufschwung des Bürgertums erfolgt Anfang des 19. Jahrhunderts einerseits im Zusammenhang mit den Zielen der französischen Revolution (égalité, liberté, fraternité), mit der beginnenden Industrialisierung und der Veränderung der Verkehrsverhältnisse, andererseits durch die Liberalisierung der Verwaltung und Rechtsgestaltung, durch die das Bürgerrecht aufgehoben und damit das Bürgertum als Stand beseitigt wird.

> "Wesentlich für die Entwicklung des Hauses war (bis zu diesem Zeitpunkt) ein ausgesprochen begrenzter Anteil der reinen Neubauten an ihr. Vom Ende des 14. bis Ende des 18. Jahrhunderts blieb die Stadt durchweg auf den inneren Bereich der eng gezogenen Befestigung beschränkt. Daher hielt man mit Grundstücken und ihrer Bebauung haus. So kam es ebensoviel zu Um- und Anbauten, zu Aufstockung und Unterkellerung wie zu vollständigen Neubauten. Hierin lag ein verzögerndes Moment, das erst mit der **Entfestigung der Städte** entfiel."[184]

Diese erfolgte in den meisten Städten am Ende des 18. bzw. Anfang des 19. Jahrhunderts.- Bei den Bürgerbauten sind drei verschiedene Kategorien zu unterscheiden:

Private Bürgerbauten: Wohnbauten, Handwerksbetriebe (Werkstätten), Handelsbetriebe, Verkehrsbetriebe (Fuhrbetrieb, Postgebäude), Unterkünfte (Jugendherbergen, Gasthäuser, Hotels), Orte der Geselligkeit (Kneipe, Wirtshaus, Restaurant, Bar).- Diese privaten Bauten für Wohnung, Handwerk und Gewerbe stehen zahlenmäßig an erster Stelle.

Öffentliche Bauten: Verwaltungsbauten (Rathäuser, Kanzleien, Archive), Rechtspflege (Gerichte, Gefängnisse), Kriegswesen (Stadtbefestigungen, Zeughäuser), Geldwesen (Münze, Banken), Ernährungsversorgung (Speicher, Mühlen, Backhäuser, Schlachthöfe), Wasserversorgung (Aquädukte, Brunnen), Bauwesen (Bauhof, Ziegelei, Steinbruch), Bauten zur Gesundheitspflege und -fürsorge (Bäder, Krankenhäuser, Altersheime, Waisenhäuser), Kulturbauten (Schulen, Universitäten, Bibliotheken, Theater, Museen), Bauten des Handels (Marktplätze, Waagen, Kaufhäuser, Zollhäuser, Börsen), Verkehrsbauten (Straßen, Tore, Brücken, Bahnhöfe), Bauten der Feuerwehr. - Die öffentlichen Bauten nehmen je nach Verwendungszweck sehr verschiedene Formen an. Durch Größe und künstlerischen Wert stehen sie häufig im Vordergrund. Ihre Errichtung beginnt oft erst mit der Emanzipierung vom Stadtherrn, wobei zu den ältesten Bauten dieser Gruppe die Rathäuser zählen.

Gemeinschaftsbauten: berufsbezogene Bauten (Zunfthäuser), Bauten, die der Geselligkeit dienen (Hochzeitshäuser, Ballhäuser).- Diese Gemeinschaftsbauten sind relativ selten und haben kaum Typen gebildet.

Die Entwicklung der Bürgerbauten ist nicht nur vom Bürgertum selbst abhängig; hier ist vom RL auch die wechselseitige Beeinflussung mit sakralen und landesherrlichen Bauaufgaben herauszuarbeiten.

Im folgenden sollen exemplarisch einige Typen öffentlicher Bauten angesprochen werden.

Krankenhäuser und Altenheime: Bei der Betrachtung von Krankenhäusern aus alter und neuerer Zeit ist über die soziale Versorgung früher und heute, über die Art der Krankenversicherung, den Umgang mit geistiger und körperlicher Behinderung u. ä. zu sprechen, beim Besuch von Altenheimen über Rentengesetzgebung und die übliche Altersversorgung im besuchten Land.- Der Einblick in Krankenhäuser und Altenheime ist gelegentlich mit dem Besuch einer Kirche verbunden, da diese Institutionen nicht selten in säkularisierten Klosteranlagen untergebracht sind.

Schulen und Universitäten: Anhand von Fresken und Reliefs von der Antike bis in die Neuzeit, die Darstellungen von Unterricht zeigen, kann der RL das Schulsystem der jeweiligen Zeit sowie die Stellung des Kindes in der Gesellschaft erläuter. Welchen Gesellschaftsschichten war Bildung zugänglich? Wo lagen Schwerpunkte der Ausbildung (speziell - universell, körperbetont - intellektuell, kampf- und leistungsorientiert - ethisch-religiös ausgerichtet)? Professorengräber, z.B. in Bologna, dienen als Anschauung für Erklärungen zur Entstehung des Universitätswesens in Italien. - Kinder in Schulkleidung auf der Straße, moderne Schulen, Universitäten - häufig mit politischen Parolen "verziert" - dienen als "Aufhänger" für Erklärungen zur Kinder- und Familienfreundlichkeit im besuchten Land (z.B. Kindergeld und sonstige Unterstützungen), zur Art des Schulsystems, zur Politisierung der Schule, zum Universitätswesen und zu im Vergleich mit Deutschland unterschiedlichen Studienrichtungen und -abschlüssen.

Stadien: Auch Stadienbauten können in eine Stadtbesichtigung mit einbezogen werden, so z.B. in Rom das Stadio Olimpico, das 100 000 Zuschauern Platz bietet und für die Olympischen Spiele 1960 erbaut wurde. In der Nähe gleich das Foro Italico mit den Sportanlagen der einstigen Accademia fascista della Farnesina - das ehemalige Foro Mussolini -, anhand dessen der RL die faschistische Ideologie der Verherrlichung von Jugend und Kraft erläutern könnte, das andersgeartete Geschichtsverständnis der Italiener anhand der noch erhaltenen faschistischen Inschriften (wo gibt es in Deutschland noch Inschriften oder Monumente aus dieser Zeit?) und natürlich die Stellung des Sports und traditionelle von Italienern bevorzugte Sportarten.

Theater: Während antike Amphitheater, Zirkusanlagen, Stadien und Palästren dazu geeignet sind, über die Stellung des Sports und der Gladiatorenveranstaltungen zur Zeit der Etrusker und des antiken Rom zu sprechen, ist im Theater die Stellung des Schauspiels und seine Entwicklung zu erwähnen. Anhand von Originalen oder Abbildungen können Kostüme und Masken der jeweiligen Zeit erklärt werden.

Der RL kann der Gruppe auf den obersten Plätzen des Theaters Sitzmöglichkeiten anbieten, so daß der Reisende während des Vortrages den Gesamtüberblick behält; am Ende des Vortrags könnte er oder ein (vorbereiteter) Reiseteilnehmer einen kurzen Abschnitt aus einer Tragödie, ein Gedicht oder ähnliches deklamieren. Es soll besonders begabte RL/innen geben, die bei dieser Gelegenheit etwas vorsingen oder -tanzen.

Auch stilistische Hinweise zur Architektur sind zu geben: Bei antiken Theatern sollten die Unterschiede zwischen griechischen und römischen Theatern und deren Auffassung vom Schauspiel herausgestellt werden (das römische Schauspiel war zeitweise blutrünstig: Bei Szenen, in denen ein Schauspieler getötet wurde, ersetzte man diesen gerne durch einen zum Tode verurteilten Verbrecher, der dann auf der Bühne tatsächlich getötet wurde) bzw. die Auffassung von "Theater" in der jeweiligen Zeit erhellt werden. -Der RL sollte bei seinen Erklärungen, wenn möglich, auch einen Bezug zur Moderne herstellen, neue Tendenzen in der Theaterkunst (z.B. politisches Theater, Straßentheater) erwähnen.- Zu einem besonderen Erlebnis kann ein vom RL organisierter Besuch eines Konzerts, Theaterstücks oder einer Oper werden, z.B. in einem als Freilichtbühne genutzten antiken Theater (z.B. Epidaurus).

Häfen: In einer Hafenstadt, wie Genua oder Neapel, sollte vom RL wenn möglich ein erhöhter Standpunkt auf den Hügeln gewählt werden, um einen Überblick über die Hafenanlagen zu gewähren. Bei dieser Gelegenheit können wirtschaftliche Faktoren, Export und Import, mit dem Hafen verbundene Industrien vom RL angesprochen werden. Auch die Architektur der Stadt richtet sich in vielen Fällen am Hafen aus (vgl. Kap. "Seestädte"). Der Hafen zeitigt häufig gewisse Nebenwirkungen wie Prostitution, Schmuggel und Schwarzhandel. - Anhand eines antiken Hafens könnte der RL über die römische Flotte und antike Schiffstypen, Leuchttürme usw. sprechen.

Festungen und Burgen: Bei der Besichtigung von Festungen ist es im allgemeinen schwierig, einen nahegelegenen guten **Standort** zur Erklärung zu finden, da jene meist an erhöhten Stellen errichtet wurden. Deshalb ist bereits bei der Anfahrt darauf zu achten, eine Pause an einem Punkt der Anfahrtsstrecke einzulegen, von dem aus die Anlage möglichst komplett zu sehen ist. Nach Erklärungen über die Baugeschichte und Funktion, der Beschreibungs- und Einordnungsphase, gibt eine Festungsanlage dem RL zahlreiche Möglichkeiten, über das **Heereswesen** der entsprechenden Zeit zu sprechen: Über Belagerungstechniken, Verteidigungs- und Angriffswaffen, Kriegsmaschinen, Rüstungen und die Art der Uniformen. Aus welchen Bevölkerungskreisen wurden die Soldaten rekrutiert? Wie war damals die Einstellung zu Krieg und Kampf?- Auch auf die befestigten Feldlager der Römer, mit ihrem rechteckigen Grundriß, auf dem viele Städte beruhen, kann der RL zu sprechen kommen, die auf die Etrusker zurückgehenden Riten bei der Begründung eines Castrum erläutern und anhand von fotokopierten Zeichnungen oder Photographien die **Rüstung und Ausstattung der Soldaten** erklären.

Die Burg ist eine mittelalterliche Architekturform, in der sich Wehrwille und Wohnabsicht eines Besitzers oder einer kleinen Besitzergruppe verkörpern. Im Gegensatz zu den Vorformen der Burg, der Fliehburg der Kelten und Germanen, die rein militärischen Zwecken diente und wo der Wohnzweck in Form von unbedeutenden Hütten und Häusern völlig untergeordnet war, bedeutet die mittelalterliche Burg die architektonische Erfüllung und **Verbindung von Wehr- und Wohnzweck**.

Die **Streuung der Burgen** ist bedingt durch ihre militärisch-strategische und verwaltungstechnische Bedeutung. Nachdem der RL die Burg territorial und in Beziehung zu anderen Kastellen eingeordnet hat, kann er auf die Unterschiede des Burgenbaus im Nord- und Südraum des Abendlandes hinweisen:

> Im Süden (Italien, Frankreich, Spanien) blieb man "bei der römischen Gewohnheit, die Wehrbauten nach freier Planung aufzuführen. Dem Prinzip der Flankierung entsprechend, spannen sich die südeuropäischen Burgen, wenn es die Geländeverhältnisse nur irgend erlauben, mit möglichst gleichmäßig verteilten Verteidigungsakzenten in gerade Grenzen. Leittypus ist das Kastell mit seinen flankierend vorspringenden Türmen, von denen einer oft zum Hauptturm ausgestaltet wird.
>
> Im Norden dagegen herrscht scheinbar völlige Willkür. Die Burg ist dem Gelände angepaßt, und jede einzelne macht den Eindruck, aus immer wieder anderen Bodenbedingungen heraus zufällig geworden zu sein. Der Grundriß bleibt unregelmäßig begrenzt, kurvig fließend, der Aufbau uneinheitlich, ohne klar gewollte Prägung. Diese Architektur entstand naturgewachsen aus dem Prinzip der Geländeausnutzung."[185]

Liste: Themen zur mittelalterlichen Burg

Folgende Liste[186] zeigt weitere Fragestellungen/Themen auf, die der RL im Rahmen einer Burgbesichtigung bzw. als Einleitung in einem fahrtbegleitenden Kommentar behandeln könnte:

- materielle und politische Voraussetzungen für ein Herrenleben frei von produktiver Arbeit
- Pfalzen der Wanderkönige und die Ausbildung fester Höfe
- Mäzenatentum an den Höfen und Burgen als eine Ausdrucksform höfischer Repräsentation
- Träger höfischen Lebens, höfische Dichtung und Heldenepik

- Entwicklung der Burg als Bauwerk: Formen, typische Bauelemente
- Inwiefern hatte die Erfindung und Einsetzung von Feuerwaffen Einfluß auf den Burgenbau?
- Wann stand die Kultur des Rittertums auf dem Zenit und wie drückt sich dieser kulturelle Höhepunkt aus? Wann und aus welchen Gründen beginnt ihr Verfall und wie läßt er sich am Burgenbau verfolgen? (Der Umfang verringert sich, die architektonische Kraft zersplittert, das verwendete Material ist häufig der Bruchstein, der Aufwand ist insgesamt weniger monumental als zur Blütezeit).
- Funktionen der Burg: Wehrfunktion, Friedenswahrung, Burgfriede, wirtschaftliche Funktion zur Sicherung von Zolleinnahmen an Straßen, Flüssen und Brücken, Wirtschaftszentrum, Verwaltungszentrum, politischer Mittelpunkt der weltlichen Herrschaft, Symbol adeliger Repräsentation, kultischer Mittelpunkt
- Besatzung einer Burg
- Ursprünge des Rittertums, Standesbildung, zeremonielle Anerkennung (Ritterschlag, Ritterweihe, Schwertleite)
- Krieg und Kampf (Schutzkleidung, Streitroß, Helmzier, Wappen, Bewaffnung, Kampfarten)
- Ritterlichkeit, Ehrenkodex (Tapferkeit, Ehre, Treue, Recht, Milde, rechtes Maß), höfische Gesellschaftsformen (Tischsitten, Kleidung)
- Rittertum und Kreuzzüge, religiöse Komponente, Ritterorden
- Feste und Turniere als Höhepunkte ritterlichen Lebens (Gastmähler, Musik, Spielleute)
- Jagd als Repräsentation der Herrschaft, Bedeutung der Falkenjagd

Auch sind die Burgen nicht losgelöst von den Städten zu sehen, denn als die Städte anfingen, sich eigene Söldnertruppen zu halten, drängten sie das selbständige Rittertum immer stärker zurück. Damit trat eine Wandlung ein, und die Wohnburg wurde allmählich entweder zur Festung oder zum wenig oder ganz unbefestigten Schloß.

5.1.4. Sakralbauten

Zu den Sakralbauten, die im Gegensatz zum Profanbau kultischen Zwecken dienen oder dienten, zählen Tempel, Moscheen, Kirchen und Kapellen. Viele Sakralbauten haben inzwischen ihre religiöse Funktion eingebüßt und werden vom Betrachter mehr als Museum betrachtet; dennoch sollte es der RL nicht versäumen, die religiöse Bedeutung in Architektur und Ausstattung hervorzuheben.

Methodisches Vorgehen bei der Besprechung des Außenbaus

Wie bei der Besprechung von Profanbauten, z.B. Burgen und Kommunalpalästen, ist auch beim Sakralbau zuerst nach einem günstigen ersten **Standpunkt**, von dem aus das Gebäude möglichst vollständig zu sehen ist, zu suchen. In der Beschreibung des Baues ist auch seine Bedeutung in der Landschaft (z.B. auf der Kuppe eines Hügels) oder im Stadtgefüge (als Abschluß einer großen Straße) mit zu berücksichtigen.

Im allgemeinen wird der RL die Kirche von der **Westseite**, d.h. vom Haupteingang aus, besichtigen, wobei er auf die Symbolik der Himmelsrichtungen eingehen kann. Häufig wird sich ein Rundgang um die Kirche wegen späterer Anbauten oder aus Zeitgründen erübrigen und sollte nur dann unternommen werden, wenn z.B. die Apsis oder Seitenportale und die Dekoration der Längsfronten besonders interessant sind. - Kluckert schlägt vor, den thematischen Erklärungsablauf während des Rundganges folgendermaßen aufzugliedern, der in seiner Ausführlichkeit auf besonders wichtige Bauten reduziert werden sollte:

> "Westseite: Baugeschichte und politische Geschichte sowie kunsthistorische Einordnung; Südseite: eingehende kunsthistorische Erklärungen zur Architektur-Ästhetik; Ostseite: Ikonologie des Kirchenbaus (Sakralarchitektur als Bedeutungsträger!); Nordseite: Erläuterungen der architektonischen Bauprinzipien."[187]

Der kunsthistorisch nicht vorgebildete RL sollte zur Vorbereitung anhand von Bildmaterial **Beschreibungsübungen** machen und dabei versuchen, die Hauptlinien eines Baus in der horizontalen und vertikalen Gliederung zu beschreiben. Ein Manko bei vielen örtlichen Gästeführern ist, daß sie zwar historisch sehr gut bewandert sind, jedoch der Beschreibung von Kunstwerken bei den Ausbildungsinhalten zu wenig Aufmerksamkeit geschenkt wird. Nach dem Motto "Nur was man weiß, sieht man" sollte der RL kontinuierlich daran arbeiten, sich das architekturspezifische Vokabular anzueignen (z.B. anhand des dtv-Atlas zur Baukunst[188] oder des Begriffslexikons der Bildenden Künste[189]).

Geschichtliche Einführung

Anfänger machen häufig den Fehler, daß sie mit wissenschaftlicher Genauigkeit die Baugeschichte in allen Abschnitten referieren, wobei sie nicht mit Daten und Namen sparen. Solche Ausführungen eignen sich für Spezialgruppen und kunstgeschichtliche Seminare. Sie sollten aber auch in diesem Falle mittels eines **Informationsblattes** den Teilnehmern bereits vor der Besichtigung ausgehändigt werden, so daß jene sich schon damit beschäftigen können oder nach der Besichtigung die entsprechenden Daten und Fakten nachlesen können. Die Anreise im Bus eingnet sich für eine ausführliche historische Einleitung. Während der Kunstführung dagegen sollten der Schwerpunkt auf dem **Sehen** und Beobachten liegen und die **Ausführungen über die Baugeschichte möglichst knapp** gehalten werden, dabei die Person des Auftraggebers, der Zeitpunkt des Baubeginns und die angestrebte Funktion des Baues erläutert werden:

Bezüglich des **Auftraggebers** ist es von Interesse zu erfahren, ob ein Gotteshaus als Machtdemonstration der Bürgerschaft eines Stadtstaates, aufgrund eines Gelübdes oder eines anderen religiösen Anlasses, von einer Zunft oder als Ordenskirche erbaut wurde. Auch die Stellung eines Gotteshauses als Papst- oder Pilgerkirche ist besonders zu berücksichtigen sowie die Ausrichtung der Kirchenarchitektur nach der erwarteten Zuhörerschaft.

Organisatorisches

Noch bevor der RL mit seiner Gruppe den Innenraum einer Kirche betritt, sollte er klären, ob dort nicht gerade Gottesdienst abgehalten wird - in diesem Fall darf er nicht durch eine Führung stören und muß mit den Gästen vom Eingang her den Raumeindruck erfassen, ohne nach vorne durchzugehen. Manche Gotteshäuser sind durch ein Schutzgitter nur teilweise einsehbar, über Mittag geschlossen, haben bestimmte Öffnungszeiten oder sind gewöhnlich nur zu Gottesdiensten zugänglich. Hier sind im Vorfeld Erkundigungen über die **Öffnungszeiten** einzuholen und ggf. Schlüsselträger (Mesner, Kustode) ausfindig zu machen bzw. eine Öffnung außerhalb der Zeiten mit dem Pfarramt zu vereinbaren. Solche oft langwierig recherchierten Informationen sollten in einem RLbericht auch anderen Kollegen zugänglich gemacht werden. Das Trinkgeld für den **Kustoden** wird, je nach Leistungsbeschreibung des Reisekatalogs, entweder vom RL für alle oder aber von jedem Teilnehmer einzeln gezahlt.

Weiterhin ist zu beachten, daß es in manchen Gotteshäusern **Beleuchtungsautomaten** gibt, in die Münzen eingeworfen werden müssen. Die Beleuchtung hält oft nur wenige Minuten an - es ist deshalb ratsam, daß der RL stets eine größere Anzahl der betreffenden Münzen mit sich trägt, um diese Automaten benutzen zu können, und sich kundig macht, wo sich die entsprechenden Automaten oder Lichtschalter befinden bzw. wo man einen Kustoden oder Mesner findet, der den Raum beleuchtet.

Zur Erhöhung des Erlebniswertes eines Kirchenbesuches kann man ein **Orgelkonzert** oder einen Gottesdienst in das Programm miteinplanen (z.B. Ostermesse in San Marco, Venedig; Gottesdienst mit Gregorianischer Liturgie in Santa Cecilia, Rom). Im Normalfall ist die Besichtigung von Kirchen jedoch auf Zeiten außerhalb von Gottesdiensten und Andachten zu legen.

Der RL sollte vor Beginn der Führung bekanntgeben, daß ggf. anschließend Gelegenheit besteht, **Informationsmaterial** (Postkarten, Dias, Andenken) zu kaufen: Unterläßt er diesen Hinweis, wird ein Teil der Gruppe durch Ausschau nach solchen Dingen vom Vortrag abgelenkt sein.

Innenbesichtigung

Der Rundgang im Inneren beginnt normalerweise an der **Innenseite der Westfassade**, von wo aus man einen guten **Gesamtüberblick** über das Kircheninnere und ein Gefühl für die **Größenausdehnung** des Gebäudes bekommt. Ist die Gruppe diese Vorgehensweise gewöhnt, so kann der RL die ersten Minuten schweigen, und jeder Teilnehmer versucht für sich, den Raum auf sich wirken zu lassen. Normalerweise jedoch drängen die Teilnehmer auf einen Rundgang bzw. auf Erklärungen und sind eher bereit, nach Abschluß der Führung in Stille zu verharren.

Einen breiten Raum in den Erläuterungen des RLs nimmt die **Beschreibungsphase** ein, wobei die beschriebenen Bauglieder zu bestimmten Stilen und, ausgehend davon, zu dem geistesgeschichtlichen Rahmen in Beziehung gesetzt werden. Es dominiert das **Prinzip der Anschaulichkeit**, denn ausführliche weitergehende Erläuterungen zur Geschichte, philosophische Überlegungen u.ä. können auch vor oder nach der Besichtigung, wenn alle Teilnehmer bequem sitzen, im Bus vorgetragen werden. Überhaupt sollte der RL bei einer eingehenden Kirchenbesichtigung jene möglichst so aufbauen, daß die Teilnehmer in den Kirchenbänken Platz nehmen können, wenn eine längere Erklärung gegeben wird.

Ein guter Ansatzpunkt zur Beschreibung ist die Frage: "Inwiefern kann man **vom Außenbau auf den Innenbau schließen** - kann man die Konzeption des Außenbaues im Innenbau wiederentdecken?"[190] Durch diese Frage wird der Teilnehmer aktiviert, vor seinem inneren Auge noch einmal das Bild des Außenbaues erstehen zu lassen und ihn auf das Innere zu übertragen, wobei sehr bald die Bedeutsamkeit gewisser Motive, wie z.B. von Zwerchgalerien, erkannt wird.

Verbunden mit der Beschreibung der einzelnen Bauelemente, ihrer evtl. Ableitung aus der Antike (z.B. Triumphbogen-Motiv) oder anderen Stilphasen kann der RL auch **Konstruktion, Statik und Baumaterialien** erklären. Statische Probleme sind ebenfalls soweit wie möglich zu visualisieren, indem der RL z.B. auf besonders starke Wände, Wand- und Strebepfeiler und sonstige Hilfskonstruktionen hinweist.

In der nächsten Phase geht der RL auf spätere Veränderungen und **Umbauten** des Raumes ein, wobei er evtl. die Zerstörung des Barockkleides in vielen Kirchen zum Zweck der Sichtbarmachung des darunterliegenden mittelalterlichen Baues problematisieren und mit der Gruppe diskutieren könnte.

Der Rundgang in der Kirche zu den **wichtigsten Ausstattungsstücken** erfolgt soweit wie möglich zielgerichtet. Man beginnt mit dem südlichen Seitenschiff, gelangt nach Osten und kehrt über das nördliche Seitenschiff zurück. Kennt der RL die Kirche noch nicht, so geht er am besten in der gleichen Reihenfolge wie der von ihm benutzte Führer vor, um sich die Orientierung zu erleichtern. Wie bei einem Museumsbesuch ist auch bei einem Rundgang durch eine Kirche auf eine **strenge Auswahl** der Besichtigungsobjekte zu achten. Eine methodische Möglichkeit ist es aber auch, anhand von wenig bedeutsamen Altären, Bildern usw., die aufgrund ihrer geringen Qualität kaum in einem Museum zur Aufstellung gelangen würden, Schematismen und Eigenarten einer Stilphase herauszuarbeiten, was anhand zweitrangiger Werke oft einfacher als an Meisterwerken zu erläutern ist.

Der RL sollte sich gewisse **ikonographische Grundtypen** einprägen, die in der gesamten katholischen Welt immer wieder auftreten. - Falls der RL in anderen Kulturkreisen eingesetzt ist, gilt dies analog für entspr. Bildtraditionen.- Die häufigsten **Themen von Mariendarstellungen** deuten an, wie komplex dieser Bereich ist: Maria als Gottesmutter; Thronende und Königin; Mutter der Barmherzigkeit; Braut des Hohen Liedes; hymnisch Gepriesene; Schöne Madonna; Schmerzensreiche: Schmerzensmutter (Mater Dolorosa) und Vesperbild (Pietà); Nährende Maria (Maria lactans); Krönung Mariä; Tod und Himmelfahrt Mariens; Maria auf der Mondsichel - Strahlenkranzmadonna; Himmelskönigin; Schutzmantelmadonna; Maria im Rosenhag[191];

Bei all dem ist zu beachten, daß für die meisten Teilnehmer die Kunst und die ästhetische Seite der Betrachtung bedeutsam sind, daß dabei aber die Frage nach dem Leben der Menschen, die diese Kirchen geschaffen haben, die in ihren Kunstwerken dargestellt sind, die in ihnen beteten und ggf. noch immer Gottesdienst feiern, nicht zu kurz kommen darf.

Besucht der RL mit der Gruppe einen **griechischen oder römischen Tempel** (oder eine **Synagoge**, **Moschee**, einen **buddhistischen Tempel**), so müssen auch die uns wenig bekannte Religion und die Zusammenhänge zwischen Tempel und Religion erläutert werden, dies auch wieder möglichst anhand des Sichtbaren. Bei antiken Beispielen ist nach der Beschreibungsphase der Unterschied zwischen griechischen und römischen Tempeln herauszuarbeiten und, evtl. mit Hilfe von Rekonstruktionen, Photos oder Zeichnungen, das ursprüngliche Aussehen, die Bemalung und Ausstattung vor dem inneren Auge wiederherzustellen. Ebenfalls mit Hilfe von Photos ist, dies nur bei besonders wichtigen Anlagen, möglicherweise die Wirkungsgeschichte darzustellen: In welchen Bauwerken z.B. hat man versucht, das Pantheon zu kopieren? Bei besonders gut erhaltenen Tempeln ist zu fragen, ob ihr guter Erhaltungszustand auf eine (zeitweilige) Umwandlung in ein christliches Gotteshaus zurückzuführen ist.

Bei Gotteshäusern einer den meisten Reisenden weniger bekannten Religion sollte der RL, abgesehen von besonderen Ausstattungsstücken, eher typologisch vorgehen und eingehend die Funktion von einzelnen Teilen der Innen- und Außenarchitektur in bezug auf den Ritus erläutern. Solche **typologischen Grundkenntnisse** zu Gotteshäusern der von ihm bereisten Region sollte sich der RL im Laufe seiner Tätigkeit systematisch erarbeiten. Diese haben den Charakter von "Versatzstücken" und können in vielen Bauten angewandt werden, was insbesondere dann hilfreich ist, wenn der RL eine Kirche besucht, die er noch nicht kennt oder zu der er nur wenig Informationen hat.

Beispiele/Themen für die Moschee sind:

- Das Minarett
- Der Brunnen für die Waschung im Moscheenhof
- Der Predigtstuhl
- Die Gebetsnische
- Teppiche

Klöster: Ordensregeln und Baugestalt

Bei der Besichtigung von Klöstern ist zu überprüfen, inwieweit die Ordensregel und ihre Vorschriften Auswirkungen auf die Baugestaltung hatten[192], was besonders gut anhand von Zisterzienserklöstern (z.B. Zwettl in Österreich, Maulbronn in Baden-Württemberg) nachvollziehbar ist. Ausgehend von der Ordensregel fragt der RL nach der Hierarchie und dem Leben der Klosterbewohner in früheren Zeiten (und ggf. heute). Historisch und kunstgeschichtlich interessiert, inwieweit die Reformation, die Gegenreformation und die Säkularisation auf das Kloster und seine Organisation Einwirkungen hatten. Wie ist bzw. war seine wirtschaftliche, politische und religiöse Situation (Finanzierung durch den Staat, die Gemeinden, Bettelorden, eigene Finanzierung, Ordensnachwuchs; Kirche als Tröster der Armen und von Katastrophen Heimgesuchten, Seelsorge)?

Fragestellungen zum Thema "Kloster"

Folgende Liste zeigt Fragestellungen und Themen[193] auf, die der RL im Rahmen einer Klosterbesichtigung bzw. als Einleitung in einem fahrtbegleitenden Kommentar behandeln könnte:

- Anfänge des Mönchtums in Ägypten, Byzanz und im Abendland
- Impulse für das abendländische Mönchtum durch Südgallien und die Mission der Iren und Angelsachsen
- Die Bedeutung der Benediktregel und ihre Erweiterung durch Ausführungsbestimmungen
- Klosterreformen (Burgund: Cluny, Lothringen: Gorze) und Erneuerung der Benediktregel
- Entstehung neuer Orden (z.B. Kamaldulenser, Kartäuser, Zisterzienser)
- Ordensregel und Baugestalt (z.B. Kartäuser und Zisterzienser)
- Entstehung der Bettel- oder Mendikantenorden als Mönchtum des Bürgertums
- materielle Grundlagen der Klöster
- Bedeutung des Mönchtums für Seelsorge, Sozialfürsorge, Wissenschaft, Kunst und Erziehung
- Mönchtum und Mission

- Orden und Inquisition
- unterschiedliche Typen von Klostergründungen
- Eigenkloster als "Versorgungsanstalt" des Adels
- Klosterpolitik und die Gründung von Reichsklöstern
- Privilegien (z.B. Immunität, freie Abtwahl) und Verpflichtungen der Klöster (z.B. Königsgastung, Kriegsdienst)
- Kloster als Lebensraum der Mönche (Klausur, Kreuzgang, Wirtschaftstrakte usw.)
- Klostergemeinschaft (Bedingungen der Aufnahme, Rangordnung innerhalb des Konvents, Altersstruktur, Herkunft der Mönche, Verwaltung und Klosterämter, Beziehungen der Klöster untereinander und zur Außenwelt)
- Klosterleben (Gemeinschaftsleben, Askese, Tagesablauf, Handarbeit, Mahlzeiten, Zeichensprache, Körperpflege, Kleidung, Ordnung und Strafen)

Gotteshaus, Andacht und religiöse Feste

Während die kunstgeschichtliche Führung die Zeiten außerhalb der Gottesdienste wählt, ist der Besuch eines Gotteshauses zum Zwecke der Andacht ein Erlebnis völlig anderer Qualität. Häufig unterdrücken Reiseteilnehmer ein vorhandenes Bedürfnis, in einer Kirche zu beten oder niederzuknien. Der Wettbewerb im Bereich des Wissens hat so sehr von ihnen Besitz ergriffen, daß sie die ursprüngliche Bestimmung des Gotteshauses, das Gespräch mit Gott, nur noch entfernt ahnen oder absichtlich beiseite lassen, um keine kostbare Zeit zu verlieren.

Die Verfasserin ist der Ansicht, daß bei einer Bildungsreise, z.B. nach Italien, zumindest entsprechende Angebote nicht fehlen sollten: Viele italienische Kirchen sind einem **Heiligen** geweiht (San Zeno, Santa Rosalia, San Clemente, San Francesco etc.). Erzählt der RL die Heiligenlegende, so wird bei den Teilnehmern u.U. jenes Gefühl wiederbelebt, das die Legende (oder eine ähnliche Heiligengeschichte) in ihrer Kindheit ausgelöst hatte. Der Teilnehmer wagt es noch einmal, so naiv "wie ein Kind" (wie als Kind) zu glauben und zu empfinden. Er öffnet sich, wenn auch nur ganz kurz, für das "Heilige".

Wenn der RL über die entsprechende Reife verfügt, kann er in einem Gespräch auf die unterschiedliche Qualität des Kunst- und Gotteserlebens in der Kirche bzw. auf das hinweisen, was beides miteinander verbindet. - Wenn Teilnehmer Kreuze, Heiligenbildchen oder irgendwelche

geweihten Gegenstände kaufen, ergibt sich manchmal ein Gespräch darüber, wem sie es mitbringen, was es bewirken soll, was es ihnen bedeutet. Ähnliche Gespräche werden im Zusammenhang mit **Votivgaben** ausgelöst, die in Kirchen ausgestellt sind: Irgendetwas geht dem Reisenden nahe. Es erinnert ihn an ein eigenes Leiden, an das Leiden von Menschen, die ihm nahestehen oder an Heilungen. Es "bewegt" ihn.

Religiöse Feste in (Süd-)Italien sind eine Mischung aus Volksfest und religiösem Zeremoniell. Viele Bestandteile solcher Feste sind antiken, also heidnischen Ursprungs. (Der Rennritus der "fujenti" in Madonna dell' Arco bei Neapel am Ostermontag leitet sich aus den Spielen des Neapolitanischen Gymnasiums her. Auf der "Festa del diavolo e della morte" in Prizzi und bei den Karfreitagsprozessionen in Enna - beides in Sizilien - wird uralter Dämonenglauben offenbar.) Solche Feste sind oft der einzige Höhepunkt im Jahr: Das Volk, das sonst unter der Fron eines mörderischen Klimas (Hitze, Trockenheit, heiße Stürme) und in der Angst vor Katastrophen (Erdbeben, Vulkanausbrüchen) lebt, kommuniziert auf diesen Festen nicht auf einer sozialen, sondern auf einer viel tieferen, archaischen Ebene (ES) miteinander.

Eine Reisegruppe, die Gelegenheit hat, so ein Fest mitzuerleben, wird vielleicht am eigenen Leib etwas von dem kathartischen Effekt solcher religiöser Feste verspüren.

5.1.5. Der touristische Rundgang im Kunstmuseum

Neben den Aufgaben des Sammelns, Bewahrens, Restaurierens, Dokumentierens, Forschens, Publizierens und Ausstellens ist in den letzten Jahren die Bildungsaufgabe des modernen Museums wieder in den Vordergrund gerückt. Außerdem spielt der Unterhaltungs- und Freizeitwert eines Museumsbesuches eine bedeutsame Rolle, die von dem in Berlin ansässigen Institut für Museumskunde sogar noch viel höher eingeschätzt wird als seine Bildungsfunktion, die nur knapp die Hälfte vorrangig motiviert.[194]

Die Sonderausstellung

Die Konzeption der Museumsführung hat eine unterschiedliche Struktur, je nachdem, ob es sich um die Besichtigung einer Sonderausstellung handelt oder um die Schauräume eines traditionellen, meist nach chronologischen Gesichtspunkten geordneten Kunstmuseums. Sonderausstellungen geben von ihrem Titel her das Thema der Gesamtkonzeption bereits vor und widmen sich zumeist entweder einem

Künstler (z.B. Tiepolo in der Residenz Würzburg), einer politischen Persönlichkeit (z.B. Max Emanuel in Schloß Schleißheim, München) oder einer bestimmten historischen oder kunstgeschichtlichen Epoche (z.B. die Medici-Ausstellung in Florenz).

Zu diesem Hauptthema sucht sich der Museumsführer nun je nach Bestand der Ausstellungsstücke und der Art notwendiger Unterthemen repräsentative Objekte aus und setzt sie in Beziehung zum Hauptthema.

Die Schausammlung eines großen Kunstmuseums

Schwieriger ist die Erstellung eines Gesamtkonzeptes, eines "roten Fadens" in großen Gemäldesammlungen, wo in Form einer touristischen **Überblicksführung Hauptwerke verschiedenster Epochen und Herkunft** besprochen werden sollen. Die erste Möglichkeit, die Führung mit einem "roten Faden" zu durchziehen, ist die, daß der Museumsführer den Rundgang unter ein bestimmtes Thema stellt, das er z.B. in **Zusammenhang mit der Stadtrundfahrt** in der besuchten Stadt bzw. anderen Besichtigungen während einer Reise oder Exkursion auswählt (Beispiel Münchner Neue Pinakothek: Ludwig I. und seine Zeit: Architektur, Malerei, Skulptur, Aspekte der Herrschafts- und Alltagsgeschichte; Alte Pinakothek: Höhepunkte der Kunst Münchens vom 14. bis zum 18. Jahrhundert- die wichtigsten Phasen europäischer Kunstgeschichte).

Beim touristischen Rundgang, der den Besucher mit den Höhepunkten des Museumsbestandes vertraut macht, ist es in den meisten Fällen nicht möglich, ein Thema über die ganze Führung hin zu verfolgen. In diesem Fall ist es notwendig, ein **Geflecht von mehreren "roten Fäden"** zu entwickeln und dadurch die sehr unterschiedlichen Ausstellungsobjekte miteinander zu verbinden und in Beziehung zu setzen.

Leitlinien der Führung

Der Museumsführer hat vor allem drei Möglichkeiten, um **Verbindungen zwischen ganz unterschiedlichen Museumsobjekten** herzustellen. Diese sollen anhand von Beispielen aus der Alten Pinakothek verdeutlicht werden:

- der zeitliche Anschluß ("gleichzeitig", "ein Lebensalter früher", "nur wenige Jahre später", "ein Jahrhundert darauf")
- der Vergleich ("Ebenso wie Rogier arbeitet Altdorfer noch sehr kleinteili ..."; "Nicht nur bei Dürer, auch angesichts dieses Tizian-Portraits von Karl V. ist es wichtig, die geschichtlichen Hintergründe der Reformationszeit zu kennen ...")

- die Kontrastierung ("Während der Frauentypus bei Filippo Lippi noch sehr zerbrechlich wirkt, gibt Raffael in seinen Gemälden lebensvolle, kräftige Frauengestalten wieder ..."; "Während diese kleine Heiligenstatue für die Privatkapelle des Fürsten erstellt wurde, hatte dieses Schlachtengemälde in den Empfangsräumen eine ganz andere Funktion ...")

Nicht immer kann der "rote Faden" gleich am nächsten Objekt wieder aufgenommen werden. In diesem Fall sollte der Museumsführer bereits angesprochene Themen wieder ins Gedächtnis rufen, um sie vor dem neuen Objekt weiterentwickeln zu können ("Denken Sie noch einmal zurück an ...; das Problem der Perspektive war dort noch ganz gefühlsmäßig gelöst worden." - "Im Gegensatz zur Kleinteiligkeit in den niederländischen Bildern, die wir in den ersten Räumen sahen, hat sich in der gleichzeitigen italienischen Malerei ein ganz anderer Kunstsinn durchgesetzt ...").

Im Sinne eines **kommunikativen Führungsstils** können auch Fragen und Impulse eingesetzt werden, um den "roten Faden" wieder aufzunehmen ("Vergleichen Sie einmal diese beiden Portraits miteinander! Wie hat sich das Frauenideal gewandelt?" - "Wir haben vorhin ausführlich von dem Problem der Zentralperspektive gesprochen. Spielt sie in diesem Barockbild noch eine Rolle?" - "Wer kann sich an die wichtigsten Kennzeichen manieristischer Malkunst erinnern, die wir vorhin schon bei Tintoretto angesprochen haben und die auch in diesem Bild wieder zu erkennen sind?").

Durch die Herausarbeitung der "roten Fäden" wird auch eine Überblicksführung zu einer größeren Anzahl von Gemälden (etwa 6-8 ausführlich, weitere 8-10 kürzer) in der Schausammlung eines großen Museums für den Besucher sinnvoll. Durch eine geeignete Strukturierung der Informationen wird jener für die Besichtigung motiviert und erhält Merkhilfen für die zum Teil sehr unterschiedlichen Ausstellungsobjekte.

Methoden der Vermittlung im Museum

Vielfältig sind die Methoden der Objekterschließung, die von der **Museumspädagogik für Kinder** entwickelt wurden. Diese sind jedoch zum Großteil auf Führungen mit Erwachsenen nicht übertragbar, es sei denn gelegentlich eine Suchaufgabe oder ein kleines Quiz. Andererseits muß gerade bei einem Museumsbesuch, wo die Informationen sehr konzentriert aufeinander folgen, auf **Methodenvielfalt** geachtet werden, die den visuellen Wahrnehmungsprozeß anregt und unterstützt. Methodische Eintönigkeit bewirkt rasche Ermüdung und stellt hohe Anforderungen an das

Konzentrationsvermögen der Besucher. Vielfältige Aufgabenstellungen hingegen motivieren die Gruppe und sprechen den einzelnen immer wieder neu an, wie z.B. Deutungsversuche, Hypothesen, Schilderungen des persönlichen Eindrucks, Charakterisierungen, Vergleiche, Herstellen von Gegenwartsbezügen, Materialprüfungen, Auswertung von Quellentexten usw.

Der RL oder Museumsführer geht im allgemeinen von der **Beschreibung** des Bildinhaltes aus. Nach einem ersten Überblick wird er in den meisten Fällen **induktiv** vorgehen, d.h. Einzelheiten heraussuchen, "um von hier aus in wohlabgemessenen Schritten das Ganze, das Allgemeine zu erschließen ... (Dies) läßt ... den geistigen Prozeß des Entdeckens und Erschließens konzentriert miterleben und wirkt deshalb in der Regel stark motivierend ".[195]

Das **deduktive Verfahren**, das vom Überblick, vom Allgemeinen ausgeht und von hier aus die Einzelheiten erschließt, kann bei Gemälden, die typisch für eine bestimmte Gattung sind, wie z.B. das Stilleben, angewendet werden. Der Museumsführer wird in diesem Fall anfangs über die Geschichte und Entstehung des Stillebens sprechen und erst dann auf die Einzelheiten im Bild eingehen. Der Vorteil der Deduktion "liegt in ihrer erkennbaren Systematik, die damit den Lernbedürfnissen Erwachsener sehr entgegenkommt, aber aus Mangel an Dramatik nicht immer motiviert. Die Deduktion eignet sich besonders zum Erklären größerer und komplexer Zusammenhänge,"[196] birgt aber die Gefahrt, daß man sich vom Objekt und von der Anschauung zu weit entfernt und damit die Aufmerksamkeit der Teilnehmer nachläßt.

Wenn der RL die Gruppenteilnehmer noch nicht kennt, wird er im allgemeinen **direkte Verfahren** anwenden, d.h. die angestrebten Informationen vorwiegend durch Vorträge vermitteln. Die Aktivität geht hierbei ganz vom Vermittelnden aus, der sich direkt an die Teilnehmer wendet, wodurch die Informationen ganz im Sinne des RLs und zudem in möglichst kurzer Zeit vermittelt werden. Bei der direkten Vermittlungsmethode bleiben die Teilnehmer allerdings relativ passiv und sind stark auf den RL bzw. Museumsführer zentriert.

Mit zunehmendem Kennenlernen im Laufe einer Reise und auch einer Einzelführung können in höherem Maße **indirekte Methoden** mit eingebracht werden; das bedeutet für die Erklärung eines Gemäldes, daß die Teilnehmer durch gezielte Impulse und Fragen aktiviert werden, selbst zu entsprechenden Ergebnissen zu gelangen.- Bei einer herkömmlichen Führung besteht die Gefahr, daß das Publikum bei einem "romantischen Glotzen", wie Bertold Brecht das so treffend ausgedrückt hat, bleibt - echte Erlebnisse jedoch nicht stattfinden. Eine pädagogisch konzipierte, "animative" Museumsführung muß einen Großteil der

Besucher "erst aus der Passivität des Konsumenten herausführen und Anreize schaffen, sich aktiv und sachgerecht dem Objekt zu nähern. Sie muß ihnen durch knappe Informationen, Fragen und Anregungen helfen, selbst zu beobachten, selbst zu erfahren, selbst zu denken und selbst zu einem eigenständigen Ergebnis zu kommen."[197]

Das Gespräch vor den Museumsobjekten

Die am häufigsten verwendete indirekte Methode ist das Gespräch vor den Museumsobjekten. Dafür spricht, daß der monologisierende Museumsführer die Reaktionen einzelner Gäste weder aufgreifen noch deren selbständige Beobachtungen in den Vermittlungsprozeß integrieren kann. "Durch ständige akustische und optische Anwesenheit des Führenden entsteht eine Konkurrenz zum Kunstwerk. Sie absorbiert einen Großteil der Aufmerksamkeit des ... Museumsbesuchers. Sie lenkt oft ab und vermindert oder verhindert sogar den Kontakt zum Original."[198]

Verschiedene Phasen bei der Erschließung eines Gemäldes:

Motivation/Hinführung: Die Teilnehmer versuchen herauszufinden, wer oder was dargestellt ist und suchen im Gruppengespräch nach Argumenten für die Titelwahl. Dies setzt bereits eine Beschreibung und erste Interpretation voraus.

Erarbeitung: Die in der ersten Phase erworbenen Kenntnisse werden durch gezielte Fragen des RLs vertieft; evtl. kann er die Teilnehmer durch ein Ratespiel nach dem Muster "Ich sehe etwas, was Du nicht siehst!"[199] in spielerischer Weise zum Suchen nach Bilddetails anregen. In einem weiteren Schritt könnte der RL zusammen mit den Gästen versuchen, das Vorher und Nachher einer figürlichen Szene zu rekonstruieren, um auf diese Weise evtl. den Bildinhalt dramaturgisch zu steigern.

Übertragung und Wertung: In der Schlußphase können - wiederum durch Fragen und Impulse von seiten des RLs - Zusammenhänge mit bereits Gesehenem, Ausblicke auf Ähnliches angeregt und, soweit wie möglich, Bezüge zur Gegenwart hergestellt werden.

Von einer Verabsolutierung der indirekten Methode ist abzuraten, denn sie ist zeitaufwendig. In größeren Gemäldegalerien, wo viele Gemälde besichtigt werden, ist sie nur ansatzweise einzusetzen, während sie sich vor allem in kleineren Galerien, die nur von drei oder vier wichtigen Werken dominiert werden, anbietet.

Unsicherheiten des Vermittelnden allerdings werden in einem Vortrag nicht so deutlich wie im Gespräch, in dem die Gäste ja nicht nur gefragt werden, sondern auch anfangen, selbst Fragen zu stellen. Der RL muß sich somit mehr exponieren, flexibler sein, aber damit kann die Führung für ihn auch spannender werden, als wenn er sein Programm einfach "abspult".

Wie führt der RL ein "Museumsgespräch"?

Die Fragen und Impulse dürfen nicht überfordern ("Seit wann gibt es diese sehr seltene Art der Trinitätsdarstellung?"), andererseits auch nicht zu "läppisch" sein ("Welche Farbe hat das Kleid der Muttergottes?"). "Was fällt Ihnen auf?" ist in den meisten Fällen keine gute Frage, weil dem Laien erst mal gar nichts auffällt oder aber alle möglichen unwichtigen Dinge, die zu einer übermäßigen Ausdehnung der Besichtigung führen.

Wichtig ist somit eine gewisse **Gezieltheit der Fragestellung**, da dann eine **Linie in der Gesprächsführung** erkennbar wird und nicht zu viel Zeit verloren geht. Auch führen zu langes Stehen vor einem Objekt und langes "Rumgerede" zu einem Motivationsabbau beim Teilnehmer. Besser wäre die Fragestellung z.B. so gewesen: "Wenn Sie an die Raumdarstellung in dem gotischen Gemälde von XY zurückdenken und sie nun mit diesem Bild vergleichen - welche Veränderungen fallen Ihnen auf?"

Gelegentlich mögen auch Wissensfragen, z.B. im Sinne von Wiederholungen, angebracht sein, es sollte jedoch die **mit der Anschauung verbundene Frage** dominieren, da sonst die Teilnehmer entmutigt werden, die das entsprechende Vorwissen nicht mitbringen. Auf diese Weise gibt der RL den Teilnehmern das Gefühl, selbst auch etwas zur Besprechung beizutragen. Dieses Beteiligt-Sein vermittelt ein Erfolgserlebnis, Verständnis für die Führungsgegenstände und motiviert zur weiteren Beschäftigung mit den Besichtigungsobjekten. Voraussetzung dafür allerdings ist, daß die Teilnehmer nicht durch eine strenglehrerhafte Art der Museumsführung in eine Schulmädchen- oder -bubenrolle gedrängt werden, sondern sie sich durch eine charmante, lockere und humorvolle Art, durch eine dramaturgische Höhepunkte setzende, auch Irrationales zulassende Führung animiert fühlen.

Hinweise zur Organisation einer Museumsführung

Wenn auch in der Praxis die von touristischen Gruppen besuchten Museen oft vollkommen überlaufen und pädagogische Überlegungen somit kaum realisierbar sind, so soll nachfolgende Liste doch Anregungen organisatorischer und didaktischer Art geben, die zumindest in kleineren, weniger besuchten Museen durchführbar sind.

Planung

- Stoffsammlung und Festlegung der Reihenfolge der Besichtigungsobjekte nach Saalfolge bzw. Museumsplan, die für den "roten Faden" geeignet sind (inhaltliche und zeitliche Ausgewogenheit)
- Öffnungszeiten? Feiertage? Ausnahmeregelungen?
- Schließung einiger Räume zu bestimmten Zeiten (z.B. über Mittag) oder über längere Zeit (z.B. wegen Renovierung)?
- Kabinette nur mit Kleingruppen zugänglich?
- Teilung der Gruppe für bestimmte Besichtigungsabschnitte notwendig?
- Gruppenanmeldung notwendig?
- Überfüllung zu bestimmten Tageszeiten umgehbar? (z.B. in Mittagszeit)
- Parkmöglichkeiten für den Bus?
- Erfrischungsmöglichkeiten und damit Einplanung von Kaffeepause?
- Lage der Toiletten?
- Sitzgelegenheiten in einigen Räumen vorhanden? Stühle ausleihbar?
- Vollkommene Überfüllung des Museums zu erwarten? Schwierige oder sogar fast unmögliche Führungssituation?
- Bestehen in diesem Fall Möglichkeiten der Teilnehmervorbereitung oder Unterstützung des Rundgangs durch Medien (z.B. fotokopierter Museumsplan mit hervorgehobenen "Highlights" oder kurze schriftliche Zusammenfassung des RLs oder des Museums)?

Durchführung einer Museumsführung

- Kurzreferat über Geschichte des Museums und seiner Sammlungen, evtl. bereits im Bus; wenn vor Ort: Porträts wichtiger Sammler und Mäzene als Anknüpfungspunkt
- kurze Erörterung des Programms und erste Orientierung anhand des Museumsplanes

- Bekanntgabe eines Treffpunktes nach der Führung
- Standpunkt vor Objekten so wählen, daß jene nicht durch Führer verdeckt werden, bei sehr großen Gemälden evtl. zwei verschiedene Standorte
- bei kleinen Objekten auf günstige Aufstellung der Teilnehmer, möglichst im Halbkreis, achten ("Riesen in den Hintergrund!")
- besonders bei Gemälden Gefahr, daß der Führer zum Bild hin spricht und damit Kontakt zur Gruppe verliert, akustisch nicht mehr verständlich ist
- falls mehrere Gruppen in einem Raum: Ausweichen auf Ersatzobjekte, Absprache mit anderen Führern
- Anschluß von Fremden an die eigene Gruppe möglichst unterbinden
- Behinderung anderer Museumsgäste durch die eigene Gruppe und damit Störungen verhindern (z.B. Zu- und Ausgänge der Säle freihalten)
- Einplanung von Pausen in Verbindung mit Sitzgelegenheiten, einem Kaffeestop, einem WC, Möglichkeit zum Kauf von Informationsmaterial

5.1.6. Der Besuch einer archäologischen Zone

Schwierig in der Vorbereitung ist mitunter auch die archäologische Zone, weil sie häufig unübersichtlich ist, die Denkmäler nur fragmentarisch erhalten und meist unbezeichnet sind. - Im folgenden sollen die notwendigen Planungsstufen am Beispiel der archäologischen Zone von Ostia Antica (bei Rom) erläutert werden.

Planung

Zur methodischen Planung sind als Orientierungshilfen ein guter **Plan** mit **Grundrissen** der Tempel und Gebäude sowie **Photographien** der wichtigsten Baulichkeiten unerläßlich. Anhand des Planes wählt der RL die "Sternchen-Objekte" und dazu evtl. noch einige andere, die den thematischen Kontext abrunden, aus und verbindet sie auf den kürzesten Wegen miteinander.

Bei der Planung ist der **Stellenwert der Führung im Gesamtprogramm** zu berücksichtigen: Ist das zu besichtigende römische Theater das schönste, erste oder vielleicht sogar einzige auf der

Reise, muß hier eine längere Erklärung eingeplant werden. Ist dagegen z.B. bei einer Reise zum "Florenz der Renaissance" auch das Theater von Fiesole mit den antiken Ausgrabungen im Programm vorgesehen, so wird der RL nicht so sehr ins Detail gehen, sondern das Antike hier eher zum Anlaß nehmen, um über die Antikenrezeption in der Renaissance zu sprechen.

Weiterhin ist die zur Verfügung stehende **Zeit** zu berechnen. Die Führung selbst sollte, falls die Denkmäler nahe beieinander liegen, d.h. in relativ kurzen Abständen Informationen abgegeben werden, 1 1/2 bis 2 Stunden nicht überschreiten, um die Aufnahmefähigkeit der Teilnehmer nicht überzustrapazieren. In einem so wichtigen Gelände allerdings wie dem Bezirk der Kaiserforen und des Forum Romanum ist auch eine Führungsdauer von ca. 3 bis 3 1/2 Stunden vertretbar; in diesem Falle jedoch müssen eine **Pause** (mit Sitzgelegenheiten, etwa im Haus der Vestalinnen) eingeplant und die Teilnehmer dazu angeregt werden, sich eine Kleinigkeit zur Erfrischung mitzunehmen.

Kluckert ist der Meinung, es sei "der Aufenthalt zwischen antiken Tempelresten weitaus anstrengender als der im Museum oder in der Kirche, da die Wege häufig sehr unwegsam sind".[200] Nach der Erfahrung der Verfasserin erscheint es allerdings so, daß nichts die Teilnehmer so strapaziert wie eine (längere) Museumsführung (Vielzahl der oft zusammenhangslos aufgestellten Objekte, langes Stehen, Beengung). Die archäologische Zone wird dagegen fast als Erholung angesehen, denn hier folgen die Sehenswürdigkeiten meist locker aufeinander, stehen in einem inneren Zusammenhang, der Betrachter bewegt sich in der Natur (die meisten Ausgrabungsstätten sind bepflanzt), in der frischen Luft. Bei besonders schlechtem Gelände allerdings kommt das obengenannte Argument - Auswirkungen der **physischen Anstrengungen** auch auf die geistige Aufnahmebereitschaft - zum Tragen.

Ist es vom Tagesplan her zu ermöglichen, kann ein Ausgrabungsgelände auch am **späten Nachmittag** besichtigt werden. So vermeidet man die Mittagshitze, das Licht ist besonders schön (Photographen!) und bildet auf den Ruinen oft wunderbare goldene Farbtöne. Hat man genügend Zeit zur Verfügung, kann ein Abendbesuch, rein stimmungsmäßig, erlebnisbetont aufgefaßt, und am folgenden Tag eine mehr inhaltliche Führung vorgenommen werden.

Ist der archäologischen Zone ein Museum angeschlossen, so erfolgt dessen Besichtigung im Idealfall am Schluß der Führung, weil die Fundobjekte nun in den inzwischen bekannten örtlichen Zusammenhang gestellt werden können.

Führung in einer unbekannten archäologischen Zone

Ist der RL selbst noch nie in dem zu besichtigenden Ausgrabungsgelände gewesen, so gibt er das **Einführungsreferat** nicht im Bus, sondern im Ausgrabungsbereich, um auf diese Weise Zeit für die eigene Orientierung zu gewinnen und, evtl. auch ohne einen größeren Rundgang, den Eindruck einer "Führung" zu vermitteln, denn eine solche erwarten die Teilnehmer.

Anschließend führt der RL die Gruppe zu einem **leicht zu identifizierenden Objekt**, orientiert sich anhand des Planes weiter oder beschränkt sich auf wenige Schwerpunkte, anhand derer er mehr allgemein gehaltene Erklärungen, z.B. zum Typus des römischen Tempels oder Theaters, zum Aufbau einer Thermenanlage, zu den Riten, der Lebensweise, zur Mythologie gibt.

Der RL kann sein Tagesprogramm so einrichten, daß er vor der Besichtigung eine **Mittags- oder Badepause** in der Nähe macht, während der er das Gelände erkundet. Oder er organisiert ein **Picknick im Ausgrabungsgelände**, was sehr stimmungsvoll sein kann (Voraussetzung: Schöne Lage, Bepflanzung; allerdings in großen, vielbesichtigten Anlagen meist verboten). Auch in diesem Fall könnte sich der RL zwischenzeitig absetzen und informieren.

Eine andere Möglichkeit ist die, daß der RL nach dem Einführungsreferat und einer Kurzführung die Teilnehmer für das Ziel "sich alleine in einem Ausgrabungsgelände orientieren können" motiviert, Zeit zum Photographieren und für **eigene Entdeckungen** und Hypothesen gibt und man sich anschließend wieder trifft und nun gemeinsam die Deutungen der Gebäudereste durch die Teilnehmer - der RL hat sich inzwischen gut informiert - bespricht. Voraussetzung für dieses Vorgehen ist, daß die Gruppe bereits vorher einmal in einem Ausgrabungsgelände vom RL geführt und von ihm mit Orientierungs- und Bestimmungshilfen ausgestattet wurde.

Hilfen bei der Erklärung

In Ausgrabungsgeländen empfiehlt sich die Bereithaltung von **Gebäuderekonstruktionen**, sei es in Form von Skizzen, Photographien von Modellen oder von Fotos des Jetzt-Zustandes mit überklappbarer Folie der gezeichneten Rekonstruktion. Mit Hilfe von Rekonstruktionen wird der ungeübte Teilnehmer dazu hingeführt, die Ruinen im Geiste wiederaufzubauen und sich das Leben in der Antike realistischer vorzustellen.

In diesem Zusammenhang ist auch der Einsatz von **Bildern zum täglichen Leben**, zur Kleidung, den Frisuren, den Rüstungen usw., wie man sie mitunter, übersichtlich dargestellt, in Kindersachbüchern findet, empfehlenswert. Solche Bilder können als Fotokopien an jeden Teilnehmer ausgehändigt oder bei geringer Teilnehmerzahl während der Führung herumgereicht werden.- Bei archäologisch und kunstgeschichtlich besonders interessierten Teilnehmern kann zur Abrundung der Erklärungen auch **photographisches Vergleichsmaterial** eingesetzt werden, das gleichzeitig entstandene ähnliche Werke, Vorbilder und vom Besichtigungsobjekt beeinflußte Darstellungen von der Antike bis heute erhellt.

Um die Einübung wichtiger archäologisch-kunstgeschichtlicher Fachtermini zu erleichtern, kann der RL eine Zusammenstellung der entsprechenden **Begriffe in einer erläuternden Zeichnung** austeilen. Zumindest mit folgenden häufig gebrauchten Fachworten sollte der Reisende, sofern er mehrere antike Tempel besichtigt, vertraut gemacht werden: Säule, Kapitell, Kannelierung, Architrav, Gesims, Metope, Triglyphe, Cella.- Da die meisten dieser Begriffe auch für die Erklärung von Bauwerken aus späteren Zeiten herangezogen werden können, legitimiert sich die Auseinandersetzung mit ihnen.

Nach der Phase der Beschreibung und Erläuterung der Funktion eines antiken Bauwerks bietet sich die **Problematisierung des klassischen Ideals** an. Stellt man sich die antiken Tempel unbeschädigt und farbig bemalt vor (z.B: Bemalungsreste in Paestum), so wird diese Vorstellung bei den Teilnehmern möglicherweise auf Ablehnung treffen, weil unser Antikenbild durch Winckelmann, den Klassizismus und sein "edle Einfalt und stille Größe" geprägt ist. Den dionysischen Aspekt in der Antikenbetrachtung, das ausschweifende, ungezügelte, sinnenfreudige Element hat man trotz Friedrich Nietzsche gegenüber dem apollinischen, dem harmonisch-ausgeglichenen verdrängt. Es siegte das unsinnliche Weiß, in der Antikennachahmung wie in der Vorstellung von der Antike.

Ein zweites Problem ist der **normative Anspruch des Klassischen**. Bis heute stellte sich autoritäre Herrschaft gerne durch klassische Formen dar (z.B. Trabantenstadt EUR bei Rom, begonnen in der Zeit Mussolinis; Monumentalbauten Hitlers). Die klassische Form erscheint als allgemeingültig und wird als "Leitbild einer Bildungselite"[201] tradiert.

In der Phase der Übertragung und Verallgemeinerung kann die **Aktualität der Wirkungsgeschichte** mit den Teilnehmern erläutert werden, z.B. anhand eines römischen Triumphbogens: Der RL zeigt auf, wie der Triumphbogen in der christlichen Kirche wiederkehrt, wie er in der Form von großartig gestalteten Eingangstoren (im Castello

Nuovo in Neapel), in der Übernahme des Triumphbogenmotivs im Klassizismus (Siegestor in München, Brandenburger Tor in Berlin) und schließlich in der Sitte, für jemanden, den man besonders ehren will, die Eingangstür zu schmücken, bis heute weiterlebt.

Abschließend ist auf den ganz besonderen **Reiz einer archäologischen Zone** hinzuweisen. Für Goethe z.B. waren die antiken Tempel Italiens Hauptanziehungspunkte seiner Bildungsreise. Das spezifische Italienerlebnis der vergangenen Jahrhunderte, das für viele Reisende ein Antikenerlebnis war, sollte der RL versuchen auch dem modernen Touristen zumindest verständlich zu machen, dies evtl. durch Zitate aus alten Reiseberichten, die er im Gelände oder auf der Hin- oder Rückfahrt im Bus vorliest.

Die Empfindungen, die die Reisenden an einer antiken Stätte bewegen, haben zum Teil fast religiösen Charakter. Auch heute hat ein heiliger Hain, ein Tempel, eine Opfer- oder Kultstätte oft noch eine ehrfurchtgebietende Ausstrahlung, die längst Vergessenes und Vergangenes, Mythologisches im Betrachter lebendig werden läßt. Dies kann in einem Moment der Stille erfahren werden.

5.2. Die Landschaft (Schmeer-Sturm, Ude)

Folgende Liste - ohne Anspruch auf Vollständigkeit - deutet verschiedene Gesichtspunkte an, von denen her Landschaften auf der Reise interpretiert werden können:

- ästhetischer Aspekt, Synthese, Idylle
- analytischer Aspekt
- Bestimmung der großräumlichen Lage
- Klima (Klima und Sonneneinstrahlung und ihr Einfluß auf Stimmung und Mentalität der Menschen, Vergleich Mitteleuropas mit dem bereisten Land; Klimaverhältnisse und ihr Einfluß auf das Entstehen von Kultur; Landschaft und Klima prägen die Art der Architektur bzw. der Behausungen - z.B. Pfahlbauten, Höhlen unter der Erde in Australien)
- Vegetationszonen
- Oberflächengestalt
- Erdgeschichte, geologische Gegebenheiten und ihre Entstehungsgeschichte (z.B. Tuffstein vulkanischen Ursprungs in Latium, Entstehung der Münchner Schotterebene, der

Schwäbischen Alb)

- Bodenschätze und damit verbundene Industrien in der Gegenwart und Vergangenheit (z.B. Bayerische Eisenstraße)
- Bodenschätze und ihr Abbau (Einfluß auf Flora und Fauna, Naturschutzgebiete, Reservate für Ureinwohner: Indianer Nordamerikas, Aborigines Australiens)
- Gewässer und Wasserressourcen und ihre Bedeutung für die Besiedlung und das menschliche Leben
- der Mensch formt die Landschaft in der Geschichte (Erosion in den Mittelmeerländern, Abholzung schon zur Zeit der Römer; Flurbereinigungen) und in der Gegenwart (Aufforstungen zum Stoppen der Erosion, Art der Landwirtschaft, Bewässerungen, Import von Tieren und Pflanzen nach Australien, Umstrukturierung durch Hotelbauten, Abholzen von Edelhölzern)
- Lehrpfade und Geschichtsstraßen (z.B. die Straße der Staufer in Baden-Württemberg, die alte Seidenstraße, der Goldene Steig)
- Befestigung und Verteidigung einer Landschaft (Dämme an der Nordsee; Terrassierung von Weingärten; Verteidigungstürme gegen sarazenische Piraten an der kalabresischen Küste)
- Schutzmaßnahmen für die Landschaft in der Vergangenheit und Gegenwart
- Verwahrlosung einer Landschaft (Landflucht, verlassene Siedlungen, Reste ehemaliger Kultivierung)
- Bodenbesitzverhältnisse und ihre sozialen Auswirkungen sowie ihr Einfluß auf das Erscheinungsbild der Landschaft (z.B. Erbformen für bäuerliche Anwesen)
- Landschaft als Spiegel von Wirtschaftsformen (z.B. mezzadria-Halbpacht in der Toscana, Großgrundbesitz in der Poebene, Kolchose-Wirtschaft in der UdSSR, Dreifelderwirtschaft)
- Nutzung der Landschaft in Abhängigkeit von den Absatzmärkten - Industrielandschaft
- die Landschaft prägt die Art der Landwirtschaft (z.B. Größe und Nutzung der Farmen) und jene wiederum die regionale Küche
- bäuerliches Wohnen und Arbeiten (Hofformen, z.B. niederbayerischer Vierseithof, Fachwerkbauten in Niedersachsen; Funktion der Gebäudeteile, Dorfformen, Freilichtmuseen)

- der Mensch wird durch die Landschaft geformt (z.B. Inselbewohner, Mentalitäten)
- Freizeit und Landschaft (Erholungsaspekte, Landschaftsverbrauch, Kritik des "sanften Tourismus", Landschaft und Klima prägen die Art des Freizeitverhaltens)
- Musealisierung von Landschaft (Freilichtmuseen, Schutzgebiete, Biotope, Nationalparks, Zoos, Wildlife sanctuaries)
- Umweltschutz und Ökologie (z.B. Überdüngung der Flüsse, der Nordsee)
- natürliche und kultivierte Vegetation
- Strukturen (Infrastruktur, Verkehrswege früher und heute)
- Flora und Fauna (Benennung der Pflanzen und Tiere, ihrer Geschichte, die Verarbeitung der Pflanzen, z.B. Olivenhaine, Agrumenanpflanzungen, Lavendel in der Provence; Entwicklungsgeschichte bzw. Geschichte ihrer Anpassung an die sich verändernde Umgebung mit ihren Gegebenheiten, Zusammenspiel von Fauna und Umgebung, z.B. Australien: Reproduktionsstop in Trockenzeiten)
- Besiedlungspolitik, Besiedlung, Siedlungsformen
- Projekte (Be- bzw. Entwässerung, Entwicklungsdienst, Staudämme, Kanalbau)
- Landschaft und ihre Gefahren (Krankheiten, z.B. Malaria; Springfluten der Nordsee)
- Mensch und Naturerlebnis (Entdeckung der Berge im 19. Jahrhundert)
- Landschaft und Literatur, Beschreibungen der Dichter (z.B. Petrarca: Quelle von Vaucluse, Besteigung des Mont Ventoux; Goethes Italienreise)
- Landschaft und Maler (z.B. van Gogh, Niederländer, venezianische Vedoutenmaler)
- Landschaft und Lied (Volkslieder wie z.B. Loreley, Arrivederci Roma, Schleswig-Holstein-meerumschlungen, Kufsteinlied)
- Kunstlandschaften (z.B. Kontrastierung toscanischer Malauffassung und der venezianischen Malerei in Beziehung zur Mentalität, Kunst und Kultur der jeweiligen Landschaft)

- historische Ereignisse, die sich in der Landschaft abgespielt haben oder durch die landschaftlichen Gegebenheiten in ihrem Verlauf bestimmt wurden (Schlachten, Kriege, z.B. Schlacht am Trasimenischen See, Gräben von Verdun)
- Sagen, Spukgeschichten zu einer Landschaft (Moore) - vgl. dazu auch 5.3. "Vorträge und Informationen während der Reise"
- Landschaft und Naturvölker von heute (z.B. Australien: Anpassung und Überleben der Ureinwohner in extrem karger Natur)
- Landschaft und Religion/Weltanschauung (z.B. griechische Mythologie)
- Landschaft und menschliche Versorgung (z.B. Australien: Flying Doctors, School of the Air, Nahrungsmittel- und Wasserversorgung)
- Jahreszeiten und die Veränderung des Landschaftsbildes
- Ausdehnung, Entfernungen, Weite und Unterschied zum eigenen Land, Auswirkungen auf das menschliche Leben, die Transportmittel, die Nachrichtenübermittlung (z.B. Argentinien)
- kontinentale Isolation (Australien) und ihr Einfluß auf Politik, Menschen, Tiere, Landschaft

5.3. Vorträge und Informationen

Bei einer Busfahrt bietet sich sehr viel besser als bei anderen Verkehrsmitteln die Möglichkeit, die Fahrt unterhaltsam und informativ zu gestalten und nicht nur als notwendige Verbindung zwischen zwei Orten zu verstehen[202]. Auch von einer Reisebegleitung, die mit örtlichen Guides zusammenarbeitet und selber nicht führt, wird im Rahmen der Busbetreuung erwartet, daß sie Informationen zu Programm und Organisation, zu Land, zu Leuten sowie eine Einführung zu den besuchten Orte gibt.

Eine wichtige Rolle spielt die **Begrüßung**: Die Reisegäste, die sich erst noch zu einer Gruppe formieren müssen und anfangs oft unsicher, nervös, vielleicht sogar ängstlich, zumindest etwas desorientiert sind, richten auf den RL in dieser ersten Phase der Gruppenbildung besonderes Augenmerk, erwarten sich von ihm einen Orientierungsrahmen, klare, freundliche Informationen. Den Gästen sollte hier von der Reiseleitung das Gefühl von Sicherheit und Vertrauen vermittelt werden.

Ebenfalls sehr wichtig ist die **vorbereitende (antizipatorische) Rede**: Durch geschickte Einstimmung der Teilnehmer auf Umstände, die sie im fremden Land erwarten, die Vorwegnahme von evtl. peinlichen Situationen, von ungewohnten Sitten und Gebräuchen wird jenen die Orientierung im fremden Land erleichtert, werden unrealistische Erwartungen korrigiert und damit allzugroße Enttäuschungen und Frustrationen vermieden.

Nicht unbedingt notwendig, aber von den Reisegästen geschätzt, ist eine **Zusammenfassung der Programmpunkte und Erlebnisse am Ende eines Tages** durch den RL.

Vor einer RL-Berufskrankheit ist zu warnen, nämlich das **Mikrophon als Machtmittel** zu mißbrauchen, ständig hineinzusprechen, hineinzuhusten und bei Privatunterhaltungen nicht abzuschalten.

Folgende Liste enthält Hinweise, welche Inhalte in die Vorträge und Informationen während der Reise miteinbezogen werden können.

Die Begrüßung:

- namentliche Vorstellung (im allgemeinen Vor- und Nachname)
- Begrüßung im Namen des Reiseveranstalters und Vorstellung des Fahrers ("als Partner")
- Eingehen auf Befindlichkeit der Gäste und Ausdruck der Hoffnung, daß gute Anreise gehabt
- Andeutung der eigenen Sachkompetenz und Ausdruck positiver Grundeinstellung zu der Reise, dem Reiseprogramm und der Gruppe und erstes Erzeugen eines "Wir-Gefühls"
- evtl. ganz dringende organisatorische Hinweise
- Einweisung in Bustechnik (Sitzverstellung, Belüftung, Toilettenbenutzung, Getränkeverkauf an Bord, Abfallkörbe) zumeist durch den Fahrer (Bustechnik: RL oder Hosteß demonstriert, was der Fahrer erklärt) und Sicherheitsvorrichtungen des Busses (bei amerikanischen Reisegruppen analog zu Erklärungen der Stewardess im Flugzeug allgemein üblich)

Der Einführungsvortrag

- Erläuterungen zu Sehenswürdigkeiten des Abfahrtsortes
- Vorstellung des Reiseprogramms

- Besonderheiten der Reise (evtl. vorwegnehmende Rede)
- Ratschläge, Hinweise (z.B. Trinkgelder), persönliche Bitten

Der fahrtbegleitende Kommentar

- Erwähnung und Charakterisierung von: Orten auf der Strecke, markanten Landschaftsformen, typischen Pflanzen, Siedlungs- und Wirtschaftsformen, Eigenheiten des Landes, auffälligen Bauwerken, Benimm-Knigge
- "Aufhänger" zu Kurzvorträgen über die angeschnittene Problematik

Das Vorlesen während der Fahrt

- Zweck: Vor- und Nachbereitung von Führungen, Gestaltung einer längeren Busfahrt
- Voraussetzungen: gute Verständlichkeit (evtl. Streichungen und Kürzungen vornehmen), nicht zu lang, gute Akustik, geeignetes Umfeld mit geringen Ablenkungen
- Themengebiete: Märchen und Sagen, Auszüge aus Epen, Romanen, Novellen, Kurzgeschichten, Gedichte, dichterische Texte zu Landschaften oder Besichtigungsobjekten, Texte zur Mentalität der Bewohner, Texte zu sozialen Fragen der Gegenwart und Vergangenheit, historische Reisebeschreibungen, Auszüge aus modernen Reiseführern, historische Quellen, Texte über das Reisen, Reisephilosophie, aktuelle Presseberichte über Politik, Wirtschaft und Kultur, Glossen.

Der Überblicksvortrag

- Zweck: Begründung von Grundlagenwissen, Entlastung der Einzelführung von notwendigen Hintergrundinformationen und damit Zeitersparnis vor Ort, Strukturierungshilfe für bevorstehende Besichtigungen, Abrundung der bei der Einzelführung gewonnenen Erkenntnisse
- Gebiete: Geschichte, Kunstgeschichte, Kultur, Geographie, Wirtschaft, Sozialpolitik, Biographie eines hervorragenden Künstlers oder einer "prägenden Persönlichkeit" usw.
- Ort: Bus, Hotel, vor Ort

- Voraussetzungen: Ruhe, keine Störungen, Sitzgelegenheiten, evtl. Verfügbarkeit von Medien

Kurzinformationen während der Fahrt

- wichtig: möglichst endgültige Informationen!
- Modi der Zimmerverteilung
- Treffpunkte nach Besichtigungen, Zeitpunkt der Mahlzeiten und Abfahrtszeit vom Hotel
- Bekanntgabe des Tagesprogramms
- Information, Angebot und Verkauf von Zusatzausflügen, Stadtrundfahrten usw.
- Informationen zu den öffentlichen Verkehrsmitteln, Post, Telefon, Öffnungszeiten, Einkaufsmöglichkeiten
- Bericht/Übersetzung aus aktueller Zeitung
- im Notfall: möglichst positiv dargestelltes Ersatzprogramm

Die Verabschiedung

- Rückblick auf die Reisehöhepunkte (Programm, Gruppenerlebnisse)
- Ausdruck positiver Grundeinstellung zum Programm und zur Gruppe, allgemeine Dankesworte
- Zukunftspläne: Hinweis auf andere Programme des Veranstalters, evtl. Bekanntgabe eines Phototreffs
- Verabschiedung, auch im Namen des Veranstalters
- Wunsch einer guten Heimreise
- Bitte, nichts liegenzulassen und Plätze genau zu kontrollieren
- Ausdruck der Hoffnung, die Gäste auf einer anderen Reise wieder begrüßen zu dürfen

5.4. Der Einsatz von Anschauungs- und Informationsmaterial

Zur Ergänzung von Besichtigungen sind folgende Medien einsetzbar: Bücher, Zeichnungen und Skizzen, Plakate, Prospekte, Landkarten, einzelne (fotokopierte) Blätter, Kassette (gesprochen oder mit Musik), Dias, Video- und Super-8-Filme.

Einführung und Materialien durch den Veranstalter

Gelegentlich erhalten die Teilnehmer bereits nach der Buchung vom Veranstalter Informationsmaterial in Form einer Literaturliste zum bereisten Land, eines im Reisepreis inbegriffenen Reiseführers, einer Landkarte oder eines vom Veranstalter selbst herausgegebenen "Log-Buches" (Karawane-Studienreisen, Ludwigsburg).- Dies hat für den Kunden den Vorteil, daß er bereits vor der Reise Anregungen erhält, sich selbst mit den Reiseschwerpunkten zu beschäftigen; für den RL bedeutet es, daß er das spezielle Vorwissen der Teilnehmer je nach Niveau dieser Bücher einzuschätzen weiß, evtl. auf dort Geschriebenes Bezug nehmen kann.

Geeignet zur **Vorbereitung durch den Veranstalter** sind z.B.:

- ein lebendig geschilderter Abriß zur Geschichte des Landes
- ein sehr ausführlich gehaltenes Programm mit Nennung der Funktion, der Besonderheit der beschriebenen Denkmäler, evtl. mit begleitenden Skizzen oder Bildern
- Sympathie-Magazine für Fernreisende vom Studienkreis für Tourismus
- eine fotokopierte Landkarte mit eingezeichneter Route
- bei Städtereisen ein Stadtplan
- eine Bibliographie der populärsten Werke über das bereiste Land
- technische Hinweise und Teilnehmerliste, evtl. mit jeweiligem Herkunftsort, oder falls feste Sitzordnung besteht, ein Bussitzplan zum leichteren Kennenlernen der Kunden untereinander

Bei Volkshochschulreisen oder Fahrten, die einen Kundenkreis aus einer eng begrenzten Region ansprechen, werden diese Materialien z.T. vom RL erstellt, der den Kunden oft schon als Dozent bekannt ist. Auch kann hier die Vorbereitung über anschaulichere Medien, wie z.B. Filme, Dias oder Overhead-Folien geleistet werden.

Kommen die Reisegäste aus einer bestimmten Region, so kann vor Antritt der Reise auch ein **Wochenendseminar** zu aktuellen politischen, sozialen und wirtschaftlichen Problemen unter Zuhilfenahme von Dias, Filmen und Folien veranstaltet werden.

Manche Reiseveranstalter (z.B. Hauser Exkursionen International GmbH) organisieren ein Mal im Jahr an einem Wochenende ein Treffen von Gästen verschiedener Gruppen in einem großen Hotel und lassen von ihren RLn in Kurzvorträgen mit Dias ihre Reisen vorstellen, wobei auch der Anreiz zur Buchung neuer Fahrten geboten wird.- Veranstaltungen dieser Art sind jedoch bei den meisten Großunternehmen nicht möglich, weil sie Kunden aus ganz Deutschland ansprechen und die Anmeldung zum großen Teil über Reisebüros erfolgt. Das bedeutet, daß sie die Adressen der Kunden nicht verfügbar haben, um sie über ein Treffen zu informieren. Abgesehen davon würde eine solche Aktion von den Reisebüros als **Abwerbung** betrachtet werden (Direktbuchung beim Veranstalter).

Informationsblätter des RLs

Vorteilhaft und schnell aktualisierbar sind fotokopierte Blätter, die der RL entworfen und zusammengestellt hat und die in vielfacher Hinsicht (ggf. gegen Unkostenbeitrag) eingesetzt werden können, z.B.:

- detaillierte Tagesprogramme mit Zeitangaben und Erläuterungen (zu Anfang der Reise oder am Vorabend des jeweiligen Tages; hiermit wird der Programmverlauf vorweggenommen, und die Kunden haben eine Hilfe beim Rekapitulieren der Besichtigung und beim Ordnen ihrer Photos). Problem: Umstellungen und Änderungen sind schwierig, da alle Teilnehmer den geplanten Ablauf kennen
- fotokopierte Stadtpläne und Auszüge aus Landkarten (am Abend oder kurz vor der entsprechenden Stadtbesichtigung)
- historische Landkarten (während eines Vortrages zu der entsprechenden Epoche)
- Grundrisse und Rekonstruktionen (während der Führung)
- Statistiken z.B. zur wirtschaftlichen Lage des bereisten Landes (begleitend zu einem Vortrag)
- Graphiken und Skizzen

- Erklärung von Fachbegriffen (vor, während oder nach der Führung einsetzbar)
- Zeitungsartikel (begleitend zu einem Referat, zur selbständigen Vor- und Nachbereitung)
- Rezepte zu typischen Gerichten, die in einem Spezialitäten-Lokal probiert werden
- Suchaufgaben, Fragen (bei der Besichtigung)
- Zitate und Prosatexte oder Gedichte von Dichtern des bereisten Landes oder von deutschen Autoren, die in Zusammenhang mit den Besichtigungen stehen
- eine Bibliographie
- Zusammenfassung eines Vortrags oder einer Führung
- Referate (nach dem Halten eines Referates, am Ende der Reise, zuschicken)
- eine Gesamtzusammenfassung der Reise mit Kurzbeschreibung der besichtigten Objekte und Informationen, die die Gruppe besonders interessiert haben (am Ende der Reise oder zuschicken)

***Aufgabe**: Suchen Sie aus Ihrem Einsatzbereich je ein Beispiel für den sinnvollen Einsatz von Statistiken, Graphiken, Zitaten, Rekonstruktionen, historischen Landkarten!*

Reiseliteratur, Landkarten und andere Materialien

In den letzten Jahren erscheinen immer mehr "Reisebücher" auf dem Markt: Globetrotter-Broschüren, alternative Reiseführer, Reiseanthologien aus der klassischen Literatur, völkerkundliche Berichte, Logbücher von Entdeckerreisen, soziologische Betrachtungen über den Massentourismus und Romane, die eine Reise zum Anlaß haben.[203] Die Qualität der Reiseführer ist unterschiedlich. Häufig sind sie ohne jegliche Literaturangaben voneinander abgeschrieben, Informationen sind zu einseitig auf Kunst gerichtet, Öffnungszeiten und technische Hinweise überholt. Durch die Vielzahl der neuen Publikationen zu besonders beliebten Ferienregionen ist es oft schwierig für die Teilnehmer, einen Überblick zu bekommen und das für ihre Bedürfnisse "Passende" zu finden.

Der RL - dies gilt insbesondere für Studienreisen - kann die Teilnehmer aktivieren, indem er ihnen vorschlägt, "ihre" Vorbereitungsliteratur vorzustellen.- Eine herumgereichte Landkarte oder, wie z.B. auf Elba erhältliche **plastische Reliefkarte** der Insel - dient als sinnvolle Anschauung zu geographisch orientierten Informationen und Vorträgen. Ebenfalls auf Elba gibt es **Mineralienkarten** mit aufgeklebten Gesteinsproben der Insel, die man im Bus herumreichen könnte.

Der Kassettenrecorder

In modernen deutschen Reisebussen ist im allgemeinen ein Kassettenrecorder vorhanden. Auf Band können vom RL **Gedichte**, vorgetragen von namhaften Schauspielern, **Erzählungen, Märchen** sowie kabarettistische **Sketche** (z.B. Qualtinger zu Wien, Pfleiderer-Dialoge zu Stuttgart, Karl Valentin und Liesl Karlstadt zu München) u.ä. zu Gehör gebracht werden.

Weiterhin einsetzbar sind gute **Radiosendungen**, die ein Teilgebiet der Reisethematik behandeln. Politiker, Wissenschaftler, Künstler und Schauspieler werden mit ihrer eigenen Stimme lebendig.- Auch ein kurzer **Sprachkurs** mit den wichtigsten Worten und Wendungen, die der Tourist im Restaurant und beim Einkaufen braucht, kann über Band vermittelt werden.

Während die bisher genannten Möglichkeiten von den meisten RLn kaum eingesetzt werden, teils aufgrund fehlender Vorbereitungszeit, wird die **Musikkassette** relativ häufig verwendet. Leider besteht vielerorts die Unsitte, daß beliebige deutsche Schlager-Kassetten in jedem Land der Welt vorgespielt werden. Sinnvoll einsetzbar sind hingegen **populäre Schlager**, **Volkslieder** einer bestimmten Region (z.B. griechische Volkslieder, spanische Gitarrenmusik), **Musik aus einer bestimmten Epoche** als Einstimmung auf eine Stadt oder ein Kunstwerk (z.B. "Die Moldau" bei der Anfahrt nach Prag, Strauß-Walzer bei der Fahrt nach Wien, Liszts Ungarische Rhapsodie bei der Fahrt nach Budapest, Chopin-Klaviermusik in Polen, italienische Renaissance-Musik bei der Anfahrt nach Florenz, "Innsbruck, ich muß dich lassen" bei der Fahrt nach Innsbruck). - Schließlich eignen sich auch **Opern** bzw. prägnante Auszüge daraus zum Vorspielen im Bus, z.B. berühmte Arien aus "Aida" bei der Fahrt nach Verona, Auszüge aus "Tosca" bei der Anfahrt auf die Engelsburg. Musikstücke können vor oder nach der Besichtigung des Wohnhauses eines berühmten Komponisten, im Zusammenhang mit der Besichtigung eines Opernhauses zu Gehör gebracht werden.

***Aufgabe**: Nennen Sie passende Musikbeispiele als Einstimmung auf Paris, Salzburg, Bonn, München, Berlin, Madrid, Neapel, Moskau!*

Diaprojektor, Dias, Overheadprojektor

Dias, ggf. unterstützt durch Tageslichtprojektionen (z.B. Gebäudegrundrisse) sind gut bei geschichtlichen oder kunstgeschichtlichen **Seminaren** zu Teilthemen der Reise einsetzbar. Allerdings stellt die Beschaffung geeigneter Räume und entsprechender Geräte wie auch der notwendigen Diapositive für den RL eine große Zusatzbelastung dar und wird deshalb nur bei Vorbereitungsvorträgen oder bei Reisen in Seminarform realisiert.

Film- und Videoaufnahmen

Der Film ist am besten in der Phase der Vorbereitung einsetzbar, z.B. bei den **Vorbereitungsabenden der Volkshochschulen** oder in den von regional arbeitenden Reiseveranstaltern organisierten Informationsabenden. Auch bei einem Zusammentreffen der Teilnehmer nach der Reise ist der Einsatz eines weiterführenden Filmes denkbar, während im Verlauf der Reise mangels geeigneter Räume, entsprechender Geräte und nicht zuletzt aufgrund oft übervoller Programme der Filmeinsatz erschwert ist und am ehesten von StandortRLn duchgeführt werden kann, die eine ganze Saison im gleichen Feriengebiet verbleiben und z.B. einen Informationsfilm zum Reiseland im Anschluß an den eigenen Einführungsvortrag anschließen oder ihre Ausflüge per Video visualisieren.

Als anspruchsvolles Beispiel ist die Blickwechsel-Filmserie[204] zu nennen, die vom Studienkreis für Tourismus e.V. zusammen mit dem Institut für Film und Bild in Wissenschaft und Unterricht (FWU) entwickelt wurde.

Es gibt inzwischen immer häufiger **Busse**, die **mit Videoabspielgerät** ausgestattet sind. Über das Medium Film kann während der Fahrt ein Besichtigungsobjekt beleuchtet und eine Einführung dazu gegeben werden. Politische Ereignisse werden erklärt und visualisiert oder, in einem völkerkundlich orientierten Film, Anregungen zur Beobachtung der Bevölkerung gegeben. Als Experimentierform kann der RL mit engagierten Teilnehmern im passenden Ambiente eine kleine märchenhafte Geschichte inszenieren (z.B. Raub einer Prinzession im Park der Ungeheuer in Bomarzo). Oder aber, es wird zur Erheiterung der Teilnehmer, die Gruppe selbst, z.B. vom Fahrer während einer Besichtigung, gefilmt.

6. Reisetechnik und Organisation

6.1. Die Vorbereitung des Reiseleiters

Das Zusammenstellen der Inhalte

In der ersten Phase studiert der RL das Programm des Veranstalters im Zusammenhang mit den Katalogbeschreibungen und wählt, soweit die einzelnen Besichtigungspunkte nicht bereits im Programm spezifiziert sind, diese anhand eines Kurzführers, wie Polyglott oder Baedeker u. ä., aus.

Falls die Programmpunkte bereits festliegen, kann er schon in dieser Phase auf dem Weg liegende, nicht vorgesehene Sehenswürdigkeiten kennzeichnen, die er, je nach Interessen des Publikums, nach Zeit oder auch als möglichen Ersatz für Programmpunkte, die evtl. nicht erfüllt werden können, ins Programm aufnehmen wird.

In der zweiten Phase der Vorbereitung besorgt er sich die gängigen Reiseführer und -beschreibungen, sucht in ihnen nach weiteren Hintergrundinformationen, nach Anregungen für die Zuhilfenahme von geschichtlich-literarischen Quellen und nach Anekdotischem. Schließlich fotokopiert er die entsprechenden Seiten aus den Reiseführern, versieht sie mit einem Literaturhinweis und ordnet diese Exzerpte in der Reihenfolge der Besuchstage in ein Ringbuch.

Als Format empfehlen sich schmale DIN-A5- oder DIN-A4-Mappen. Die üblichen Aktenordner sind oft schwer im Gepäck unterzubringen, während die kleinen Mappen ohne Beschwernis auch im täglichen Handgepäck mitgeführt werden können. Das Fotokopieren ist gerade bei Rundreisen günstig, weil durch die Verschiedenartigkeit der Städte und Kunstlandschaften sehr viel Literatur notwendig ist, Bücher jedoch nicht nur durch den Transport leicht beschädigt werden, sondern das Gepäck des RLs auch in unangemessener Weise belasten, wenngleich sie auch den Vorteil bieten, daß sie ggf. als Illustration für die Reisenden herumgereicht werden können.

Das Fotokopieren und Aufteilen auf jeweils eigene Seiten pro Besichtigungsobjekt hat den Vorteil, daß sich der RL während der Führung rasch und unauffällig informieren kann, daß er die Reihenfolge in die von ihm benötigte Form bringen und eigene Ergänzungen einbringen kann. Die Reisegäste können aus den Kopien nicht sofort ersehen, welche Literatur der RL benutzt hat. In manchen Orten mag es, wenn der RL das entsprechende Hintergrundwissen besitzt, durchaus genügen, die Informationen aus einem kleinen Kurzführer zu beziehen. Trüge der RL jedoch diesen Führer während der Besichtigung mit sich, würde dies keinen guten Eindruck machen.

Das relativ genaue schriftliche Festlegen der Führung, sei es in Form von handschriftlichen Notizen oder aus verschiedenen Büchern entnommenen und zusammengestellten Exzerpten, hat den Vorteil, daß der RL am Morgen vor der Besichtigung diese Führungsbeschreibungen und Referate im Detail noch einmal nachlesen kann und dadurch eine sehr gute Erinnerungshilfe hat, auch wenn er die Reise nur relativ selten leitet.- Der Nachteil nur stichpunktmäßiger Aufzeichnungen besteht darin, daß dann, wenn der RL längere Zeit aussetzt, ihm häufig die Hintergrundinformationen zu diesen Stichpunkten entfallen.

Um nicht dazu verleitet zu werden, das genau Festgelegte einfach vorzulesen, empfiehlt es sich, die Schlüsselwörter mit Markierstift hervorzuheben und dann anhand dieser Schlüsselbegriffe und Gliederungspunkte die Führung frei zu halten. Falls der RL den Vortrag nicht frei hält, sollte er darauf achten, seine schriftlichen Unterlagen nicht zu auffällig zu benutzen und ständig einen Ordner mauerartig und damit blockierend vor dem Körper zu halten. Er sollte jenen eher seitlich des Körpers tragen und die aktuell benötigten Informationen mit einer Klammer auf dem Deckel des Ordners befestigen oder überhaupt nur die jeweils benötigten Blätter oder Karteikarten in der Hand halten. Schnelles, unauffälliges Hantieren mit den schriftlichen Unterlagen ist für ein professionelles Auftreten wichtig: Andernfalls hat der Gast den Eindruck, einen nervösen Neuling vor sich zu haben.

Neben dem Studium des Reiseablaufs und der Hilfsmittel (Prospekte, Reisebedingungen, Firmenhinweise, Reiseführer, Landkarten, Grundrisse, Ausgrabungspläne, Wanderkarten, Stadtpläne, Zoll-, Paß-, Visa- und Devisenbestimmungen) hat der RL auch Verantwortung für die Mitnahme der **Reiseunterlagen** (z.B. Teilnehmerlisten, Hotelverzeichnisse mit Angaben über gewünschte Extraleistungen, Angaben über Zahlungen an Hotels, Restaurants u.a. Leistungsträger, ausländ. Zahlungsmittel, Voucher, Schecks usw., Fahrkarten, Veranstaltungsprogramm in den Zielorten, Versicherungen, ggf. Pässe, Flugscheine...).

Methodische und didaktische Vorbereitung

Parallel zur inhaltlichen Vorbereitung läuft die methodische und didaktische Vorbereitung des RLs: Anhand des Programms, des Katalogs und seiner Stoffsammlung geht er der Überlegung nach, welche

Zielsetzungen für die entsprechende Reise maßgeblich sind; methodische Anregungen, z. B. Hinweise zu Fragestellungen, zur Eigenaktivität der Teilnehmer, zu Wiederholungen, zum Einsatz von zusätzlichem Informations- und Illustrationsmaterial, zu Interaktionsspielen usw. notiert er, möglicherweise abgehoben durch eine andere Farbgebung, in seiner inhaltlichen Vorbereitung bzw. in einer eigenen Mappe.

Zeitliche und organisatorische Planung

Parallel zur inhaltlichen und methodischen Vorbereitung verläuft die zeitliche und organisatorische Planung (auf einem eigenen Blatt, am besten in einem "**Fahrtenbuch**"): Der RL schätzt die zu fahrenden Strecken ab, legt die Abfahrtszeiten fest, bestimmt anhand der Öffnungszeiten von Museen und Kirchen die Zeiten für deren Besichtigung und legt fest, ob die Mittagspause im Hotel oder in einem Restaurant abgehalten wird. Man sollte konsequent die Adressen verschiedener Lokale, die man von früheren Reisen oder durch Empfehlungen von Kollegen kennt, in die Reisevorbereitungsunterlagen mit aufnehmen, um im Bedarfsfall möglichst schnell für die Gruppe ein Essen organisieren zu können und auch, um über die sich in diesem Bereich häufig ändernden Qualitätsstandards informiert zu sein.

Beispiel für die **zeitlich-organisatorische Planung anhand eines Tagesausfluges nach Ingolstadt** (Ausschnitt)

8.30 Abfahrt München Hbf, Arnulfstraße

9.30 Ankunft in Ingolstadt und Rundfahrt um die Befestigungsanlagen des 19. Jh., Besichtigung der Stadtmauern und Aussteigen beim "Cavalier Hepp", Weiterfahrt zum "Kreuztor", Fortsetzung ohne Bus, P beim Volksfestplatz oder Ingo-Bräu (Mittagessen), Fahrer gibt die Essensliste an Restaurant weiter

10.00-10.45 Anatomie mit Medizinhistorischem Museum und Heilkräutergarten, Tel.: 0841/305493, geöffnet: Di-So 10-12 und 14-17 Uhr; Eintritt: Erw. DM 2,-; Gruppen DM 1,- p.P.

10.45 Rundgang Stadtmauer mit Taschenturm, Hoher Schule (ehemalige Universität), vorbei am Dom

11.00-11.45 Asamkirche Maria de Victoria. Öffn. durch Mesner, durch ihn Erklärung der Lepantomonstranz. Tel.: 0841/305418, geöffnet: 9-12, 13-17 Uhr, Eintrittspreis DM 1,-

11.50-12.30 Dom, Tel. kath. Pfarramt: 0841/33386, Öffn.: 7-20 Uhr

12.45-14.15 Mittagessen im Bräustüberl Ingobräu, Kolpingstraße, Tel. 0841/34472, Gruppe bei Frau Pepernik angemeldet, 1 Freiplatz

Handelt es sich um einen Stadtrundgang in einer größeren Stadt, empfiehlt es sich, einen **Stadtplan mit eingetragenem Rundgang unter Klarsichtfolie** (Regenwetter!) auf dem Deckel der Mappe zu befestigen, um jederzeit relativ unauffällig die Route kontrollieren zu können.

6.2. Checklist Busreise

Erkundigungen vor der Abreise

- Erkundigungen zur Person des Fahrers, seiner Strecken- und Landeskundigkeit
- Telefonnummer und Adresse des Busunternehmens, äußere Erkennungsmerkmale des Busses, Größe, Ausstattung, Sitzplatzvergabe, Besonderheiten
- Erkundigungen zu Besonderheiten der Kunden (z.B. Anreise mit Zug kurz vor Abfahrt des Busses, zusätzlicher unüblicher Zustieg, Zusicherungen im Bus- oder Hotelbereich, Stammkunden, Problemkunden)
- Erkundigungen zu Besonderheiten der Hotels (z.B. Frühstücksbuffet nur für Individualreisende, nicht für Gruppe bzw. nur gegen Aufschlag, besonders hoher oder niedriger Standard, Art der Einzelzimmer, des Essens, der Trinkgeldvergabe)
- Erkundigungen zu Besonderheiten des Programms (was gefiel/mißfiel andere Male, welches sind "Problemtage", wo liegen erfahrungsgemäß die Stärken und Schwächen der Ausschreibung, was ist besonders zu beachten, was ist neu, Feiertagsregelungen, Organisation des Gepäcktransportes, wenn Bus die Straßen des historischen Zentrums nicht befahren kann)
- Erkundigungen zum finanziellen Rahmen der Reiseleitung (übliche Trinkgelder, Koffertransport ins Zimmer oder zur Rezeption inbegriffen? Begrüßungscocktail?)
- Vorbereitung der Strecke, insbesondere des ersten Tages inclusive der Ausfahrt aus dem Abfahrtsort, wenn es nicht sicher ist, daß der Fahrer die Strecke gut kennt
- Adressen/Tel. von Ansprechpartnern des Veranstalters für Notfälle
- Adressen/ Tel. Busunternehmen / Hotels zuhause hinterlegen

Zweck der Erkundigungen: Vorbereitung der Reiseleitung bei ihrer Aufgabe, wiederum die Gäste vorzubereiten, Problemsituationen vorwegzunehmen, Wissen, wo kann man entspannt handeln, wo ist besondere Konzentration, Anspannung oder Durchsetzungsvermögen notwendig.

Kurz vor der Abreise

- rechtzeitiges Eintreffen am Abfahrtsort (ca. 30-45 Minuten vor der Abfahrt)
- Einnahme eines von allen Seiten gut sichtbaren Standortes, falls der Bus noch nicht da ist und wenn er da ist in der Nähe des Einstiegs, so daß man alle Neuankömmlinge sieht und von ihnen gesehen wird
- Begrüßung der sich einfindenden Gäste
- Vergabe von Kofferanhängern des Unternehmens, soweit sie bei den Teilnehmern fehlen
- Ausschau halten nach desorientierten, "herumirrenden" Teilnehmern, insbesondere wenn an der Abfahrtsstelle viele Busse abgefertigt werden
- Begrüßung des Busfahrers, erster Kontakt und Information, Gelegenheit ergreifen, Fahrer kurz ohne Kunden zu sprechen zum Thema Strecken- und Hotelkenntnis
- Anbringen eines Schildes/Plakates des Veranstalters am Bus
- Anweisung der Busplätze bzw. Hilfe bei der Einnahme der festgelegten Busplätze
- freundlicher "Small Talk" mit den Gästen zur Erzeugung eines insbesondere in dieser ersten Phase wichtigen Sicherheitsgefühls, keine intensiven Gespräche mit Einzelpersonen, sondern Versuch, möglichst mit allen Kontakt aufzunehmen; Einprägen einiger Namen
- Vertrautmachen mit der Bustechnik
- Hilfestellung beim Verstauen des Gepäcks
- eingetroffene Teilnehmer auf Liste abhaken
- sichere Verwahrung der Fahrtunterlagen, insbesondere der Devisen

- beachten, daß die auf dem RLsitz liegenden Fahrtunterlagen von den Gästen beim Einsteigen eingesehen werden können und deshalb keine vertraulichen Mitteilungen oder Informationen enthalten dürfen
- Mikrophonprobe
- bei Verspätung von Kunden: Versuch, sie telefonisch zu erreichen, Versuch, Informationen über das Reisebüro oder den Veranstalter zum Grund der Verspätung zu erhalten, Warten lt. Absprache über den üblichen Zeitraum mit dem Veranstalter, mindestens jedoch ca. 15 Minuten
- nach Möglichkeit Hinterlassen einer Nachricht bei Fehlen eines Kunden, wenn abgefahren werden muß

Abfahrt

- bei der Abfahrt zusätzlich noch einmal durchzählen und Namen kontrollieren, da sich gelegentlich Reisegäste kurzfristig für Besorgungen, Toilette usw. absetzen
- Begrüßung der Gäste im Stehen und ihnen zugewandt
- Demonstration zu Erklärungen des Fahrers zur Bustechnik
- Bekanntgaben zur Busorganisation (Getränke, Toilette, Rauchen bzw. Bitte um Nichtrauchen im Bus)

Auf der Fahrt

- Einführungsvortrag und Gestaltung der Busfahrt durch fahrtbegleitende Kommentare, Vorträge und Musik, allerdings: Mikrophon nicht zu häufig benutzen
- Einplanung von Fahrtpausen alle 2-3 Stunden und Bekanntgabe nach Absprache mit dem Fahrer (Zeitspanne und -punkt, Uhrenvergleich, klare Angabe von Treffpunkten, ggf. wiederholt)
- Hinweise auf Toiletten geben
- Busservice; bei der Fahrt gelegentlich durch die Reihen gehen, nach Befinden/ Wünschen fragen, kurze Gespräche - Betreuungsaspekt, dem Sicherheitsgefühl der Gäste entgegenkommen
- gute Zusammenarbeit mit Fahrer anstreben; Konflikte/ Meinungsverschiedenheiten nicht vor der Gruppe austragen

- klären, welche Einzelreisende, die ein "halbes Doppelzimmer" gebucht haben, zusammen ein Doppelzimmer nehmen

Bei der Ankunft im Hotel

- ausführliche Bekanntgabe des folgenden Tagesprogrammes im Bus (nur noch zusätzliche Informationen, z.B. zur genauen Zeit des Abendessens, im Hotel, wenn Zimmerverteilung nicht im Bus durchgeführt werden kann)
- Bekanntgabe des Abendprogramms
- Erklärungen zur Stadt - erste Orientierung, Hinweis auf Freizeitmöglichkeiten, Verkehrsmittelbenutzung für die freie Zeit nach dem Abendessen
- Zimmerverteilung an der Rezeption möglichst ohne die Gruppe, die im Bus sitzen bleibt
- Vergabe der Zimmernummern, evtl. Schlüssel und endgültige Informationen zur Zeit des Abendessens, Frühstücks, zur morgendlichen Abfahrt, per Mikrophon bei noch geschlossenen Bustüren, damit alle diese wichtigen Informationen mitbekommen
- Zimmerverteilung, wenn Bus nicht vor dem Hotel halten kann und alle Gäste mit ihrem Gepäck an die Rezeption "stürzen": Gäste "ruhigstellen", Sitzplätze anbieten, von der Rezeption fernhalten, um eigene streßbedingte Fehler zu verhindern
- Listen, wer Doppelzimmer zusammen nimmt bzw. wer Einzelzimmer gebucht hat, zu Besonderheiten der Zimmervergabe vorher erstellen, um die Verteilung schnell abzuwickeln
- evtl. vor der Ankunft im Hotel anrufen, Abfrage des Speiseplans, um ggf. darauf einwirken zu können; Zimmerzahl bestätigen, insbesondere bei kurzfristigen Stornos oder Buchungen
- darauf achten, daß dem Fahrer nicht immer das schlechteste Zimmer zugewiesen wird
- Bevorzugung bestimmter Teilnehmer vermeiden; muß älteren oder gebrechlichen Teilnehmern bei der Platz- oder Zimmerverteilung ein Zugeständnis gemacht werden, muß dies so unauffällig geschehen, daß sich niemand benachteiligt fühlt.
- Abwarten an Rezeption nach Zimmervergabe, ob Probleme/ Reklamationen mit den Zimmern auftreten

- Devisen wo möglich im Safe deponieren

Während des Aufenthaltes

- Organisation eines Begrüßungscocktails und eines Abschiedsabends (soweit vom Veranstalter vorgesehen)
- Einwirken auf optimale Betreuung der Gäste unter Berücksichtigung der Landesüblichkeit, der Kategorie des Hauses und des vom Veranstalter bezahlten Preises

Vor der Abfahrt

- auf rechtzeitige Fertigstellung der Rechnung drängen und Zahlung am Abend vor der Abfahrt, da sonst häufig unliebsame Verzögerungen auftreten
- Kontrolle der Rechnung für Minibar, Telefon, Extragetränke und Video
- kontrollieren, ob alle (auch der RL!) seinen Paß zurückerhalten haben
- Abheben der Devisen vom Depot
- Organisation des Trinkgeldes für das Hotelpersonal und ggf. der örtlichen Reiseleitung
- darauf achten, daß der Fahrer vor der Abfahrt getankt hat
- Kontrolle der Zimmerschlüsselabgabe

Bei der Rückfahrt

ähnlich wie bei Anfahrt, außerdem Abschiedsrede und Kontrolle, daß im Bus nichts liegenbleibt.

6.3. Checklist Flugreise (Ude)

Ein paar Tage vor Abflug:

- Überprüfen der Flugscheine der Gäste für Flüge innerhalb des Gastlandes/der Gastländer (stimmen die Namen, die Abflug- und Ankunftsorte, die Abflug- und Ankunftszeiten mit dem Reiseplan überein?)

- Überprüfen der Flugzeitenliste auf Übereinstimmung mit dem Reiseplan
- Dauer der einzelnen Flüge ermitteln
- Art der Flugzeuge erfragen
- Entfernung zwischen den einzelnen Flugorten feststellen
- Abfordern der Ankunftsliste (Bus-, Zug-, Flugverbindungen) der Reisegäste am gemeinsamen Abflugort

Vor Abflug sollten sich folgende Dinge in Ihrer Hand befinden:

- Rooming Lists
- Passagierliste mit Angaben über Raucher/Nichtraucher und besondere Sitzplatzwünsche
- Paßlisten
- Liste mit besonderen Hinweisen
- innerdeutsche Ankunftsliste mit Flug-, Bus-, Zugnummern und -zeiten; Flugzeitenliste für alle Flüge mit Flugdauer und Zeitverschiebungen, Entfernungen zwischen den einzelnen Flugorten
- Ausdrucke der Flugbuchungen
- letzte Rückbestätigungen an Leistungsträger mit Adressen, Telefonnummern, Telexnummern, Namen der Sachbearbeiter/ Manager
- Schecks für offene Zahlungen; Voucher; Reisekasse in Travellerschecks; Abrechnungsformulare
- Reiseveranstalterpapier für Aushänge und RLbericht
- private Telefonnummern von Reiseveranstalter-Verantwortlichen; Reiseveranstalter-Prospekt und Reisebedingungen
- Visitenkarten
- Ersatzkofferanhänger
- Ersatzkoffergurt

Auf dem Flughafen des Abflugortes:

- innerdeutsche Ankunftsliste überprüfen (bei Unregelmäßigkeiten durch Schlechtwetter, Verspätungen, Alternativen vorbereiten, ggf. Reiseveranstalter anrufen)
- am Flugschalter (mindestens zwei Stunden vorher da sein) nach Unregelmäßigkeiten fragen
- beim Reservieren Wünsche der Reisegäste berücksichtigen
- liegen keine Wünsche schriftlich vor, möglichst die besten Plätze besorgen
- ggf. Gästen beim Einchecken behilflich sein
- Reisegäste am Flugschalter oder ggf. unmittelbar vor dem Abfluggate begrüßen und gegenseitig vorstellen
- Fragen/Probleme klären

Während des Hinfluges:

- Anfertigen einer Gepäckstückliste (Anzahl der aufgegebenen und Anzahl der Handgepäckstücke pro Person ermitteln)
- Zeit nutzen zum ersten individuellen Kennenlernen der Reisegäste
- Ansagen der Zwischenlandungen mit den dortigen Aufenthaltszeiten, der lokalen Zeit und der jeweiligen Zeitverschiebung
- Hilfestellung beim Ausfüllen der Einreiseformulare geben
- Ansage des allgemeinen Treffpunktes nach der Landung (je nach Flughafenverhältnissen nach dem Gate, vor der Paßkontrolle oder..., immer aber an einem Ort, der auch für die Gäste leicht zu finden ist!)

Während aller weiteren Flüge:

- Reisegäste auf geographische Besonderheiten, Landschaftsstrukturen usw. hinweisen, d.h. Vogelperspektive nutzen, um bei späteren Erläuterungen zur Landschaft darauf zurückverweisen zu können

Unmittelbar nach der Ankunft:

- am vereinbarten Treffpunkt auf alle Reisegäste warten

- einen neuen Treffpunkt nach der Gepäckannahme (baggage claim) vereinbaren
- alle Reisegäste durch den Zoll schleusen, dabei als letzte/r durchgehen, um bei evtl. Problemen/Verständigungsschwierigkeiten zu helfen
- bei der Gepäckannahme behilflich sein und Entfernen der Luftverkehrsanhänger
- bis zuletzt bei der Gepäckannahme bleiben, um dort evtl. Probleme mit dem Gepäck zu regeln
- bei Gepäckverlust oder -beschädigung unbedingt die schriftliche Bestätigung der verantwortlichen Fluggesellschaft einholen, P.I.R. (= Passenger Irregularity Report)
- Kontaktaufnahme mit dem Transfer-RL in der Ankunftshalle und Absprache der wichtigsten Termine und des Vorgehens für den nächsten Tag
- Gäste zum Bus begleiten
- Gepäckverladen beobachten
- 1. Busansprache zusammen mit dem Transfer-RL, je nach Ankunftszeit und Flugdauer variieren
- in jedem Fall den weiteren Ablauf, das Tagesprogramm, den nächsten Treffpunkt klar und präzise darstellen
- Weiterflug rückbestätigen (Flight Reconfirmation)

  persönlich bei der Fluggesellschaft (schriftlich - mit Kopie -, fernmündlich - Name des Bearbeiters der Fluggesellschaft geben lassen, "just in case")
- internationale und ggf. auch nationale Flugscheine der Reisegäste einsammeln, denn dies erleichtert das nächste Einchecken, da Flugcoupons zeitig herausgerissen werden können
- Flugtickets sicher aufbewahren

Check-In:

- rechtzeitig, d.h. i.d.R. 2 1/2 Std. bei internationalen und 1/2 bis 1 Std. bei innerstaatlichen Flügen, am Flughafen sein (ist auch abhängig von der Gruppengröße und den Verhältnissen am Flughafen!)

- entsprechende Flugcoupons gebündelt zur Hand haben
- auf Größe und Schwere des Handgepäcks achten (je nach den Regularien der jeweiligen Fluggesellschaft) und nach derzeitigem Gepäckbestand fragen und ggf. Gepäckstückliste korrigieren
- Flugcoupons (bei internationalen Flügen auch den Reisepaß) beim Schalter der Fluggesellschaft vorzeigen
- bei Platzvergabe auf Sonderwünsche achten
- Bordkarten und Gepäckscheine in Empfang nehmen, nachzählen
- Bordkarten an Reisegäste verteilen
- Gepäckscheine jedoch selbst behalten
- das Abfluggate ansagen und dort mit den Gästen zur Boarding-Zeit verabreden

Beim Rückflug:

- Durchchecken der einzelnen Gepäckstücke bis zu den innerdeutschen Heimatflughäfen

6.4. Formulare - Berichte und Abrechnungen (Albert)

Zu den weniger beliebten, aber dennoch wichtigen Tätigkeiten eines jeden Reiseleiters gehören die administrativen Aufgaben wie Reiseleiterberichte und Abrechnungen. Auf Grund der Vielzahl und der Verschiedenheit der Veranstalter und Reisearten wurden im Laufe der Jahre verschiedenste Formulare und Formen der Berichterstattung über den Verlauf einer Reise oder die Ereignisse im Zielgebiet und deren Abrechnungen entwickelt. Im wesentlichen kann man diese Vielfalt jedoch auf jeweils wenige grundlegende Typen reduzieren:

- den Bericht der Standortreiseleitung,
- den Abschlußbericht eines Reiseeinsatzes,
- die Abrechnung des Ausflugsprogramms,
- die Abrechnung am Ende eines Reiseeinsatzes.

Der Bericht der Standortreiseleitung

Diese Berichte werden je nach Vorgabe des Veranstalters wöchentlich bzw. 14-tägig und teilweise monatlich erstellt. Ihr Inhalt bezieht sich auf den täglichen Kontakt des Reiseleiters mit den Reisegästen während der Sprechstunden im Zielgebiet. Erfaßt werden Reklamationen, deren Bearbeitung und die Gewährung von Kulanzleistungen, Sonderwünsche von einzelnen Gästen wie z. B. eine Verlängerungswoche oder Hotelwechsel, Unfälle, Krankheiten, Dokumentenverlust, Diebstähle und Auseinandersetzungen mit den Behörden des Gastlandes. Weiterhin erwartet der Veranstalter Hinweise über Unregelmäßigkeiten bei Transferfahrten und Ausflügen sowie die Zusammenarbeit mit den örtlichen Leistungsträgern und der Agentur. Natürlich sollte der Reiseleiter Vorschläge über mögliche Verbesserung des Aufenthaltes der Gäste im Zielgebiet und damit des Erholungswertes des Urlaubs einbringen. Dadurch trägt er dazu bei, daß die Gäste zufriedengestellt werden, der Reiseveranstalter an Ansehen gewinnt und die Gäste wiederholt beim Veranstalter buchen. - Die Zwischenberichte werden wöchentlich per **Co-Mail** in besonders gekennzeichneten Koffern an die Firmenzentrale überstandt. Diese enthalten ausschließlich Geschäftsunterlagen (Hotel-, Transfer-, und Passagierlisten, Tickets, Anhänger, offene Briefe, geschlossene Briefe bis DIN A5 bzw. bei größerem Format mit Siegel).

Der Abschlußbericht am Ende eines Reiseeinsatzes

Im wesentlichen befassen sich diese Berichte mit dem Verlauf einer in sich geschlossenen Reise vom Beginn der Tour bis zur Rückkehr in den Heimatort der Gäste. Besonders erwähnt werden dabei die Transportleistungen, die Unterkunft und die Verpflegung während der Anreise und am bzw. in den Zielorten, das Ausflugsprogramm, die Zusammenarbeit und Leistung der Kollegen (z.B. örtliche Fremdenführer und Busfahrer). Selbstverständlich werden auch in diesen Berichten außergewöhnliche Vorkommnisse und Unregelmäßigkeiten wie in den Standortreiseleiterberichten vermerkt. Im Unterschied zu der Standortreiseleitung, deren Gäste ständig wechseln, betreut der Reiseleiter einer Städte-, Rund-, Sprach- oder Studienreise eine Gemeinschaft von Gästen, die sich erst während der Reise als Gruppe formiert. Deshalb müssen das Klima und die Stimmung in der Reisegruppe, die unterschiedlichen Bedürfnisse und Erwartungen der Gäste zusätzlich geschildert werden, um bei der Planung und Ausarbeitung von neuen Reiserouten die individuellen Gastwünsche stärker berücksichtigen zu können und die Leistungen der Transportunternehmen, Hotels und Kollegen zu maximieren.

Die Abrechnung des Ausflugsprogramms

Im Bereich der Standortreiseleitung und bei Reisen von Veranstaltern, die zusätzlich zu den Reiseleistungen ein Zusatzprogramm in Form von Ausflügen vor Ort anbieten, sind diese vom Reiseleiter gesondert abzurechnen. Auf einem vom Reiseveranstalter vorgegebenen Formular in Form einer Liste werden die Anzahl der von den Gästen gebuchten Ausflüge und zusätzliche Sonderleistungen auf diesen und die eingenommene Beträge erfaßt. Je nach Ausflugsziel und -dauer erhält der Reiseleiter pro verkauftem Ausflug Umsatzprovision. Die Höhe variiert von Veranstalter zu Veranstalter und ist seine freiwillige Leistung zusätzlich zum Verdienst der RL. Auch diese Provisionen sind auf den Formularen festzuhalten. Abgerechnet wird in der Regel wöchentlich mit der vor Ort ansässigen Agentur. Auf weiteren Formularen erfolgt die Abrechnung der durch den Reiseleiter vermittelten Mietwagen, Motorroller, u.ä., wobei auch hier Provisionen in unterschiedlicher Höhe gewährt werden.

Die Abrechnung am Ende eines Reiseeinsatzes

Bei den meisten Veranstaltern erhält der Reiseleiter vor Beginn der Reise gemeinsam mit seinen Unterlagen Voucher sowie Gelder und Devisen zur Begleichung von geplanten und unvorhergesehenen Ausgaben. Während der Reise nimmt der Reiseleiter auch Gelder ein. Die Einnahmen und Ausgaben sind am Ende jeder geleiteten Reise gegenüber dem Veranstalter zu belegen und abzurechnen.

Solche Einnahmen sind zum Beispiel:

- Wechsel der Verpflegungsart im Hotel
- Wechsel der Unterbringungsart (z.B. Einzel- statt Doppelzimmerbelegung)
- Flugumbuchungen
- Zubuchung von Sonderleistungen lt. Veranstalterkatalog

Für jede Einnahme ist eine **Quittung** auszustellen. Die Einnahme kann in Form von **Bargeld**, **Schecks**, **Kreditkartenabzügen** oder **Gutscheinen** erfolgen.

Zu den **geplanten Ausgaben** gehören abhängig von den im Reisepreis enthaltenen Leistungen des Veranstalters u.a. die folgenden:

- Kosten für Hotel und Verpflegung, Transportleistungen
- Eintrittsgelder

- Honorare für die örtlichen Fremdenführer
- Fahrgelder für Boots- und Bergbahnfahrten, Sessellifte und Fahrten mit öffentlichen Nahverkehrsmitteln
- Straßen- und Autobahngebühren (Maut)
- Parkplatzgebühren
- Kurtaxen und Bedienungsgelder
- Telefon, Fax- und Kopiergebühren, Porto
- evtl. Kosten für Unterkunft und Verpflegung des Fahrers und der Reiseleitung
- Aufwendungen der Reiseleitung (z.B. Arbeitsmaterial, Taxi etc.)
- Spesen der Reiseleitung

Unvorhergesehene Kosten können sein:

- Bewirtung und Aufmerksamkeiten für Gäste (z.B. Geburtstag, Hochzeit, VIP)
- Busreparaturen
- Rechnungen für Arztbesuche und Medikamente

Alle Einnahmen und Ausgaben müssen durch Quittungen bzw. Rechnungen belegt werden. Es ist ratsam, zur eigenen Übersicht und Kontrolle Kopien der Belege anzufertigen. Die anvertrauten Gelder und Fremdwährungen bleiben bis zur endgültigen Abrechnung beim Veranstalter in der persönlichen Obhut des RL. **Hotelsafes** und **Schließfächer** sollten unbedingt genutzt werden.

Auch bei der Bewältigung der administrativen Aufgaben hält die moderne Technik Einzug. Vorreiter ist in dieser Hinsicht die **TUI.** Sie setzt im Bereich Standortreiseleitung seit dem vergangenen Jahr zur Erleichterung und Vereinfachung der Buchung und Abrechnung der Ausflüge in den Zielgebieten sogenannte **Reiseleiter-Abrechnungs-Terminals**, kurz **RAT** genannt, ein. Diese sehen denen der Zugbegleiter in den Zügen der Deutschen Bahn ähnlich. Die TUI unterscheidet eine große und eine kleine Version des RAT. Von der großen Version werden mittlerweile schon 260 Stück von den Reiseleitern in den spanischen Urlaubsgebieten eingesetzt.

Mittels einer Cartridge, einem Magnetband, welche in das Gerät eingesetzt wird, erfolgt der Austausch der erforderlichen Daten zwischen dem

Terminal jedes Reiseleiters, den Computern in den örtlichen Agenturen und der TUI-Service-Abrechnung in Hannover. Dem Reiseleiter stehen damit alle Informationen zu den Ausflügen, die in den von ihm betreuten Hotels angeboten werden, zur Verfügung. Das sind die Ausflugsbezeichnung, die Zeiten, der Preis, Ermäßigungen, Pick-Up-Points und Zahlungsarten.

Bucht nun ein Reisegast während der Sprechstunde einen Ausflug, werden über die Tastatur die Kennung des Ausfluges, das Datum, die Hotelnummer, die Zimmernummer und die Anzahl der Erwachsenen und Kinder eingegeben. Das Gerät fragt die Zahlungsart ab, die mittels TUI-VISA-Card, TUI-Service-Card, per Scheck oder bar erfolgen kann; dann werden die Tickets gedruckt. Gleichzeitig kann der Kunde einen Antrag auf die TUI- Karten stellen. Bezahlt er auf diese Art, erhält er meistens einen Rabatt in Höhe von 5% auf den Preis der gebuchten Ausflüge. Ist der Betrag von der Karte abgezogen bzw. bar entrichtet, druckt das Reiseleiter-Abrechnungs-Terminal den Verkaufsbeleg aus.

Welchen Nutzen hat das RAT? Neben der enormen Arbeitserleichterung - die manuelle Ausstellung der Tickets und der Kreditkartenslips, das Ausfüllen der Abrechnungslisten entfallen jetzt - werden durch die Plausibilitätsprüfung (auf den Tickets konnte mal eine falsche Abfahrtszeit oder -ort eingetragen sein) Fehler weitestgehend vermieden. Die elektronische Verarbeitung der Daten über die Magnetbänder vermindert die Papierflut an Kreditkartenabzügen und Abrechnungslisten (Unleserlichkeit, Zahlendreher und Verlust gehören der Vergangenheit an). Durch die elektronische Auswertung der Cartridges können in den Agenturen die Einsätze der Busse besser koordiniert werden. Nicht zuletzt werden über den möglichen Einsatz der Kundenkarten oder der Antragstellung dazu die Kunden stärker gebunden.

Von der kleineren Version des Reiseleiter-Abrechnungs-Terminals existieren bei der TUI momentan 240. Sie dienen vorrangig zur Bezahlung per Service- oder Kreditkarte und helfen bei der Verringerung der Belegflut. Die Tickets werden noch manuell ausgestellt.

Im **Anhang** finden Sie einige **Originalformulare für Abrechnungen und Berichte**, wie sie von Reiseveranstaltern verwendet werden.

6.5. Organisatorische Problembereiche bei der Besichtigung

Folgende Liste gibt häufig auftretende Fehler von RL und Gästeführern in der Organisation wieder:

- Umgang mit (zu) großen Gruppen (z.B. durch Aufteilung bei Stadtbesichtigungen, gute Plazierung bei Erklärungen)
- Kenntnis der genauen Öffnungszeiten bei Besichtigungen (auch Feiertagsregelungen)
- Kenntnis technischer Einrichtungen (z.B. Beleuchtungsmöglichkeiten)
- rechtzeitige und klare Angabe gut zu findender Treffpunkte; eindeutige Absprachen
- Vorträge und Informationen zum richtigen Zeitpunkt
- Einschätzung, welche Art von Vorträgen für den Bus, welche für die Führung vor Ort geeignet sind
- dramaturgische Planung auf einen Höhepunkt zu (nicht darüber hinaus gehen)
- rechtzeitige Planung eines Schlechtwetter-Programms
- flexibler Umgang mit dem Standardprogramm (ggf. Straffung, Umstellung)
- rechtzeitige Einplanung von sinnvollen Pausen, die möglichst vielfältig nutzbar sind (Toilette, Café, Einkäufe)
- ordentlicher und gewandter Umgang mit den eigenen Unterlagen
- bei Kreuzungen, Ampeln, überraschendem Einbiegen in Seitenstraßen auf alle Mitglieder der Gruppe warten
- Erzeugen von Ruhe trotz straffer Zeitplanung (nicht von Hetze, z.B. durch ständigen Blick auf die Uhr oder Erklärungen im Gehen, sehr schnellen Gang - lieber ein weniger wichtiges Objekt auslassen, Zeitpolster einplanen)
- überlegte Standortwahl, so daß die Teilnehmer dabei nicht von der Sonne geblendet werden oder große Unannehmlichkeiten haben (z.B. steiler Blick nach oben, Teilnehmer stehen im Dreck)

- wenn möglich bei längeren Erklärungen Sitzgelegenheiten anbieten
- Rücksicht auf den Biorhythmus (keine schwere geistige Kost nach dem Mittagessen)
- Bedürfnisse der Gäste und die Strecke gut kennen (z.B. Photostops an geeigneten Stellen)
- sinnvolle Überbrückung von Wartesituationen
- gutes, durchdachtes Timing (mit Zeitpolstern und Pausen; möglichst in Verbindung mit einem Fahrtenbuch)
- das ausgeschriebene Reiseprogramm erfüllen (Reiserecht); im Notfall ein Objekt, das ausfallen mußte, durch ein möglichst gleichwertiges ersetzen
- bei organisatorischen Änderungen: Problematisch ist das Anbieten mehrerer Alternativen, Gefahr der Gruppenspaltung. Maßnahme, für die man sich entschieden hat, positiv begründen
- Abstand und Standort in bezug zur Gruppe: jene im Halbkreis, Führer seitlich, um sich leicht zur Gruppe und zum Objekt wenden zu können, ohne jeweils eine volle Drehung vollziehen zu müssen; Beschallung so nicht im Winkel von 180 Grad und damit effektiver; Erklärung mit Blickkontakt zum Publikum, nicht zum Gebäude oder Gemälde
- Berücksichtigung auch der weniger dominanten Teilnehmer; sich nicht von starken Persönlichkeiten, z.B auf den ersten Bussitzplätzen, zu sehr mit Privatgesprächen vereinnahmen lassen. Wenn sich im Bus oder in der Gruppe interessante Fragen

  ergeben, diese wiederholen und für alle beantworten
- Überprüfen der Vollzähligkeit
- bei größeren Gruppen oder wenig disponibler Zeit rechtzeitige Planung des Mittagessens (z.B. 2-3 Menüvorschläge bereits im Bus auswählen lassen, vormittags telefonisch an Lokal durchgeben)
- auf guten Platz im Restaurant (Aussicht, Belüftung, nicht neben dem Service-Eingang) und gute Essensqualität für die Gruppe bestehen (contra "Massenabfütterung")

- beim Frühstück sich keinen Zwang für gemeinsamen Beginn aufschwatzen lassen, da manche lieber lange und in Ruhe frühstükken, manche lieber länger schlafen
- Ober rechtzeitig zum Kassieren auffordern bzw. instruieren, daß Extras für Getränke usw. sofort einkassiert werden müssen
- beim Essen nicht immer mit den gleichen Personen sitzen, sondern wechseln
- Hinweis auf notwendige Kleidung (z.B. kalte Kirchen und Schlösser, feuchte Grotten)
- Hinweis auf Gefahren
- Hinweise zur Vorsorge gegen Diebstahl und zur sicheren Aufbewahrung von Wertsachen
- dagegen einwirken, daß Reisegäste bei der Fahrt durch den Bus laufen; der RL sollte jedoch gelegentlich seinen Platz vorne verlassen und durch den Bus gehen, um nach dem Befinden der Kunden zu fragen, kleine Gespräche zu führen
- Eintrittskarten, soweit nicht im Preis inbegriffen sind, möglichst für alle Gäste kaufen und Geld danach im Bus einsammeln
- Vorwegnehmen von Problemen, z.B. Einstimmung auf die Art der Zimmer, Schiffskabinen
- Zimmerverteilung: Gäste im Bus warten lassen; erst Informationen (z.B. wann und wo man ißt), dann Schlüsselverteilung (sonst sind die Gäste abgelenkt und zu unaufmerksam)
- nach der Zimmerverteilung noch ca. 10 Min. an der Rezeption warten
- ständige Erreichbarkeit der Reiseleitung notwendig? Zimmer- oder Kabinennummer nicht unbedingt allen bekanntgeben, aber an der Rezeption für evtl. Notfälle
- über Telefonieren und Post Bescheid wissen, evtl. Telefonmünzen und Briefmarken für die Teilnehmer besorgen
- sich um körperbehinderte oder gesundheitlich eingeschränkte Reiseteilnehmer kümmern, soweit dies der Gruppe zumutbar ist, aber auch Grenzen ziehen, wenn erwartet wird, daß einzelne Teilnehmer oder die Reiseleitung ständig diese zusätzliche Betreuungsaufgabe übernehmen und damit überfordert sind

6.6. Problemsituationen und "Pannenprogramm"

Während bei der Standortreise die Qualität der Hotels, des Essens, der Verkehrsmittel, insgesamt also **materielle Probleme** für die Reiseleitung im Vordergrund stehen, sind es bei der Rundreise zudem **zwischenmenschliche Situationen**, die Konflikte zwischen den Gästen und der Reiseleitung, in der Gruppe oder allgemein hervorrufen können. Viele dieser Problemsituationen können durch die Reiseleitung vorweggenommen, vorweg gelöst und damit entschärft werden. Auch kann man verschiedene Lösungsstrategien vorher durchdenken und dann später schneller und professioneller entscheiden.

Hierbei empfiehlt sich folgende **Vorgehensweise**[205]:

1. Herausstellen des Problemkerns
2. Herausarbeiten, wer davon wie betroffen ist (z.B. finanziell, psychisch, gesundheitlich, zeitmäßig)
3. Aufstellen verschiedener Handlungsstrategien (Vorteile, Nachteile)
4. Herausarbeiten der in diesem Fall besten Lösung
5. Evtl. nachträgliche Beurteilung und Korrektur der Entscheidung

Problembeispiele:

Kurz vor der Abfahrt

- Ihre Freundin/Ihre Frau möchte gerne die Busreise mitmachen. Sie wissen, daß dies von Ihrem Unternehmen nicht gerne gesehen wird.
- Ein naher Angehöriger ist schwer erkrankt. Morgen soll Ihre Reise beginnen.
- Im Unternehmen hat man vergessen, Ihnen die Voucher für die Hotels mitzugeben.

Bei Reisebeginn

- Sie sind so heiser, daß Sie bloß flüstern können.
- Ein Gast kommt nicht. Einer seiner Freunde sagt, er komme bestimmt noch - Sie warten schon eine halbe Stunde.
- Sie stellen kurz nach der Abfahrt fest, daß Sie einen Ihrer Vorbereitungsordner vergessen haben.

Während der Anreise

- Die Bustoilette ist abgestellt, weil Winter ist. Der Fahrer sagt, das Wasser friere sonst ein. In Ihrem Prospekt wird ein moderner Reisebus mit Toilette versprochen.
- Eine Teilnehmerin, von der Sie wissen, daß sie zuckerkrank ist, zeigt plötzlich Gedächtnisausfälle und droht ohnmächtig zu werden.
- Ein älterer Reiseteilnehmer kann die Blase nicht mehr halten. Einige Gäste lassen vernehmen, es rieche übel im Bus.
- Der Busfahrer möchte einen großen Betrag Schwarzgeld über die Grenze schmuggeln, was mit hohen Strafen geahndet wird
- Einige Gäste streiten sich wegen der Musik im Bus: Ein Teil will überhaupt keine hören, die anderen würden gerne immerzu Musik hören.
- Ein Gast hat an der Grenze seinen Paß nicht.
- Der Fahrer ist arbeitsunfähig.

Bei der Ankunft im Hotel

- Das Hotel hat die Gruppe ohne vorherige Ankündigung in ein angeblich gleichwertiges Hotel ausquartiert. Sie hatten im Bus schon Prospekte des (sehr schönen) Hauses verteilt. Die Gäste sind enttäuscht.
- Die versprochenen Einzelzimmer sind nur zum Teil vorhanden. Die betroffenen Kunden sind erbost und schreien, daß sie keinesfalls bereit sind, mit jemand anderem ein Doppelzimmer zu teilen.
- Ein Gast hat Zimmer mit Dusche und WC gebucht, das Hotelzimmer hat keine Dusche.

Während der Reise

- Sie beobachten, daß Ihre Gruppe im Restaurant nie Trinkgeld gibt. Dies wird jedoch vom Personal erwartet. Sie haben von Ihrem Unternehmen dafür keinen Betrag zur Verfügung.
- Der örtliche Guide bietet Ihnen an, Geld zu einem sehr interessanten Schwarzmarktpreis zu tauschen.
- An einem "bunten Abend" wird viel Alkohol getrunken. Dabei stellt sich heraus, daß ein Teilnehmer Alkoholiker ist.
- Sie beobachten einige Teilnehmerinnen, die sich beim Frühstück mit Proviant versorgen. Sie haben Bedenken, daß diese Unsitte um sich greift, wenn Sie nichts dagegen unternehmen.
- Eine Teilnehmerin hatte ein Verhältnis mit dem Busfahrer. Nach einigen Tagen haben Sie den Eindruck, er will nichts mehr von ihr wissen. Sie verfolgt ihn jedoch bei jeder Gelegenheit. Seine Laune, auch den Gruppenmitgliedern und Ihnen gegenüber, wird immer schlechter, so daß er zu einer Belastung wird.
- Der Busfahrer trinkt am Abend im Hotel so viel Alkohol, daß er volltrunken von der Reiseleitung und einigen Teilnehmern zu Bett gebracht werden muß. Am nächsten Morgen sagen einige Gäste, sie wollen nicht in den Bus einsteigen und man solle einen Ersatzbus ordern. Der Fahrer droht, er werde in diesem Fall sofort nach Deutschland zurückfahren.
- Sie werden krank und sind so schwach, daß Sie nicht aufstehen können.
- Sie beobachten einen Teilnehmer, der in einem Museum einen ungesicherten Gegenstand in seiner Tasche verschwinden läßt. Sie zögern, ob Sie ihn darauf ansprechen und auffordern sollen, den Gegenstand zurückzulegen: Es wäre nicht nur die Reise empfindlich gestört - Sie vermuten, daß er leugnen und sich weigern würde, seine Tasche zu öffnen. Eine Anzeige zöge eine Gefängnisstrafe für den entsprechenden Teilnehmer nach sich.
- Ein Kunde macht sich offensichtlich einen Spaß daraus, ständig vor Gruppenmitgliedern Ihr Unternehmen und RL anderer Fahrten, an denen er bisher teilgenommen hat, schlecht zu machen. Sie selbst hat er bisher verschont.
- Ein Teilnehmer sondert sich ständig ab, hat mit niemandem der Gruppe Kontakt.

- Sie kommen von einem Ausflug zurück und erfahren an der Rezeption, es sei angerufen worden: Der Ehemann einer Teilnehmerin ist verstorben.

Auf der Rückfahrt

- Ein junges Mädchen fehlt morgens bei der Rückfahrt und ist auch im Hotel nicht zu finden. Als man in ihr Zimmer kommt, findet man das Bett unberührt.
- Sie haben herausbekommen, daß ein Teilnehmer Antiquitäten schmuggelt. Wenn dies rauskommt, wird der Bus an der Grenze mindestens einen halben Tag festgehalten werden.
- Beim Endhalt des Busses stellen Sie fest, daß ein Koffer fehlt, dafür aber ein fremder Koffer unter Ihrem Gepäck steht.

Aufgabe: Suchen Sie weitere Beispiele von Pannen und Problemen auf Reisen, und entwickeln Sie nach obigem Muster verschiedene Lösungsstrategien, aus denen Sie die beste heraussuchen!

Verhalten in ausgewählten Problemsituationen:

Schwere Krankheit oder Unglücksfall eines Reisegastes:

- telefonische Verständigung eines Arztes bzw. des Notdienstes
- evtl. ruhige Lagerung des Kranken
- evtl. Durchsuchung der Tasche nach Informationen über Krankheiten, wenn keine Bekannten oder Angehörigen dabei sind
- Zusammenstellen der Informationen zur Krankheit bzw. zum Unfall
- Zusammenstellen der Papiere und Reiseunterlagen des betroffenen Kunden (Paß, Versicherungsunterlagen, Devisen, sonstige Unterlagen)
- vorübergehende Reiseleitung durch den Fahrer, wenn der betroffene Gast ohne Begleitung war, und Information der anderen Reisegäste
- Information des Veranstalters und Quittierung sämtlicher Ausgaben

Zusammenstellung einer **Liste mit folgenden Daten**

1. Name und Heimatadresse des betroffenen Kunden
2. Adresse und Telefonnummer des Krankenhauses
3. Behandlungsabteilung und Name des behandelnden Arztes, Diagnose
4. Name der Begleitperson bzw. Adresse und Telefonnummer der nächsten Angehörigen
5. Anschrift der Versicherungen und Versicherungsnummern
6. Weiterer Verlauf der Reise und Entscheidung, ob der Gast die Reise fortsetzen kann, im Krankenhaus bleiben oder heimtransportiert werden muß.

Tod eines Reisegastes

- Verständigung eines Arztes
- Gruppenmitglieder, wenn sie es nicht selbst erfahren, nicht informieren
- Zusammenstellung der Personalpapiere des Verstorbenen in Anwesenheit eines Zeugen
- der RL sollte sich nicht selbständig mit den Angehörigen des Verstorbenen in Verbindung setzen
- Verständigung des Veranstalters (Name, Teilnehmernummer, gebuchte Leistungen des Verstorbenen, Zeitpunkt und Ursache des Todes, Personaldaten) und Abwarten weiterer Instruktionen
- Benachrichtigung: deutsche Botschaft bzw. zuständige diplomatische Vertretung (Übersetzung offizieller Dokumente, wie Totenschein, polizeiliche Dokumente, Ausfuhrbewilligung der Leiche usw. sind in eine beglaubigte Übersetzung zu übertragen), Bestattungsunternehmen, Agentur, Polizei

6.7. Technik der Reklamationsbearbeitung (Schuster, Müller)

Die Überschrift dieses Abschnitts wird vermutlich nur bei wenigen RL/innen helles Entzücken hervorrufen, da sie sich meist in unerfreulichen Situationen mit solchen Dingen beschäftigen müssen. Dies wird jedoch durch eine gute Vorbereitung erleichtert, und dabei versuchen die Autoren, die seit vielen Jahren gemeinsam Schulungseinheiten für RL durchführen, mit kurzen, aber prägnanten Erörterungen zu helfen.

Sicherlich sind RL, die ausschließlich nach der Rechtslage handeln, nicht immer gut beraten; die Zufriedenheit der Kunden wird oft auch über andere, mehr atmosphärisch betonte Wege erreicht. Dennoch ist eine genaue Kenntnis des Reiserechts und ein breites Repertoire in juristisch bedeutsamen Situationen die Grundlage für alle professionellen touristischen Tätigkeiten, u.a. auch, um die eigenen Spielräume ausloten zu können. .- Daher sollen zunächst die für den RL wichtigen Zusammenhänge des Reiserechts erläutert werden, bevor wir uns mit der für die Praxis bedeutsamen Reklamationsbearbeitung, beschäftigen.[206]

Juristische Grundlagen (gemäß §§ 651a-k BGB)

1. Was ist ein Reisevertrag?

Der Reisevertrag wird zwischen dem Reiseveranstalter und dem Reisenden geschlossen. Beide Seiten verpflichten sich darin zum Erbringen und Austauschen einer Leistung: "Der Reiseveranstalter verpflichtet sich, dem Reisenden eine Gesamtheit von Reiseleistungen zu erbringen. Der Reisende ist verpflichtet, dem Veranstalter den vereinbarten Reisepreis zu zahlen." (§ 651a, Abs.1 BGB)

Die einzelnen Elemente des Reisevertrags lassen sich wie folgt beschreiben: - Das Angebot für den Vertragsabschluß kommt durch die **Anmeldung** des Reisekunden - und nicht etwa durch den Prospekt! - zustande. Erst die Bestätigung des Veranstalters macht den Vertrag perfekt, vorausgesetzt, das Angebot und die Bestätigung stimmen überein.

- Grundlage für den Vertragsinhalt ist die **Prospektausschreibung** einer Reise und die dazugehörige **Beschreibung der Leistungen**. Auch mündliche Zusicherungen können Bestandteil des Vertrags sein (z.B. die Zusicherung eines behindertenfreundlichen Ortes für einen Rollstuhlfahrer). Wenn sich solche Zusagen als unkorrekt herausstellen, hat jedoch der Reisende die Beweispflicht.

- Die "**Allgemeinen Geschäftsbedingungen**" (AGB), gemeinhin auch das "Kleingedruckte" genannt, sind nur vertragsgültig, wenn der Reisende in "zumutbarer Weise" (in der Regel durch den Abdruck im Prospekt) davon Kenntnis nehmen kann. Jeder RL sollte sie unbedingt kennen!

2. Wer ist wofür verantwortlich?

a) Die Pflichten des Reiseveranstalters

"Der Reiseveranstalter ist verpflichtet, die Reise so zu erbringen, daß sie die zugesicherten Eigenschaften hat (also der **Ausschreibung entspricht** - d. Aut.) und nicht mit Fehlern behaftet ist, die die Tauglichkeit zu dem gewöhnlichen oder nach dem Vertrag vorausgesetzten Nutzen aufheben oder mindern." (§ 651c, Abs. 1 BGB)

Anmerkung: Mit dem "gewöhnlichen Nutzen" sind bisherige Erfahrungswerte bzw. das allgemeine Verständnis gemeint, ohne daß es ausdrücklich schriftlich fixiert werden muß.- Beispiele: Der RL muß "gewöhnlich" erreichbar sein. Eine "ruhige Lage" verträgt sich nicht mit Baustellenlärm. Hingewiesen sei auch auf die neuen "Informationspflichten von Reiseveranstaltern"

b) Die Pflichten der Leistungsträger

Unter dem Begriff "Leistungsträger" sind die Vertragspartner des Reiseveranstalters zusammengefaßt, die für einzelne Reiseleistungen verantwortlich sind (z.B. Busunternehmen, Hotels, Sportschulen). Sie **haften gegenüber dem Veranstalter** und nicht direkt gegenüber dem Reisenden. Da der RL vor Ort den Veranstalter vertritt, arbeitet er demzufolge mit den Leistungsträgern zusammen und sollte daher die vertraglichen Vereinbarungen zwischen dem Veranstalter und seinen Vertragspartnern kennen, um darauf einwirken zu können.

c) Die Pflichten des Reisenden

Von dem Reisekunden wird verlangt, daß er dem Veranstalter - vor Ort vertreten durch den RL - einen **auftretenden Mangel anzeigt** und ihm die Möglichkeit gibt, ihn innerhalb einer angemessenen Zeitspanne zu beseitigen bzw. eine **Abhilfe** so herbeizuführen, daß eine Alternative gefunden wird, die den Kunden zufriedenstellt ("nachbessern").

Sollte der RL nicht erreichbar sein, so muß sich der Reisende gegebenenfalls auch direkt an den Veranstalter wenden (z.B. per Telefon oder Telefax).- Weiterhin wird von ihm verlangt, daß er die Reise nicht durch "Umstände", die in der eigenen Persönlichkeit liegen, beeinträchtigt (z.B. für andere Reisende). In diesem Fall kann der RL den Kunden abmahnen und ihn bei gravierenden Wiederholungen sogar von der Reise ausschließen ("**Mitwirkungspflicht**").

d) Die Pflichten der RL/innen

Der RL muß für den Reisenden vor Ort **erreichbar** sein. Das bedeutet zumindest eine Anwesenheit zu **regelmäßigen Sprechstundenzeiten** sowie darüber hinaus eine telefonische Erreichbarkeit bzw. Möglichkeiten zum Hinterlassen von Nachrichten (z.B. über ein eigenes Brieffach im Hotel).

Nach dem Eingang einer Reklamation muß der RL "im Rahmen des Möglichen und Zumutbaren" den **Mangel beseitigen bzw. Abhilfe schaffen**. Dazu muß er zunächst so bald wie möglich überprüfen, ob der angezeigte Mangel auch seiner eigenen Meinung nach existiert und korrekt vom Reisenden geschildert wurde. Ist dies der Fall, dann wird von ihm verlangt, daß er innerhalb einer angemessenen Frist (ca. 1-2 Tage, in gravierenden Fällen sofort) Verbesserungen herbeiführt - z.B. durch seine Kontakte mit den Leistungsträgern des Veranstalters -, die der Reisende akzeptiert. Der Mindeststandard der Nachbesserungslösung orientiert sich dabei am vertraglich Vereinbarten.

Ist der RL auch nach ernsthafter Prüfung der Ansicht, daß ein Mangel zu Unrecht angezeigt wurde, dann sollte er Rücksprache mit seinem Veranstalter halten, der dann die Verantwortung für das weitere Vorgehen übernehmen kann. Zuweilen ist dies aus diversen Gründen nicht möglich, so daß es umso mehr darauf ankommt, daß der RL sich eindeutig verhält. Dazu gehört in jedem Fall, daß er den Reisenden von den abweichenden Ergebnissen seiner Nachforschungen umgehend unterrichtet. Dabei sollte er auf weitere Bearbeitungsmöglichkeiten des Problems direkt durch den Veranstalter nach Rückkehr von der Reise aufmerksam machen.

Auf Verlangen des Reisenden muß der RL einen **bestehenden Zustand** so, wie er in der Realität vorhanden ist, schriftlich **bestätigen**. Weitere Anerkenntnisse (Schuldzuweisungen, Folgerungen, Vorschläge zur Abwicklung, Meinungsäußerungen) überschreiten jedoch die Kompetenz des RL und sollten daher, schon aus eigenem Interesse, unterbleiben.

Tip: Die Bestätigungen sollten in **drei Ausfertigungen** - für den Kunden, den Veranstalter und den RL selbst - geschrieben werden.

Im Rahmen der Mängelbeseitigung gehört es zu den Pflichten des RL, entsprechend auf die **Leistungsträger einzuwirken** und deren Bemühungen zu kontrollieren. Erfahrene Praktiker wissen, daß diese Regel zuweilen ihre Grenzen hat, was auch durch die gesetzliche Vorgabe ("... im Rahmen des Zumutbaren") angedeutet wird. Auch wenn es nicht ausdrücklich vom Veranstalter verlangt wird, empfiehlt sich daher das Führen eines persönlichen Beschwerdebuchs (mit Durchschlägen) über "offizielle" Reklamationen und auch über beiläufig geäußerte kritische Bemerkungen. Eventuell notwendig werdende spätere Stellungnahmen werden so erheblich erleichtert.

Aufsichts- und Fürsorgepflichten: Im Gegensatz zu weit verbreiteten Meinungen sind die Aspekte von Aufsicht und Fürsorge gegenüber den anvertrauten Reisenden keineswegs nur auf Jugendliche beschränkt, sondern erstrecken sich auch auf die erwachsenen Kunden. Demnach muß der RL auf alle bekannten Gefahren hinweisen und sie in zumutbarem Maße erfragen, falls er selbst nicht die nötige Ortskenntnis besitzt. Diese Hinweise haben jeweils so bald wie möglich zu erfolgen.

Anmerkung: Bei **Jugendlichen** sollte bei entsprechenden Mitteilungen ein erwachsener Zeuge zugegen sein. Da die RL hier die Aufsichtspflicht bei unter 18jährigen von den Eltern übernehmen, müssen sie ihre Gruppenmitglieder bei Nichtbeachtung eines Gefahrenhinweises eindringlich verwarnen, im Wiederholungsfall auch bestrafen. Da die Handhabung des Dreierschritts "**Belehren - Verwarnen - Bestrafen**" von Veranstalter zu Veranstalter verschieden ausgelegt wird und zudem eine ausführliche Berücksichtigung pädagogischer Gesichtspunkte erfordert, die den Rahmen dieses Buches sprengen würde, verweisen wir im Anmerkungsteil auf spezielle Literatur.

Oft auftretende **Gefahrenquellen** bei Urlaubsreisen sind z.B. Straßen und Märkte, die für häufige Taschendiebstähle bekannt sind, Steinschlag bei Gebirgswanderungen und Nepp in Amüsiervierteln.

Zudem unterliegt dem RL die **Fürsorge für das Gepäck** seiner Gruppe, das er durch entsprechende Ansagen immer wieder in den Blickpunkt der Aufmerksamkeit seiner Kunden rücken muß ("Bitte schauen Sie nochmal nach, ob Sie auch wirklich nichts im Bus vergessen haben!").

Eine ähnliche Verantwortung gilt für Verständigungs- und **Orientierungshilfen** in einer fremdländischen, unbekannten Umwelt. Entsprechende Hilfen dafür sind u.a. Stadtpläne und -führer, Geldwechseltabellen, Erklärungen der Zollvorschriften usw.

Das Anforderungsprofil an den RL muß der Ausschreibung genügen; so müssen etwa bei Studienreisen die erforderlichen Sprachkenntnisse und ein kulturell-historisches Hintergrundwissen vorhanden sein und bei Sportanimateuren entsprechende Lehrfähigkeiten.

3. Das rechtliche Verhältnis zwischen Veranstalter und RL/in

Das Verhältnis zwischen dem Reiseveranstalter und seinen RL/innen kann ganz verschieden sein:

- dauerhaftes Anstellungsverhältnis mit allen üblichen sozialen Leistungen des Arbeitgebers
- befristeter Zeitvertrag (mit oder ohne soziale Leistungen) im Status eines "freien Mitarbeiters" oder einer Honorarkraft
- ehrenamtliche Kraft.

In jedem Fall aber - und das ist wichtig! - ist der RL als "verlängerter Arm" des Veranstalters vor Ort sein sogenannter **Erfüllungsgehilfe** mit den beschriebenen Verantwortlichkeiten (es sei denn, es gibt ausdrückliche Sonderabmachungen, also begrenzte Aufgaben- oder Einsatzgebiete): "Erfüllungsgehilfe ist, wer mit dem Willen des Reiseveranstalters bei der Erfüllung einer diesem obliegenden Verbindlichkeit als seine Hilfsperson tätig wird." (§ 278 BGB)

Der RL hat damit die Verpflichtung zur Interessenvertretung des Veranstalters vor Ort. Übernimmt er diese Rolle nicht, dann kann er sich im Innenverhältnis mit dem Veranstalter schadensersatzpflichtig machen.

4. Reiserecht im Ausland

(Auch) aus juristischer Sicht dürfen die Verhältnisse im Ausland nicht mit heimatlichen Maßstäben gemessen werden. Dies gilt in der Praxis vor allem für südeuropäische Länder. Der Reisende muß gegebenenfalls ein gewisses Maß an Abweichungen (z.B. fehlende Organisation, andere Hygienenormen) hinnehmen. Übliche und immer wiederkehrende Beispiele zu diesem Aspekt sind: die Verunreinigung des Mittelmeeres, die Verunreinigung von Stränden in sozialistischen Ländern, dünne Zimmerwände in südeuropäischen Hotels sowie die "Lärmbelästigung" durch laute Musik.- In jedem Fall ist hier das Fingerspitzengefühl für die "richtige" Argumentation vom RL gefragt, da es keine verbindlichen Vorgaben gibt. Weitere Hinweise zu diesem Thema im Kap. 4.2. "Interkulturelles Lernen auf Reisen" und 3.3. "Die Kommunikation mit dem Reisegast".

5. Mängelarten einer Reise

Die Vielfältigkeit von Mängeln bei Reisen ist schier unerschöpflich, da viele Umstände von verschiedenen Menschen unterschiedlich beurteilt werden. 1985 brachte die sogenannte "FrankfurterTabelle" eine gewisse

Ordnung in dieses Wirrwarr, die von der ausschließlich für Reisevertragssachen zuständigen 24. Zivilkammer des Landgerichts Frankfurt erstellt wurde. Aus ihr wird deutlich, wie weitreichend die Ansprüche von enttäuschten Kunden sein können. Die daraufhin einsetzende Rechtsprechung zugunsten des Reisegastes führte zunehmend dazu, daß manche Teilnehmer um jeden Preis Reklamationen ausfindig machen wollten, um Preiserstattungen zu bewirken. Daß dieser Umstand nicht gerade die Arbeit der RL erleichtert, ist sicherlich einsichtig.

Frankfurter Tabelle zur Reisepreisminderung

Art der Leistung		Mängelposition	Prozentsatz	Bemerkungen
I.Unterkunft	1	Abweichung von dem gebuchten Objekt	10–25	je nach Entfernung
	2	Abweichende örtliche Lage (Strandentfernung)	5–15	
	3	Abweichende Art der Unterbringung im gebuchten Hotel (Hotel statt Bungalow, abweichendes Stockwerk)	5–10	
	4	Abweichende Art der Zimmer		
		a) DZ statt EZ	20	
		b) DreibettZ statt EZ	25	
		c) DreibettZ statt DZ	20–25	Entscheidend, ob Personen
		d) VierbettZ statt DZ	20–30	der gleichen Buchung oder unbekannte Reisende zusammengelegt werden
	5	Mängel in der Ausstattung des Zimmers		
		a) zu kleine Fläche	5–10	
		b) fehlender Balkon	5–10	bei Zusage/je nach Jahreszeit
		c) fehlender Meerblick	5–10	bei Zusage
		d) fehlendes (eigenes) Bad/WC	15–25	bei Buchung
		e) fehlendes (eigenes) WC	15	
		f) fehlende (eigene) Dusche	10	bei Buchung
		g) fehlende Klimaanlage	10–20	bei Zusage/je nach Jahreszeit
		h) fehlendes Radio/TV	5	bei Zusage
		i) zu geringes Mobiliar	5–15	
		k) Schäden (Risse, Feuchtigkeit etc.)	10–50	
		l) Ungeziefer	10–50	

Art der Leistung	Mängelposition	Prozentsatz	Bemerkungen
	6 Ausfall von Versorgungseinrichtungen		
	a) Toilette	15	
	b) Bad/Warmwasserboiler	15	
	c) Stromausfall/Gasausfall	10–20	
	d) Wasser	10	
	e) Klimaanlage	10–20	je nach Jahreszeit
	f) Fahrstuhl	5–10	je nach Stockwerk
	7 Service		
	a) vollkommener Ausfall	25	
	b) schlechte Reinigung	10–20	
	c) ungenügender Wäschewechsel (Bettwäsche, Handtücher)	5–10	
	8 Beeinträchtigungen		
	a) Lärm am Tage	5–25	
	b) Lärm in der Nacht	10–40	
	c) Gerüche	5–15	
	9 Fehlen der (zugesagten) Kureinrichtungen (Thermalbad, Massagen)	20–40	je nach Art der Projektzusage (z.B. „Kururlaub")
II. Verpflegung	1 Vollkommener Ausfall	50	
	2 Inhaltliche Mängel		
	a) Eintöniger Speisenzettel	5	
	b) Nicht genügend warme Speisen	10	
	c) Verdorbene (ungenießbare) Speisen	20–30	
	3 Service		
	a) Selbstbedienung (statt Kellner)	10–15	
	b) lange Wartezeiten	5–15	
	c) Essen in Schichten	10	
	d) Verschmutzte Tische	5–10	
	e) Verschmutztes Geschirr, Besteck	10–15	
	4 Fehlende Klimaanlage im Speisesaal	5–10	bei Zusage
III. Sonstiges	1 Fehlender oder verschmutzter Swimmingpool	10–20	bei Zusage
	2 Fehlendes Hallenbad		bei Zusage soweit nach Jahreszeit benutzbar
	a) bei vorhandenem Swimmingpool	10	
	b) bei nicht vorhandenem Swimmingpool	20	
	3 Fehlende Sauna	5	bei Zusage

Art der Leistung	Mängelposition	Prozentsatz	Bemerkungen
	4 Fehlender Tennisplatz	5–10	bei Zusage
	5 Fehlendes Mini-Golf	3–5	bei Zusage
	6 Fehlende Segelschule, Surfschule, Tauchschule	5–10	bei Zusage
	7 Fehlende Möglichkeit zum Reiten	5–10	bei Zusage
	8 Fehlende Kinderbetreuung	5–10	bei Zusage
	9 Unmöglichkeit des Badens im Meer	10–20	je nach Prospektbeschreibung und zumutbarer Ausweichmöglichkeit
	10 Verschmutzter Strand	10–20	
	11 Fehlende Strandliegen, Sonnenschirme	5–10	bei Zusage
	12 Fehlende Snack- oder Strandbar	0–5	je nach Ersatzmöglichkeit
	13 Fehlender FKK-Strand	10–20	bei Zusage
	14 Fehlendes Restaurant oder Supermarkt		bei Zusage/je nach Ausweichmöglichkeit
	a) bei Hotelverpflegung	0–5	
	b) bei Selbstverpflegung	10–20	
	15 Fehlende Vergnügungseinrichtungen (Disco, Nightclub, Kino, Animateure)	5–10	bei Zusage
	16 Fehlende Boutique oder Ladenstraße	0–5	je nach Ausweichmöglichkeit
	17 Ausfall von Landausflügen bei Kreuzfahrten	20–30	des anteiligen Reisepreises je Tag des Landausflugs
	18 Fehlende Reiseleitung		
	a) bloße Organisation	0–5	
	b) bei Besichtigungsreisen	10–20	
	c) bei Studienreisen mit wissenschaftlicher Führung	20–30	bei Zusage
	19 Zeitverlust durch notwendigen Umzug		anteiliger Reisepreis für
	a) im gleichen Hotel		1/2 Tag
	b) in anderes Hotel		1 Tag
IV. Transport	1 Zeitlich verschobener Abflug über 4 Stunden hinaus	5	des anteiligen Reisepreises für einen Tag für jede weitere Stunde
	2 Ausstattungsmängel		
	a) Niedrigere Klasse	10–15	
	b) Erhebliche Abweichung vom normalen Standard	5–10	

Art der Leistung	Mängelposition	Prozentsatz	Bemerkungen
	3 Service		
	a) Verpflegung	5	
	b) Fehlen der in der Flugklasse üblichen Unterhaltung (Radio, Film, etc.)	5	
	4 Auswechslung des Transportmittels		der auf die Transportverzögerung entfallende anteilige Reisepreis
	5 Fehlender Transfer vom Flugplatz (Bahnhof) zum Hotel		Kosten des Ersatztransportmittels

Abfolge der RL-Tätigkeiten bei einer Reklamation:

1. Tatsächliche Verhältnisse so bald wie möglich überprüfen!

2. Genaue Bedarfslage des Reisenden abklären: Was wünscht er?

3. Abklären der dem Kunden zustehenden Leistung (nach Prospektausschreibung und gewöhnlichem Nutzen): Worauf hat er Anspruch?

4. Gegebenenfalls Absicherung beim Veranstalter.

Bei berechtigten Beschwerden ist das Ziel die Übereinkunft mit dem Reisenden in der Bewertung des Mangels und in der Abhilfelösung:

5. Mögliche Alternativen oder Beseitigungsmöglichkeiten zusammenstellen, die wirklich machbar sind.

6. Abstimmung mit dem Kunden über die letztlich zu wählenden Abhilfen und die Bestätigung seiner Akzeptanz.

7. Umsetzen der gefundenen Lösung.

Bei unberechtigten Beschwerden ist das Ziel, entweder den Kunden zu überzeugen oder, wenn das nicht möglich ist, die Abstimmung mit dem Reiseveranstalter zugunsten einer in seinem Sinne eindeutigen rechtlichen Situation:

8. Umgehende Mitteilung an den Kunden über die eigene, abweichende Einschätzung der Reklamation.

9. Bei Nichtakzeptanz nur auf Verlangen tatsächliche Verhältnisse schriftlich bestätigen.

10. Persönliche Absicherung durch den Veranstalter (wenn möglich).

11. Hinweise an den Kunden für die weitere Bearbeitung nach seiner Rückkehr (Berücksichtigung des psychologischen Moments, um trotz des Konflikts eine gewisse Fürsorge zu signalisieren).

Ein eigenes Beschwerdebuch mit Kurzprotokollen über alle wichtigen Vorfälle kann sehr hilfreich sein.

Anmerkungen

[1]Roman Bleistein, Arbeitsplatz Tourismus, in: Stimmen der Zeit 8/1987, S.505

[2]Chancen der Freizeitgesellschaft, in: Geld. Das Deutsche Bank Magazin, Nr.6, Herbst 1988, S.3

[3]Herbert Hamele, Harter Tourismus - Sanfter Tourismus. Von der Euphorie zur Einsicht, in: Politische Ökologie Nr.11 Juni 1988, S. 6

[4]Jahresstatistik 1995 der Welt-Tourismus-Organisation in: fvw INTERNATIONAL, Nr. 3 vom 9.2.1996, S. 60

[5]Deutscher Reisemonitor des IPK München, in: fvw INTERNATIONAL Nr. 7/96, S.66

[6] Fakten und Zahlen zum deutschen Reisemarkt, Auflage 1995, Eine Zusammenstellung des Bundesverbandes deutscher Reisebüros und Reiseveranstalter, Frankfurt am Main, 1995, S. 12 vgl. auch: das reisebüro, Nr. 3/März 1996, S. 2

[7]Deutsche Veranstalter in Zahlen, Dokumentation 1994/95, Beilage, in: fvw INTERNATIONAL, Nr. 28 vom 27. Dezember 1995, S. 2

[8]Hauptargument ist der Urlaub unter Gleichgesinnten, in: fvw INTERNATIONAL, Nr. 15/96 vom 5.7.96, S. 14

[9]Urlaub + Reisen 1995 - so reisen die Deutschen (IV. Teil), in fvw INTERNATIONAL, Nr. 22/95 vom 10.10.95, S. 59

[10]Deutscher Reisemonitor, in fvw 19/95, S. 30

[11]Geschäftsbericht 1995 des Deutschen Reisebüroverbandes e.V., Frankfurt am Main, Oktober 1995, S. 101 - 104

[12]a.a.O., S. 104

[13]Reiseanalyse Urlaub + Reisen 1996, in: fvw INTERNATIONAL 7/96 15.3.1996, S. 63

[14]Tagesreisen der Deutschen, Heft 46 aus der Schriftenreihe des DWIF, München 1995

[15]Club Mediterranée, Geschäftsbericht für 1994/95

[16]Deutsche Veranstalter in Zahlen, Dokumentation 1994/95, Beilage in: fvw INTERNATIONAL, Nr. 28 vom 27. Dezember 1995, S. 1 ff.

[17]Fachreport Studienreisen, in: fvw INTERNATIONAL, 2/96 26.1.1996, S. 27

[18]Ergebnisse der Reiseanalyse 1988 des Studienkreises für Tourismus e.V., Starnberg

[19]Fachreport Studienreisen, in: fvw INTERNATIONAL, 2/96 26.1.1996, S. 27

[20]Eckhard Block, Sachbuch für professionelle Reiseleitung, Hamburg 1985, S.11

[21]Bodo-Luckhardt Hellex, Reiseleiter und Animateure: Arbeiten, wenn andere Ferien machen, Reisebüro Bulletin 45, 7.11.1986, S.42

[22]Horst W. Opaschowski, Reiner Stubenvoll: Psychologie und Soziologie des Reisens, Studienbrief Touristikassistent, Wirtschaftsakademie für Lehrer e.V. Bad Harzburg 1987, S.7

[23]Herodotus: Historien. Reisen in Kleinasien und Ägypten, übertragen von Heinrich Gassner. München 1958

[24]Pausanias: Beschreibung Griechenlands, übersetzt, eingeleitet und erklärt von Ernst Meyer. Zürich 1954

[25]aus einem Vortrag (1988) von Wolfgang Günter: Kulturgeschichte der Reiseleitung; veröffentlicht von der Thomas-Morus-Akademie, Bergisch Gladbach

[26]Opaschowski, a.a.O., S. 8

[27]Francis Bacon XVIII, Of Travel, in: The Essays, Tölz 1920, S.78-81

[28]vgl. Hans-Joachim Knebel: Soziologische Strukturwandlungen im modernen Tourismus, Stuttgart 1960, S. 20

[29]Emil Kandzia: Der Beruf des Fremdenführers. Grundsätzliches zu seiner Berufserziehung, in: Der Fremdenverkehr, Nr.37, 11.9.1937, S.11

[30]J. Krippendorf (u.a.): Freizeit und Tourismus. Bern 1986, S.7

[31]Wolfgang Nahrstedt: Gästebetreuung als ein neues Aufgabengebiet für Freizeitpädagogik und Kulturarbeit. In: Walburga Grümme, Sabine Hamann, Wolfgang Nahrstedt, Wolfgang Thevis (Hrsg.): Gästebetreuung in Kur- und Erholungsorten. Theoretische Grundlagen und Praxismodelle. Schriftenreihe IFKA Bd.3, Bielefeld 1987, S.9ff

[32]vgl. dazu auch Erik Cohen: The Tourist Guide. The Origins, Structure and Dynamics of a Role. In: Annals of Tourism Research 1985, Vol.12, S. 4-29

[33]nach TID '95/'96, S. 832-836

[34]Robert Datzer, Martin Lohmann: Der Beruf des Reiseleiters. Eine soziologische Untersuchung. Studienkreis für Tourismus, Starnberg 1981

[35]zitiert nach: Handbuch für Reiseleiter, Hrsg. Studienkreis für Tourismus in Verbindung mit dem Arbeitskreis Reiseforschung im DRV, München 1966, S.39

[36]Datzer/Lohmann, a.a.O., S.8 und 27

[37]Datzer/Lohman, a.a.O., S.27

[38]a.a.O., S.27

[39]Harald Bartl, Reiseleiter als Freiberufler? Omnibus Revue 4/89, S.22-24; vgl. dazu auch Karl Fink: Mehr Tourismus Information. Reiseleiter.

Freiberuflicher Mitarbeiter oder Angestellter? Königsstein/Ts. Selbstv. 1981

[40]vgl. zur rechtlichen Lage der Reiseleiter auch: Helmut Kaechele: Fremdenführung und Reiseleitung in der EG, in: Ursula Braun-Moser (Hrsg.): Europäische Tourismuspolitik, Sindelfingen 1990, S.96-106; Ders.: "Bridge over troubled water" - Reiseleiter - Tourist Guide - Tour Manager - Gästeführer - Animateur: für eine gemeinsame EG-Basisqualifizierung der Touristen-Betreuer, in: reiseleiten live. Organ des Verbands der Studienreiseleiter/innen Nr.9, Jun.91; Dieter Gauf: Freie Fahrt für Reiseleiter - Probleme der freien Dienstleistungsverkehre, in: Braun-Moser, a.a.O., S.107-112

[41]vgl. dazu auch: Martin Schmidt, Wolfgang Nahrstedt (Hrsg.): Der Reiseleiter im Europa '93. Arbeitsfeld - Berufsbild - Ausbildung. Dokumentation des 3. Bielefelder Tourismustages. Bielefeld 1993

[42]reiseleiten live. Organ des Verbands der Studienreiseleiter-innen Nr. 21, März 1996

[43]Deutsches Seminar für Fremdenverkehr Berlin: Praktischer Leitfaden für Gästeführungen in deutschen Fremdenverkehrsorten, Berlin 1993, S. 59 f.

[44]Der Spiegel 12/79, S. 182

[45]zitiert nach: Schwarzbuch für Urlaubsreisen, Verbraucherzentrale Baden-Württemberg, Okt.1971

[46]Folgende Erläuterungen zur Standortreiseleitung richten sich nach den ITS-Arbeitsanweisungen für den Außendienst, einem über hundert Seiten umfassenden sehr gut gegliederten und übersichtlichen Reiseleiter-Handbuch.

[47]Gute Reiseleiter sind Mangelware, in: test 1/83, S.63

[48] vgl. zu diesem Thema auch: Helmut Christmann: Erfahrungen eines Historikers als Reiseleiter von Bildungs- und Studienreisen. In: Geschichtsdidaktik 4/86, S. 379-387

[49]test, a.a.O., S.22

[50]Kennzeichen nach Klaus D. Hartmann, Erwartungen und Verhalten der Teilnehmer an Studienreisen, in: Studienreisen zwischen Bildungsanspruch und Vermarktung, StfT, Starnberg 1978, S.20 f.

[51]Inge Braun, Die Rund- und Studienreise als Sonderform des Tourismus, in : Studienreisen zwischen Bildungsanspruch und Vermarktung, a.a.O., S.42

[52]AZ. 16 U 3823/79, zitiert nach test 1/83, Studienreisen. Gute Reiseleiter sind Mangelware, lfd. S.64

[53]Horst van Hees, Wissenschaftliche Reiseleitung, Anspruch - Umfang - Abgrenzung, in: Information Akademische Studienreisen Heidelberg, Heidelberg 11/1981, Nr.6, 2. Jg., S.4

[54]Kammergericht Berlin, a.a.O.: "Es ist sicher nicht ganz ausgeschlossen, daß auch andere Personen (Autodidakten) diese Qualifikation erfüllen können, wenn sie durch ihre Tätigkeit hervorragende Kenntnisse als Landeseinwohner oder durch langjährigen Aufenthalt oder auch entsprechende Leistungen infolge ausreichenden Selbststudiums aufweisen...", zitiert nach van Hees, a.a.O.

[55]nach Monika Schlosser, Aufbau und Führung von Reiseleiter-Organisationen, unveröffentlichte Diplomarbeit an der Fachhochschule München, Studiengang Betriebswirtschaft, München 1988, S.11 f.

[56]Brigitte Gayler, Organisierte Jugendreisen durch gemeinnützige Veranstalter, in: Jahrbuch für Jugendreisen und Internationalen Austausch, Starnberg 1983, S.9

[57]Jens Kosmale (BEJ): Küchenpraxis bei Selbstversorgerfreizeiten, 1.-5. Mai 1985, Weilmünster Andenschmiede, unveröff. Seminarbericht

[58]Jens Kosmale: Die Bundesarbeitsgemeinschaft Evangelischer Jugendferiendienste (BEJ), in: Jahrbuch für Jugendreisen und Internationalen Austausch, Starnberg 1983, S.21

[59]H. W. Opaschowski: Freizeit im Ruhestand. BAT-Schriftenreihe zur Freizeitforschung, Hamburg 5.Aufl. 1984, S.24

[60]H.M. Müllenmeister: Altenreisen. Sonderdruck aus der Zeitschrift "Praxis der Sozialpsychologie", Bd.4, S.3

[61]Horst Opaschowski, Rainer Stubenvoll: Touristikassistent. Psychologie und Soziologie des Reisens. Hrsg. Wirtschaftsakademie für Lehrer e.V. Bad Harzburg 1987, S. 53

[62]Opaschowski, a.a.O., S. 54

[63]Claus Finger, Brigitte Gayler: Animation im Urlaub. Studie für Planer und Praktiker. 2. überarbeitete und akualisierte Auflage, StfT, Starnberg 1990, S.12

[64]a.a.O., S.15

[65]Opaschowski /Stubenvoll 1987, a.a.O., S. 55-4

[66]Horst Opaschowski, Rainer Stubenvoll 1987, a.a.O., S. 55-1

[67]a.a.O., S. 55-2

[68] Club Med, Sommer 92, S.2

[69]Informationen nach Bodo-Luckhardt Hellex: Reiseleiter und Animateure: Arbeiten, wenn andere Ferien machen. Reisebüro Bulletin 45, 7.11.1986, S.42ff

[70]Inge Klostermeier: Entwicklungspolitische und interkulturelle Motivationsseminare für Dritte-Welt-Reiseleiter, in: Tourismus in Entwicklungsländer, Hrsg.: Bundesministerium für wirtschaftliche Zusammenarbeit und Entwicklung (Materialien Nr. 88), Bonn 1993, S.73

[71]U. Lehr, Urlaubserwartungen - Lebensalter, in: Der Fremdenverkehr. Fachbeilage "Das Reisebüro", 1974, S.3

[72]Inge Braun, Die Rund- und Studienreise als Sonderform des Tourismus, in: Studienreisen zwischen Bildungsanspruch und Vermarktung, StfT, Starnberg 1978, S.54; Rainer Wohlmann, Soziale und kulturelle Bedingungen für die Reisegewohnheiten verschiedener Bevölkerungsgruppen, in: Motive, Meinungen, Verhaltensweisen. Einige Ergebnisse und Probleme der psychologischen Tourismusforschung, StfT, Starnberg 1969, S.20;

[73]Wohlmann, a.a.O., S.22

[74]vgl. auch: Albrecht Steinecke, Kristiane Klemm, Allein im Urlaub. Soziodemographische Struktur, touristische Verhaltensweise und Unternehmungen von Alleinreisenden, Starnberg 1985

[75]"Singles sind die Stiefkinder der Urlaubsindustrie: Allein gegen alle", in: touristik report Nr.11, 2.Juni 1980

[76]Die "gefährliche" Kundschaft, drz 32/80

[77]Aufstellung nach Hans Birkhäuser, Dr.Tigges-Fahrten

[78]Eckhard Block, Sachbuch für professionelle Reiseleitung, Essen 1985, S.19

[79]Robert Datzer, Erwartungen und Motivationen der Studienreisenden, in: Handbuch für Studienreiseleiter, Hrsg. Wolfgang Günter, StfT, Starnberg 1982, S.91-105

[80]a.a.O., S.93

[81]Heinz Hahn: Urlaub '74, Wissen Sie eigentlich, was für ein Urlaubstyp Sie sind? "Für Sie", 25.1.74, zitiert nach Klaus Finger, Brigitte Gayler, Heinz Hahn, Klaus Hartmann: Animation im Urlaub. Studienkreis für Tourismus, Starnberg 1975, S. 114 ff.

[82]Horst W. Opaschowski, Rainer Stubenvoll: Touristikassistent. Psychologie und Soziologie des Reisens. Hrsg. Wirtschaftsakademie für Lehrer e.V. Bad Harzburg, 1987, S. 38 ff.

[83]a.a.O., S.46 ff.

[84]Susanne Reinersmann: Lebensstil-Konzepte im Tourismus-Marketing. FVW 4/96, S.54 ff

[85]Datzer, a.a.O., S.97

[86]a.a.O., S. 101

[87]vgl. dazu: Klaus Dieter Hartmann, Zur Psychologie des Landschaftserlebens im Tourismus, Starnberg 1982; Frank Pyko, Martin Lohmann:

Die deutschen Alpenurlauber. Ergebnisse der Reiseanalysen 1980-1984 des Studienkreises für Tourismus, Starnberg 1986; Rainer Wohlmann, Martin Lohmann: Urlaub auf dem Bauernhof, Urlaub auf dem Land. Eine empirische Untersuchung der Meinungen, Einstellungen und Verhaltensweisen von Urlaubern, Starnberg 1986

[88]Klaus Dieter Hartmann, Meinungen über Urlaubslandschaften und Urlaubsorte, in: Motive, Meinungen, Verhaltensweisen, a.a.O., S.78

[89]Klaus Dieter Hartmann, Erwartungen und Verhalten der Teilnehmer an Studienreisen, in: Studienreise zwischen Bildungsanspruch und Vermarktung, a.a.O., StfT Starnberg 1978, S.37

[90]a.a.O.

[91]Jürgen Geißler, Meinungen über das organisierte Reisen, in : Motive, Meinungen, Verhaltensweisen, a.a.O., S.114

[92]Der Spiegel, Nr.30/1972, S.30, "Und abends wird geschwoft, gewuckert etc."

[93]Herbert Geiger, Interessen und Verhaltensweisen von Urlaubsreisenden, in: Motive, Meinungen, Verhaltensweisen, a.a.O., S.121

[94]Jens-D. Kosmale, Reisemotiv Flirt und Liebe. Arbeitshilfe für Freizeiten und Begegnungen. BEJ Bundesarbeitsgemeinschaft Evangelischer Jugendferiendienste e.V., Kleine Schriften Nr.6, Frankfurt 1988, S.8

[95]Alvin Toffler: Der Zukunftsschock, Bern 1970, S. 178

[96]Datzer/Lohmann a.a.O., S.13-18

[97]weiterführende Literatur zum Thema: Tobias Brocker: Gruppendynamik und Erwachsenenbildung, Braunschweig14 1979; Harriet Goldhor Lerner: Wohin mit meiner Wut? Zürich 3.Aufl. 1987; Friedemann Schulz von Thun: Miteinander reden. Störungen und Klärungen, Reinbek 1981; Schulz von Thun: Miteinander reden 2 - Stile, Werte und Persönlichkeitsentwicklung. Reinbek 1989; Henning Becker, Annegret Hugo-Becker: Psychologisches Konfliktmanagement - Menschenkenntnis, Konfliktfähigkeit, Kooperation. München 1962; Vera F. Birkenbihl: Psycho-logisch richtig verhandeln. München 1990; George R. Bach, Peter Wyden: Streiten verbindet. Frankfurt am Main 1995

[98]Schulz von Thun/ Christoph Thomann: Klärungshilfe, Reinbek 1988

[99]Klaus W. Vogel: Handbuch für Gruppenleiter, Hamburg 1988

[100]Werner Kubsch, Planung, Vorbereitung und Durchführung von Studienreisen, in: Handbuch für Studienreiseleiter, Hrsg. Wolfgang Günter, StfT, Starnberg 1982, S.330

[101]Klaus Hildebrandt: Der Bus als Stiefkind der öffentlichen Meinung. Umfrage zum Image von Verkehrsmitteln der Universität Hannover im Auftrag des BDO, in FVW 15/95, S.55

[102]Quelle ötv, nach: reiseleiten live, Nr.14, Dez 1992, S.1-2

[103]vgl. dazu Eckhard Block, Sachbuch für professionelle Reiseleitung, Hamburg 1985, S.57-59

[104]Diese Checkliste entspricht den Ausführungen der Verfasserin zum Thema "Stadtbesichtigungen" in: Wolfgang Günter (Hrsg), Handbuch für Studienreiseleiter, StfT, Starnberg 1991, S. 387-399

[105]vgl. zu diesem Artikel folg. Literatur: Arbeitsgemeinschaft "Tourismus mit Einsicht", Broschüre, Starnberg 1988; Dirk Busch: Berufliche Wertorientierung und berufliche Mobilität, Stuttgart 1973; Ak "Tourismus und Entwicklung". Reisen in die Dritte Welt, Basel 1987; Öko-Test, Vom Fahren zum Erfahren, 4/1987

[106]vgl. dazu Erik H. Erikson: Identität und Lebenszyklus. Drei Aufsätze, 6. Aufl. Frankfurt 1980

[107] vgl. Hirth/Sattelberger/Steifel

[108]vgl. Helmut Hildebrandt, Lust am Leben. Gesundheitsförderung mit Jugendlichen. Frankfurt 1987, S.16 ff

[109]vgl. dazu Karl Haußer, Identitätsentwicklung New York 1983, S.74;Helmut Hildebrandt,a.a.O.

[110]vgl. Hildebrandt, a.a.O.

[111]vgl. E.H. Erikson und K.W. Vogel

[112]vgl. K. Haußer

[113]Uli Mäder: Ak "Tourismus und Entwicklung". Tourismusförderung in der"Dritten Welt"? Basel 1980

[114]vgl. Nyanaponika: Geistestraining durch Achtsamkeit, Konstanz 1984

[115]Schlußakte der Konferenz über Sicherheit und Zusammenarbeit in Europa und Erklärung des Europäischen Rates über die KSZE, Hrsg. Bundeszentrale für politische Bildung, Nachdruck aus Bundestags-Drucksache 7/3867 vom 23.7.75, S.21

[116]Egbert Waschulewski, Auswirkungen des Bildungstourismus aus der Sicht der Gastländer, in: Handbuch für Studienreiseleiter, Hrsg. Wolfgang Günter, StfT, Starnberg 1982, S.79

[117] a.a.O., S. 83f.

[118]vgl. dazu Beritz Latza, Sextourismus in Südostasien, Frankfurt 1987

[119]Ron O'Grady: Zwischenlandung Dritte Welt. Ein Beitrag zur Tourismuskritik. Texte zum kirchlichen Entwicklungsdienst Nr.27,

Frankfurt 1982, S. 15

[120]a.a.O., S. 56

[121]Klaus D. Hartmann, Wirkungen des Tourismus hinsichtlich Länderkenntnis und Völkerverständigung, in: Studienreisen zwischen Bildungsanspruch und Vermarktung, Bericht über ein Expertengespräch der Evangelischen Akademie Tutzing und des Studienkreises für Tourismus e.V. vom 30.9.-2.10.1977 in Nürnberg, Starnberg 1978, S.82

[122]vgl. dazu: Wolfgang Niemeyer: Zur Stellung des Reiseleiters in der interkulturellen Kommunikation. Arbeitskreis Tourismus und Entwicklung. Basel 1985

[123]zitiert nach: Hans Jochem Kunze, Länderkundliche Anregungen und Informationen bei Auslandsreisen, StfT, Starnberg 1975, S.68

[124]"Deutsche in Italien wenig beliebt", in: Münchner Merkur, 8.Jan.1983

[125]Wie werden die Deutschen im Ausland gesehen? Hrsg. Brigitte Gayler, StfT, Starnberg 1975, S.10

[126]vgl. dazu ausführlich: Manfred Koch-Hillebrecht, Das Deutschenbild. Gegenwart, Geschichte, Psychologie. München 1977, S.43-56

[127]Brigitte Gayler, a.a.O., S.15

[128]Entwicklungspolitische Studienreisen. Praktische Hilfen und Richtlinien für Gruppenleiter von Jugendbegegnungsreisen. Hrsg. Evang. Akademie Bad Boll, Zentrum für entwicklungsbezogene Bildungsarbeit, StfT, Starnberg 1977, S.35

[129]Entwicklungspolitische Studienreisen, a.a.O., S.37

[130]"Europa im Unterricht", Beschluß der Kultusministerkonferenz, in: Schulreport 1979/2, S.12

[131]Aus dem Vorwort von "West-Ost-Reisen", Hrsg. Norbert Ropers, Bonn, Frankfurt 1988

[132]Arbeitstexte Nr.7 des Deutsch-Französischen Jugendwerks, Dez. 1987

[133]Arbeitstexte Nr. 7 des Deutsch-Französischen Jugendwerks, Dez. 1987

[134]Als eine der wenigen Veröffentlichungen, die "praktische Hilfen und Anregungen für Gruppenleiter" in interkulturellen Situationen geben, empfehle ich das Bändchen: Ropers, Norbert (Hrsg.), West-Ost-Reisen, Bonn 1988. Bezug: Deutsche Kommission Justitia et Pax, Kaiserstr. 163, 53 113 Bonn

[135] H. Giesecke, A. Keil, U. Perle: Pädagogik des Jugendreisens. München 1967

[136] Jost Krippendorf: Die Landschaftsfresser. Tourismus und Erholungslandschaft - Verderben oder Segen? Bern / Stuttgart 1975
Jost Krippendorf: Die Ferienmenschen. Für ein neues Verständnis von Freizeit und Reisen. München 1986

[137] Peter Zimmer: Alternativtourismus - Anspruch und Wirklichkeit. Bern 1984

[138] Dieter Kramer: Der sanfte Tourismus. Umwelt- und sozialverträglicher Tourismus in den Alpen. Wien 1983

[139] Uli Mäder: Fluchthelfer Tourismus: Wärme in der Ferne. Zürich 1982. Ders.: Sanfter Tourismus: Alibi oder Chance? Zürich 1985

[140] G. Armanski: Die kostbarsten Tage des Jahres. Tourismus - Ursachen, Formen, Folgen. Bielefeld 1986 (3. überarb.. Auflage)

[141] Albrecht Steinecke: Reisen Lernen - Lernen durch Reisen. Anmerkungen zu einer Pädagogik des Reisens. In : Freizeitpädagogik 8/1986/3-4, S. 99-108; Ders.: (Hrsg.): Sanfter Tourismus und Reisepädagogik. Freizeitpädagogik 10/1988/3-4 (Themenheft); Ders. (Hrsg.): Tourismus - Umwelt - Gesellschaft. Wege zu einem sozial- und umwerträglichen Reisen. Bielefelder Tourismus-Lektionen, Bielefeld 1989; Ders.: Lernfeld Tourismus - Perspektiven der Pädagogik im Tourismus der 90er Jahre. In: Ders. (Hrsg.): Lernen. Auf Reisen? Bielefeld 1990, S.7-29

[142] Wolfgang Günter (Hrsg.): Handbuch für Studienreiseleiter. Pädagogischer, psychologischer und organisatorischer Leitfaden für Exkursionen und Studienreisen, StfT, 2. überarbeitete und ergänzte Auflage Starnberg 1991

[143] Marie-Louise Schmeer: Handbuch der Reisepädagogik. Didaktik und Methodik der Bildungsreise am Beispiel Italien. München 1984. Dies.: Ausbildung zu Studienreiseleiter/in Uni München, Neues Modell, in: Der Fremdenverkehr 6/1986, S. 29

[145] Walter Eder: Warum machen Sie das eigentlich...? Vom Beruf des Reiseleiters, in: Touristik und Verkehr, Melsungen, 1987, Nr.1, S. 5-10

[146] vgl. dazu u.a. Christoph Harwart: VHS-Kurs und Studienreise "Kulturgeschichte und Gesellschaft Italiens, Päd. Arbeitsstelle, Deutscher Volkshochschul-Verband, Bonn 1982; Volker Otto (Hrsg.): Studienreise als Aufgabe der Erwachsenenbildung. Hessischer Volkshochschulverband, Frankfurt 1982

[147] Gisela Wegener-Spöhring: Massentourismus und Pädagogik. Essays, Theorien, Gedanken zu einer gestörten Beziehung.

Baltmannsweiler 1991

[148]F. Baumgartner, Tourismus in der Dritten Welt - Beitrag zur Entwicklung? - In: Neue Züricher Zeitung, 16. September 1977, zitiert nach Karl-Heinz Rochlitz, Begriffsentwicklungen und -diskussionen des "sanften Tourismus", in: Freizeitpädagogik, 10. Jg., Heft 3-4, Juli/Oktober 1988, S. 105

[149]Robert Jungk, Wieviel Touristen pro Hektar Strand? Plädoyer für sanftes Reisen, in: Geo, Nr. 10, 1980, S. 154-156

[150]J. Schäfer, Massentourismus - Alternativtourismus. Verbesserungsmöglichkeiten. Werther 1983, S. 32 (unveröffentlichtes Manuskript), zitiert nach Peter Zimmer, Alternativtourismus - Anspruch und Wirkichkeit, Berner Studien zum Fremdenverkehr. Heft 21, Bern 1984, S. 28

[151]Zimmer, Alternativtourismus, a.a.O., S. 43-71

[152]M. Cannain, G. Himmelseher, Tips & Tricks für Tramper und Travellers, Reinbek 1980, S. 15

[153]DRV-Umweltempfehlungen für touristische Zielgebiete, Deutscher Reisebüroverband e.V., Frankfurt am Main, 1995/96, S. 3

[154]FVW-Umfrage zur Bedeutung von ökologischen Aspekten bei der Reiseentscheidung, in: fvw INTERNATIONAL, Nr. 11/96 vom 10.5.1996, S. 18

[155]DRV-Umweltempfehlungen für touristische Zielgebiete, Deutscher Reisebüroverband e.V., a.a.O.

[156]DRV-Umweltpreis 1995, DRV-Jahrestagung 1995 in Mallorca, in: fvw INTERNATIONAL, Nr. 24/95 vom 7.11.1995, S. 1

[157]Zu Gast in fremden Ländern, Informationsbroschüre des Deutschen Reisebüro-Verbandes e.V., der ihm angeschlossenen Reiseveranstalter und der Umweltstiftung WWF Deutschland, Frankfurt am Main, 1995

[158]Symposium zum Thema Sextourismus des Bundesjustizministeriums, in fvw INTERNATIONAL, Nr. 27/95 vom 12.12.1995, S. 35

[159]Bezugsquellen der Umweltbroschüren: Deutscher Reisebüro-Verband e.V., Mannheimer Straße 15, 60329 Frankfurt am Main; WWF, Hedderichstraße 110, 60596 Frankfurt am Main

[160]Wolfgang Günter, Didaktik und Methodik der Bildungsreise, München o.J. (maschinenschriftliches Manuskript für Studiosus-Reisen), S.6

[161]Albrecht Steinecke u.a., Dokumentation einer Studienreise in die Republik Irland 4.-17. April 1988, Universität Bielefeld - Fakultät für Pädagogik, AG 1O: Freizeitpädagogik und Kulturarbeit, S.7-17

162Reinhard Schober, Das Erlebnis: eigentliches Urlaubsziel, in: Beratung Freizeit 1/75, S.19
163 Schober, a.a.O.
164 Schober, a.a.O.
165 Harald Neifeind: Plätze. Wiederentdeckte Erlebnisorte. Reisepädagogik: Bildungserlebnisse statt Bildungsergebnisse. Animation März/April 1990, S.48-51 und T.Jacobs, Harald Neifeind, Erhard Schröter: Sehnsucht nach Arkadien. Inszenierung von kognitiven und sinnlichen Erfahrungen auf Studien- und Bildungsreisen am Beispiel der Toskana, in: Lernen auf Reisen. Tagungsdokumentation der Thomas Morus Akademie, Bensberg 1990 (Bensberger Manuskripte), S.111-144
166Schober, a.a.O.
167vgl. zum Begriff Erlebnispädagogik auch: Wolfgang Nahrstedt: Von der Erlebnispädagogik zur Reisepädagogik. Defizite pädagogischer Tourismusforschung, in: Freizeitpädagogik 13 (1991) 2, S. 106-120
168Horst Martin Müllenmeister, Animationsmodell Länderkunde, TUI, Beitrag zum Internationalen Modellwettbewerb "Mehr Urlaubsqualität", Internationale Tourismus-Börse, Berlin 1978
169Klaus Finger, Brigitte Gayler, Heinz Hahn, Klaus Hartmann, Animation im Urlaub, StfT, Starnberg 1975, S.1
170Müllenmeister, a.a.O., S.7
171vgl. dazu: Wilhelm Dilthey, Das Erlebnis und die Dichtung. Lessing-Goethe-Novalis-Hölderlin. 5.Auflage, Leipzig, Berlin 1916; Waltraud Neubert, Das Erlebnis in der Pädagogik, Göttingen 1925
172Hansjochem Kunze, Länderkundliche Anregungen und Informationen bei Auslandreisen, StfT, Starnberg 1975, S.57
173Wolfgang Braunfels, Abendländische Stadtbaukunst: Herrschaftsform und Baugestalt, Köln 1979, 3. Auflage, S.10
174a.a.O., S.7
175a.a.O., S.20
176Jürgen Paul, Die mittelalterlichen Kommunalpaläste in Italien, Diss. Freiburg i.Br. 1963, S.13
177a.a.O., S.101
178a.a.O., S.73
179a.a.O., S.138
180a.a.O., S.160
181a.a.O., S.155
182zur Ausführung dieser Themenliste siehe: Hans-Werner Goetz, Leben

im Mittelalter, 3. Auflage, München 1987, S.201-239

[183]Ehrenfried Kluckert, Kunstführung und Reiseleitung. Methodik und Didaktik. Oettingen 1981, S.135

[184]Adolf Berndt, Bürgerbauten, in: Reallexikon der deutschenKunstgeschichte, Hrsg. Otto Schmitt, Bd.3, Stuttgart 1954, S.202 ff

[185]Karl Heinz Clasen, Burg, in: Reallexikon der deutschen Kunstgeschichte, Hrsg. Otto Schmitt, Bd. 3, Stuttgart 1954, S.128

[186]vgl. Ausführungen zu den in der Liste genannten Themen in Hans-Werner Goetz, a.a.O., S.165-200

[187]Ehrenfried Kluckert, a.a.O., S.138

[188]dtv-Atlas zur Baukunst, 2 Bd., München 1974

[189]Begriffslexikon der Bildenden Künste, 2 Bd., rororo, Reinbeck 1971

[190]Kluckert, a.a.O., S.139

[191]Themen nach: Heinrich und Margarethe Schmidt, Die vergessene Bildersprache der Kunst, München 1982,S.195-255

[192]vgl. zu diesem Thema auch das ausgezeichnete Buch von Ernst Badstübner, Kirchen der Mönche. Die Baukunst der Reformorden im Mittelalter, Berlin 1981; Wolfgang Braunfels, Abendländische Klosterbaukunst, 3. Aufl. Köln 1978

[193]Ausführungen zu diesen Themen in: Hans-Werner Goetz, Leben im Mittelalter, 3. Auflage, München 1987, S.65-114

[194]K. Stankiewitz, Das Museum als Urlaubsziel, in: Münchner Stadtanzeiger Nr.83 vom 30.10.1984, S.5

[195]Wolfgang Günter, Allgemeine Didaktik und Methodik der Studienreise, in: Handbuch für Studienreiseleiter. Pädagogischer, psychologischer und organisatorischer Leitfaden für Exkursionen und Studienreisen, Starnberg 1982, S.180

[196]a.a.O.

[197]A.O. Schorb, G. Simmerding (Hrsg.), Lehrerkolleg, Lernen im Museum, München 1977, S.22

[198]a.a.O., S.28

[199]Kluckert, a.a.O., S.162

[200]Kluckert, a.a.O., S.145

[201]Thomas Zacharias, Kleine Kunstgeschichte der antiken Welt, München 1962, S.6

[202]vgl. dazu: Marie-Louise Schmeer, Vorträge und Informationen

während der Reise, in: Handbuch der Reisepädagogik, München 1984, S.416-427

[203]vgl. dazu: Albrecht Steinecke: Der bundesdeutsche Reiseführer-Markt. Leseranalyse - Angebotsstruktur - Wachstumsperspektiven, StfT, Starnberg 1988

[204]vgl. dazu Wolfgang Brudny, Blickwechsel- eine Filmserie für Fernreisende, in: BMZ-Materialien Nr. 67 "Tourismus in Entwicklungsländer", Bonn 1981

[205]vgl. dazu Harald Bartl, Qualifizierte Reiseleitung, München 1983, S.123 ff

[206]Bartl, Harald, Reiserecht, Baden-Baden 2.Aufl. 1982; Eisner, Helmut, Reiserecht - Entscheidungen. 800 Urteile deutscher Gerichte zum Reiserecht mit seinen AGBs, 2.Aufl. 1987 (=ADAC-Handbuch); Führich, Ernst, Recht im Gastgewerbe, Tourismus und Betrieb, Gesetzessammlung mit Erläuterungen, Gerber Verlag, München 1988; Tempel, Otto, Entwicklungen im Reisevertragsrecht, in: JURISTISCHE SCHULUNG - Zeitschrift für Studium und Ausbildung 24, 1984, Heft 2; Winners, Gerd, Der Studienreiseleiter und das Recht, in: Günter, Wolfgang (Hrsg.), Handbuch für Studienreiseleiter, StfT Starnberg 1982, S. 354-368
Reisen mit Jugenlichen:
Christina, Wolfgang; Kosmale, Jens D., Reiserecht für die Freizeitpraxis, Bundesarbeitsgemeinschaft Evangelischer Jugendferiendienste (BEJ), Frankfurt 1983; Bezirksamt Neukölln von Berlin (Hrsg.), Jugendschutz-Informationen, Bezug: Abteilung Jugend und Sport (Jugendförderung), Karl-Marx-Str. 83/85, 12 043 Berlin; Kosmale, Jens D., Reisemotiv Flirt und Liebe, BEJ, Frankfurt 1988

7. Literaturhinweise

Eine Vielzahl von weiterführenden Literaturhinweisen findet sich in den jeweiligen Kapiteln, zu den Bereichen Kunst und Geschichte im Band "Gästeführung" (Schmeer-Sturm 1996), so daß hier zusammenfassend nur auf solche Veröffentlichungen verwiesen wird, die sich speziell auf Reiseleitung beziehen:

Bartl, Hans, Eck, Helmut, Heinzler, Winfried, Lang, Heinrich-Rudolf (Hrsg.): GeoLex. München 1996

Bartl, Harald: Qualifizierte Reiseleitung. Erfolgsrezepte und Strategien für einen modernen Beruf, München 1983

Block, Eckhardt: Sachbuch für professionelle Reiseleitung, Essen 1985 (praktisches, in Form von Checklisten aufgezogenes Buch zu Basiskenntnissen der Reiseleitung, leider ohne weiterführende Literaturhinweise)

Born Volker: Destination Reiseleitung. Ein Leitfaden für Rundreiseleiter - aus der Praxis für die Praxis. Hagen 1993

Datzer, R. und Lohmann, N.: Der Beruf des Reiseleiters, Starnberg 1981 (soziologische Untersuchung)

Gauf, Dieter (Hrsg.): Reiseleiter-Training RLT. Aktuelles Lexikon für Ausbildung und Praxis, SVA Südwestdeutsche Verlagsanstalt 1993 (empfehlenswerte Loseblattsammlung mit Übungsbeispielen)

Günter, Wolfgang: Handbuch für Studienreiseleiter. Pädagogischer, psychologischer und organisatorischer Leitfaden für Exkursionen und Studienreisen, Starnberg 1982 (dieses Handbuch gibt eine Fülle von Anregungen für anspruchsvolle Führungen und Reiseleitungen)

Kluckert, Ehrenfried: Kunstführung und Reiseleitung. Methodik und Didaktik, Oettingen 1981 (gute Anregungen zu einem kommunikativen Führungsstil, allerdings von einem hohen inhaltlichen Anspruch an Kunstführungen ausgehend)

Lang, H.-R., Eberle, G. und Bartl, H., TourLex. 1555 Begriffe aus der touristischen Praxis, Darmstadt 1989

Löw, Gudrun und Silvia Greiffenhagen: Der Reisebus-Fahrer, neue Aufgaben - neue Chancen. München 1985 (praktisch ausgerichtetes Büchlein ohne theoretische Ambitionen, aber mit hilfreichen Tips)

Schmidt, Martin und Nahrstedt, Wolfgang (Hrsg.): Der RL im Europa

'93. Arbeitsfeld - Berufsbild - Ausbildung. Dokumentation des 3. Bielefelder Tourismustages. Bielefeld 1993

Schmeer, Marie-Louise: Handbuch der Reisepädagogik. Didaktik und Methodik der Bildungsreise am Beispiel Italien, München 1984 (umfangreiche Handreichung zur Aufbereitung historischer und kunsthistorischer Themen in der anspruchsvollen Kunstführung und Reiseleitung)

Schmeer-Sturm, Marie-Louise: Gästeführung, München[3] 1996 (Didaktik der Gästeführung, Präsentation geschichtlicher Daten und Fakten, pädagogische Prinzipien für die Organisation und Durchführung von Führungen)

Schneider, Andreas: Historische Reiseführung. Auf Studienreisen am Beispiel Griechenlands und Zyperns unter besonderer Berücksichtigung der Alten Geschichte. Leitfaden für RL. Berlin 1990

Vieregg, Hildegard, Schmeer-Sturm, Marie-Louise, Thinesse-Demel, Jutta, Ulbricht, Kurt (Hrsg.): Museumspädagogik in neuer Sicht. Erwachsenenbildung im Museum. 2 Bd. Baltmannsweiler 1994

Anhang: Reiseleiterzertifikat

Einführende Erläuterungen

Der Bundesverband der Deutschen Tourismuswirtschaft und die darin zusammengeschlossenen Verbände fördern mit dem Reiseleiterzertifikat die Qualität der Dienstleistung Reiseleitung, schaffen objektive Vorgaben für die Reiseleitung und umreißen damit das Tätigkeitsfeld sowie das Aufgabengebiet des Reiseleiters.

Bisher waren deutsche Reiseleiter in mehreren Ländern Behinderungen durch Behörden (häufig auf Veranlassung ortsansässiger Fremdenverkehrsführerorganisationen) ausgesetzt. Dies widerspricht dem Recht der freien Berufsausübung in der EG. Allerdings wird in den betreffenden Ländern darauf verwiesen, daß der Zugang zur Tätigkeit des Fremdenführers dort von dem erfolgreichen Besuch längerer Schulungskurse bzw. einer Fachhochschule abhängig gemacht wird, während die Berufsbezeichnung Reiseleiter in der Bundesrepublik nicht geschützt ist.

Es gibt in der Bundesrepublik Deutschland weder ein anerkanntes Berufsbild noch entsprechende Berufszugangsvoraussekungen für den Bereich Reiseleitung. Der Hochschulbereich bzw. die Anerkennung von gewissen Studiengängen wie Völkerkunde, Kunstgeschichte, Geschichte, Sprachen etc. stellt auch keine Alternative dar, da dabei die zentralen Aufgaben der Reiseleitung wie Organisation, Reiserecht, soziale Kompetenz und Tourismuskunde nicht behandelt werden.

Im übrigen ist zu bedenken, daß die Touristik ein vielfältiges Spektrum umfaßt, das bezüglich der Reiseleitung von der Gästebetreuung in einem Ferienort bis zur Studienreiseleitung reicht. Darüber hinaus gilt es, auch in Saisonspitzen den Bedarf an Reiseleitern abzudecken. Der Abschluß eines einschlägigen Ausbildungsberufs (analog dem Reiseverkehrskaufmann) oder eines speziellen Studiums entspricht daher weder den Bedürfnissen der Reiseleiter (speziell der bereits langjährig als Reiseleiter tätigen Praktiker) noch den Interessen der Kunden und der Branche.

Für den Reiseleiter - und dabei insbesondere auch für den erfahrenen Reiseleiter stellte sich bislang daher die Situation, daß er keinen formalen Nachweis seiner Qualifikation erbringen konnte, einer Qualifikation, die in vielen Fällen mindestens dem Niveau seiner ausländischen Kollegen entspricht.

Die einschlägigen Studiengänge im Ausland konzentrieren sich zumeist auf die Information über Sehenswürdigkeiten, Kunst, Kultur und Geschichte. Der Bundesverband der Deutschen Tourismuswirtschaft erachtet jedoch die Bereiche Organisation, Qualitätssicherung und Kontrolle, qualifizierte Reklamationsbearbeitung, didaktisch richtige Führung von Gruppen bzw. die Vermittlung von Wissen, den Abbau von Konflikten - mithin die soziale Kompetenz - sowie die zielgruppenorientierte Länderkunde als gleichrangig. In den Anlagen sind die für den Qualifikationsnachweis erforderlichen Schwerpunkte dieser Bereiche aufgeführt.

Der Reiseleiter muß über ein interdisziplinäres Wissen zu diesen Bereichen verfügen. Um dem deutschen Reiseleitern eine Gelegenheit zu geben, diese Qualifikation nachzuweisen, wurde das **Reiseleiterzertifikat des Bundesverbandes der Deutschen Tourismuswirtschaft** geschaffen. Es ist eine freiwillige Qualifikation der deutschen Touristikwirtschaft.

Anlage 1: Schwerpunkte für den Qualifikationsnachweis

Länderkunde

Der Reiseleiter ist Vermittler zwischen Urlaubsgast und Urlaubsland. Er befriedigt das Bedürfnis des Touristen nach Informationen und Orientierungen, er gibt Anregungen und erteilt Auskünfte, er erklärt und erläutert Aspekte fremder Kulturen und er trägt damit zur Bereicherung des Weltbildes, zum Abbau von Vorurteilen und zum Verständnis zwischen den Nationen bei. Um diesen Aufgaben gerecht zu werden, benötigt er ein nicht unbeträchtliches Wissen über das bereiste Land, seine Bevölkerung und seine Kultur.

Dieses Wissen muß mehr **gegenwartsbezogen** sein als vergangenheitsbezogen, mehr **universell** als fachspezifisch, eher auf konkrete Phänomene als auf wissenschaftliche Theorien gerichtet. Erforderlich sind **breit gefächerte landeskundliche Kenntnisse**. Daß verschiedene Reiseveranstalter von ihren Reiseleitern zusätzliche Qualifikationen verlangen, z.B. ein kunsthistorisches Studium, dient der unternehmerischen Profilierung und ist in diesem Zusammenhang nicht relevant.

Die geforderten Kenntnisse beziehen sich auf das **Land als Lebensraum**, sie betreffen ein Volk und seine Umwelt. Einbezogen sind folglich alle Bereiche menschlicher Organisation, die miteinander in Wechselbeziehung stehen: also sowohl Wirtschaft, Gesellschaft und Politik wie Kunst, Religion und Bildung. Das heißt, der Reiseleiter muß die grundlegenden Daten und Fakten wissen über **Geographie, Bevölkerung und ihre Struktur, Wirtschaft, Politik, Sozial- und Bildungswesen, Geschichte, Kunst und Kulturgeschichte**.

Dabei geht es weniger um die Quantität als um die Qualität der Kenntnisse. Die Fähigkeit, Wesentliches auszuwählen, Sachverhalte zu begründen und die **Zusammenhänge herzustellen**, ist höher zu bewerten als die Anhäufung von ungeordeten Einzelinformationen.

Er soll diese aber auch **in Beziehung setzen können zu Daten und Ereignissen in Deutschland** bzw. der Bundesrepublik Deutschland und Vergleiche damit anstellen können. Ebenso werden **Grundkenntnisse über die Europäische Gemeinschaft** von einem Reiseleiter erwartet.

Der Prüfling kann aus den **folgenden Ländern** sein Prüfungsgebiet benennen: Belgien, Dänemark, Deutschland, Frankreich, Griechenland, Großbritannien und Nordirland, Irland, Italien, Luxemburg, Niederlande,

Portugal, Spanien, Österreich, Schweiz.

Es ist davon auszugehen, daß ein Reiseleiter, der den hier gestellten Anforderungen entspricht, in der Lage ist, sich den notwendigen Wissensstoff bei Bedarf auch für andere Länder zu erarbeiten.

Organisation

Der organisatorisch einwandfreie Ablauf ist eine Grundvoraussetzung für die erfolgreiche Reise. Dies setzt der moderne Verbraucher voraus. Fehler im organisatorischen Bereich strahlen negativ auf die gesamte Reise aus. Meist führen sie zu teuren Abhilfemaßnahmen und Reklamationen der Kunden.

Der organisatorische und abwicklungstechnische Bereich ist ein Kern der Reiseleitung. Eine Vielzahl der Tätigkeiten, Aufgaben und Abläufe, die der Reiseleiter beherrschen muß, sind allgemeiner Natur trotz des hohen Maßes an betriebsspezifischen Organisationsabläufen. Im folgenden werden eine Reihe von Begriffen, Aufgaben und Tätigkeiten wiedergegeben, die der Reiseleiter kennen sollte. Gegenstand der Prüfung ist, daß der Bewerber die Begriffe erklären bzw. von einander abgrenzen kann sowie damit verbundene Probleme aufzeigen und entsprechende Lösungsschritte erarbeiten kann. Speziell durch die Übernahme von organisatorischen Aufgaben hebt sich der Reiseleiter von dem Gästeführer/Fremdenführer ab, der lediglich Informationen über das Zielgebiet und Sehenswürdigkeiten abgibt, aber keine Verantwortung trägt. Der Reiseleiter ist der "verlängerte Arm" des Reiseveranstalters unterwegs und offizieller Ansprechpartner des Kunden.

Abreise	Agentur
Altenbetreuung	Ankunft
Arbeitsmappe	Ausflüge
Beförderungsbedingungen	Behörden
Behindertenbetreuung	Besichtigungspausen
Beziehung Reiseleiter - Veranstalter	
Bürodienst im Zielgebiet	Bus und Busfahrer
Check-in/Abfertigung	Checklisten/Prüfliste
Diplomatische Vertretung	Dokumente/Reisepapiere
Erkrankung von Kunden	Ferienzielreise

Flugreisen	Fremdenführer, Gästeführer
Gästeinformation	Hotellerie
Inkasso	Kinderbetreuung
Kaufmännische Grundkenntnisse	
Katalog + Prospekt	Kombinierte Reisen
Kurzreise	Leistungsabnahme und Kontrolle
Leistungsträger/Subunternehmen	
Mahlzeiten, Bestellung	Mikrofon
Nachtfahrten	Notfälle
Pannen	Pass
Pause (Busfahrt)	PKW
Problemsituationen	Professionelle Planungs- und Abwicklungshilfen
Qualitätskontrolle und -sicherung	
Raucher- Nichtraucher	Reiseartbezogene Kundentypen
Rund- und Studienreisen	Städtereisen
Stadtrundfahrt	Streik
Todesfall	Transfer
Umbuchung	Umwelt
Verkehrsmittel	Verspätungen
Wichtige Anschriften und Telefonnummern	
Winterreise	Zeitkalkulation
Zimmerverteilung	

Recht, Reiserecht und Reklamationsbearbeitung

Der Reiseleiter soll nicht einen aus rechtlichen Fehlern resultierenden Prozeß führen können - vielmehr soll er durch seine Tätigkeit dies zu vermeiden helfen durch vorbeugende Maßnahmen, Qualitätskontrolle und -sicherung sowie durch qualifizierte Reklamationsbearbeitung. Dazu muß er (Haftungs-) Risiken erkennen und die Folgen mangelhafter Leistungserstellung beurteilen können. Der Reiseleiter steht dabei stellvertretend für den Reiseveranstalter im Verhältnis zu Kunden, Leistungsträgern und Behörden. Grundkenntnisse werden benötigt u.a. zu den folgenden Bereichen:

Reiserecht, Hotelreservierungsvertrag, Beförderungsrecht zu den jeweils eingesetzten Verkehrsmitteln, Haftungs- und Versicherungsfragen sowie Grundzüge des allgemeinen Rechts (Strafrecht, Zivilrecht, Arbeitsrecht), soweit sie die Aufgaben des Reiseleiters gegenüber Kunden, Mitarbeitern, Leistungsträgern und Behörden betreffen.

Didaktik, Methodik, soziale Kompetenz

Die Vermittlung von Informationen über ein Zielgebiet und über Besichtigungsobjekte an Reisende, die sich während eines Urlaubs erholen wollen, erfordert eine besondere Form der Präsentation. Zur sozialen Kompetenz des Reiseleiters gehören auch die Motivation der Reisenden sowie der Abbau von Konflikten und Spannung innerhalb von Reisegruppen, die Förderung der Kommunikation und die Betreuung beim Erleben der Urlaubsregion. Eine wichtige Aufgabe ist die Förderung des Umweltbewußtseins, des Respektes gegenüber Menschen, Natur und Kultur des Gastlandes.

Tourismuskunde

Die Kenntnis der Grundzüge der Tourismuskunde ist ein unabdingbares Muß für die Tätigkeit des Reiseleiters. Hierunter fällt zum Beispiel das Wissen um die Arbeit von Reisebüros, Reiseveranstaltern, Fluggesellschaften, Hotels, Busunternehmen, Schiffahrtsagenturen, Fremdenverkehrsämtern u.v.m. In den Zielgebieten soll der Reiseleiter über Beherbergungsarten, touristische Einrichtungen jeder Art, touristische Infrastruktur und Umweltschutzmaßnahmen informiert sein.

Anlage 2: Literaturliste

Länderkunde

Der aktuelle Fischer - Weltalmanach; Statistik des Auslandes: Länderberichte; Statistisches Bundesamt. Kohlhammer Verlag; dtv-Perthes-Weltatlas. Großräume in Vergangenheit und Gegenwart. Band 12 Europa; dtv-Atlas zur Weltgeschichte; Reiseführer: DuMont Kunstführer, Richtig Reisen; Klett: Länderprofile; Wissenschaftliche Länderkunden. Wissenschaftliche Buchgesellschaft, Darmstadt; Time-

Life-Bücher. Zeitalter der Menschheit (rororo- Das farbige Life Bildsachbuch)

Tourismuskunde

Freyer, Walter, Tourismus. Einführung in die Fremdenverkehrsökonomie, Oldenburg Verlag, München, 1990 München; Empfohlen wird ebenfalls die Lektüre der jährlich erscheinenden Geschätfsberichte der Verbände; TOURLEX, Jäger-Verlag, Darmstadt. Die Lektüre einer Fachzeitschrift wird anheim gestellt.

Organisation

Bartl, Harald; Schöpp, Ulrich; Willpohl, Andreas: Gästeführung in der Fremdenverkehrspraxis. Leitfaden für die Ausbildung von Gästeführern in Fremdenverkehrsorten, Huss-Verlag, München; Gauf, Dieter, RLT-Reiseleiter-Training, Lexikon und Leitfäden mit Erläuterungen, Fallbeispielen, Tests, Musterlösungen, Südwestdeutsche Verlagsanstalt SVA, Mannheim, 1993; Reilly, Robert T., Handbook of Professional Tour Management. Delmar Publishers Inc., Merton House Travel and Tourism Publ.; Schmeer-Sturm, Marie-Louise: Gästeführung. Lehrbuch und Intensivkurs, Oldenbourg-Verlag, München 1996; Schmeer-Sturm, Marie-Louise, Theorie und Praxis der Reiseleitung. Einführung in ein interessantes und anspruchvolles Berufsfeld. Jaeger-Verlag, Darmstadt; In der Fachzeitschrift BUS-TOURIST erscheint die regelmäßige Serie "ReiseleiterKurs", in der Reiseleitertätigkeiten und Fallbeispiele erläutert und durch Tests abgefragt werden (einschließlich Musterlösungen). Bus-Tourist SVA, R1, 68161 Mannheim, Tel.: (06 21) 3 92 28 60, Fax: (06 21) 3 92 28 00.

Recht

Bartl, Harald, Qualifizierte Reiseleitung. Erfolgskonzepte und Strategien für einen modernen Beruf. Huss-Verlag, München, 1987; Bidinger, Helmuth; Bartl, Harald Moderne Bustouristik, Midia Gewiplan, Frankfurt/M., 1981; Führich, Ernst, Reiserecht, C. F. Müller Juristischer Verlag, Heidelberg; Klatt, Heinz, Recht der Touristik, Loseblattsammlung, Luchterhand, Neuwied, Stand: Nov. 1988; Zuck, Rüdiger, Fachkunde Busreise, Gutenberg, Melsungen, 1983

Methodik, Didaktik. soziale Kompetenz

Block, Eckhardt, Sachbuch für professionelle Reiseleitung, Essen 1985; Datzer, R.; Lohmann, N., Der Beruf des Reiseleiters, Starnberg 1981; Gunter, Wolfgang, Handbuch für Studienreiseleiter. Pädagogischer, psychologischer und organisatorischer Leitfaden für Exkursionen und Studienreisen, Starnberg 1991; Schmeer-Sturm, Marie-Louise u.a. Theorie und Praxis der Reiseleitung, Jaeger-Verlag Darmstadt 1990 Einführung in ein interessantes und anspruchsvolles Berufsfeld

Anlage 3: Die Prüfunq

1. Schriftliche Prüfung

Die Prüfung zum Reiseleiterzertifikat besteht aus fünf schriftlichen und einem mündlichen Teil.

Prüfungsteil	Gewichtung	verfügbare Zeit
Länderkunde	30,0 %	ca. 70 min.
Organisation	30,0 %	ca. 70 min.
Methodik, Didaktik, soz. Kompetenz	15,0 %	ca. 30 min.
Recht	12,5 %	ca. 20 min.
Tourismuskunde	12,5 %	ca. 20 min.
	100 %	ca. 210 min.

- Jeder schriftliche Prüfungsteil muß mit mindestens 50 % der Punkte bestanden werden.

- Die Gesamtprüfung ist erst bestanden bei insgesamt mindestens 60 % der Punkte.

- Die schriftliche Prüfung findet jeweils am Vormittag (Dauer ca. 210 min), die mündliche Prüfung findet am Nachmittag (Dauer 15 - 30 min) statt.

- Jeder Teilnehmer erhält mit der Anmeldebestätigung auch die genaue Orts- und Zeitangaben für die schriftliche und mündliche Prüfung.

2. Mündliche Prüfung

Die mündliche Prüfung kann sich auf alle Bereiche beziehen, der Schwerpunkt liegt auf methodisch-didaktischem Gebiet.

Die mündliche Prüfung sollte Auskunft darüber geben, ob der Kadidat eine der wichtigsten Reiseleiterqualifikationen besitzt: das Geschick, klare und verständliche Informationen zu vermitteln, um folglich die Fähigkeit, Wesentliches auszuwählen, Sachverhalte zu begründen,

Zusammenhänge herzustellen und seinen Vortrag zu strukturieren.

Der Kandidat soll sich auf eine der folgenden Aufgaben vorbereiten:

1.) **Konzeptionelle Darstellung einer Stadtbesichtigung**.

Entwicklung eines Tagesprogramms mit Skizzierung von Inhalten, Wegstrecken, Verkehrsmitteln und Zeitablauf.

10 Minuten. Auswahl des Beispiels durch den Kandidaten.

2.) **Vortrag über ein frei gewähltes Thema** in einer beliebigen, simulierten reiseleiterischen Situation, also z.B. im Bus bei Einfahrt in eine Stadt, bei der Führung an einer historischen Stätte oder der Bildinterpretation in einem Museum.

10 Minuten.

Anlage 4: Prüfungsordnung

§ 1 Aufgabenstellung

Abs. 1: Die Einführung eines Reiseleiterzertifikats und eines darauf basierenden, zeitlich befristeten Reiseleiterausweises, einer Prüfung, die die Befähigung zur Tätikeit des Reiseleiters nachweist und einer Prüfungsordnung haben das Ziel, die Qualität der Dienstleistung Reiseleitung zu fördern, objektive Vorgaben für die Reiseleitung zu schaffen und das Tätigkeitsfeld sowie die Aufgabengebiete des Reiseleiters zu umreißen.

Abs.2: Der Bundesverband der Deutschen Tourismuswirtschaft bemüht sich um Anerkennung des auf dem Zertifikat basierenden Reiseleiterausweises in- und außerhalb der Bundesrepublik Deutschland und führt die entsprechenden Verhandlungen mit den zuständigen Stellen im In- und Ausland.

Abs. 3: Behinderungen der durch einen gültigen Reiseleiterausweis ausgewiesenen Reiseleiter werden vom Bundesverband der Deutschen Tourismuswirtschaft erfaßt und ggf. verfolgt. Unberechtigte Behinderungen soll Bundesverband der Deutschen Tourismuswirtschaft zu verhindern suchen, indem mit den zuständigen Stellen Kontakt aufgenommen und verhandelt wird.

§ 2 Aufgaben und Fähigkeiten des Reiseleiters

Zu den Aufgaben und Fähigkeiten eines Reiseleiters gehören u. a.

organisatorische Fachkenntnisse; landeskundliche Kenntnisse; rechtliche Kenntnisse; speziell zum Reiserecht; Grundkenntnisse der Touristik und des Fremdenverkehrs; Kenntnisse der Organisationen und Einrichtungen des Fremdenverkehrs und der Touristik; soziale Kompetenz - Methodik - Didaktik.

§ 3 Prüfungszweck

Die Prüfung hat den Zweck, die Eignung des Kandidaten für die Tätigkeit als Reisleiter im In- und Ausland festzuhalten.

§ 4 Zulassungsvoraussetzungen

Zur Prüfung sind Kandidaten zuzulassen, sofern sie folgende Voraussetzungen erfüllen:

- Die Anmeldung zur Prüfung hat schriftlich, nach den von der zuständigen Stelle bestimmten Anmeldefristen und Formularen, durch den Prüfungsbewerber zu erfolgen.
- Der Bewerber muß das 18. Lebensjahr vollendet haben.
- Der Bewerber muß Abitur, Fachhochschulreife oder vergleichbare Schulausbildung **und** eine längere fachpraktische Reiseleitererfahrung durch Vorlage geeigneter Belege nachweisen.
- Ersatzweise können Bewerber unter bestimmten Voraussetzungen aufgrund langjähriger touristisch-fachspezifischer Kenntnisse, die durch Vorlage geeigneter Belege nachgewiesen werden müssen, zur Prüfung zugelassen werden. Auch hierbei muß eine längere fachpraktische Reiseleitererfahrung nachgewiesen werden.
- Es wird angeraten, daß der Prüfungsbewerber sich in die angegebene Literatur eingearbeitet hat und ggf. an geeigneten Kursen und Seminaren in die Tätigkeit des Reiseleiters eingewiesen wurde.

§ 5 Zulassungsverfahren

Über die Zulassung des Prüfungsbewerbers entscheidet der Bundesverband der Deutschen Tourismuswirtschaft oder ein vom Bundesverband eingesetztes Gremium. Das Zulassungsgremium bestimmt mit Genehmigung des Bundesverbandes der Deutschen Tourismuswirtschaft für die Durchführung der Prüfung maßgebenden Termine im Jahr. Das Zulassungsgremium gibt diese Termine einschließlich der Anmeldefristen mindesten 3 Monate vorher bekannt. Bei Prüfungen für geschlossene Gruppen von Prüfungsbewerbern kann diese Frist verkürzt werden. Die Prüfungen sind für jeweils eine Prüfungsgruppe mit begrenzter Teilnehmerzahl konzipiert. Bei Überschreiten der maximalen oder Unterschreiten der mininalen Teilnehmerzahl behält sich der Bundesverband der Deutschen Tourismuswirtschaft vor, die Bewerber auf die nächsten Termine zu verweisen. Die Plätze der Prüfungen werden nach Eingang der Anmeldung vergeben.

§ 6 Prüfungsunterlagen

Abs. 1: Die Prufungsunterlagen werden jährlich durch ein Gremium des Bundesverbandes der Deutschen Tourismuswirtschaft zusammengestellt.

Abs. 2: In das Gremium sind geeignete und ausgewiesene Personen der Tourismuswirtschaft zu berufen, die mit Fragestellungen der

Reiseleitung befaßt sind und die in der Lage sind, Fragenkataloge und Anforderungen zusammenzustellen.

§ 7 Prüfungsvorbereitung

Prüfungsbewerber erhalten eine Literaturliste und weitergehende Empfehlungen zur Vorbereitung auf die Prüfung sowie über Aus- und Fortbildungskurse.

§ 8 Prüfungsausschuß

Abs. 1: Der Bundesverband der Deutschen Tourismuswirtschaft beruft die Prüfungsausschüsse nach Bedarf.

Abs. 2: Jeder Prüfungsausschuß ist durch mindestens 3 geeignete und ausgewiesene Personen der Touristik zu besetzen.

Abs. 3: Dem Bundesverband der Deutschen Tourismuswirtschaft obliegt die Zulassung einer Person zum Kreis der Prüfer. Die Zulassung muß einstimmig erfolgen. Aus den Kreis der nach Abs. 1 zugelassenen Prüfer bestimmen die Mitglieder der Projektgruppe "Reiseleiterzertifikat" die Prüfer für die aktuellen Prüfungstermine.

Abs. 4: Der Prüfungsvorsitzende leitet die Prüfung. In Streitfällen entscheidet die Mehrheit des Ausschusses, bei Stimmengleichheit zählt die Stimme des Prüfungsvorsitzenden doppelt.

Abs. 5: Nach Möglichkeit soll mindestens ein Mitglied im Prüfungsausschuß in dem Gremium mitgewirkt haben, das die Prüfungsunterlagen zusammengestellt hat.

Abs. 6: Der Prüfungsausschuß ist beschlußfähig, wenn 2/3 der Mitglieder mitwirken.

Abs. 7: Der Bundesverband der Deutschen Tourismuswirtschaft betimmt eine zuständige Stelle, die im Einvernehmen mit dem Prüfungsausschuß dessen Geschäftsführung, insbesondere Einladungen, Protokollführung und Durchführung der Beschlüsse, regelt.

Abs. 8: Die Prüfungsprotokolle sind vom Protokollführer und dem Vorsitzenden zu unterzeichnen.

Abs. 9: Die schriftliche Prüfungsarbeiten und die Berichte über den mündlichen Teil sind 2 Jahre, die Anmeldungen und Niederschriften 4 Jahre aufzubewahren.

Abs. 10: Die Mitglieder des Prüfungsausschusses haben über alle Prüfungsvorgänge gegenüber Dritten Verschwiegenheit zu bewahren. Ausnahmen bedürfen der Einwilligung der zuständigen Stelle (vgl. § 8 Absatz 10).

Abs. 11: Hat ein Prüfungsbewerber die Prüfung nicht bestanden, so kann der Kandidat sich an den Bundesverband der Deutschen Tourismuswirtschaft wenden und um eine Anerkennung ersuchen. Diese

Eingabe muß innerhalb einer Ausschlußfrist von einem Monat nach Bekanntgabe der Prüfungsergebnisse schriftlich per Einschreiben beim Bundesverband eingegangen sein.

§9 Prüfung

Abs. 1: Die Prüfung besteht aus einem schriftlichen und einem mündlichen Teil.

Abs. 2: Beide Prüfungen sollen an einem Tag stattfinden.

Abs. 3: Die schriftliche Prüfung ist anhand der Prüfungsunterlagen innerhalb der festgesetzten Zeit zu absolvieren. Die Prüfungszeit bestimmt der Vorsitzende.

Abs. 4: Die schriftliche Prüfung ist zu überwachen. Der Ablauf ist durch geeignete Maßnahmen sicherzustellen. Kandidaten, die mit unerlaubten Mitteln arbeiten, sind auf Beschluß des Prüfungsausschusses von der Prüfung auszuschließen.

Abs. 5: Die Prüfungsteilnehmer haben sich auf Verlangen des Vorsitzenden oder des Aufsichtsführenden über ihre Person auszuweisen. Sie sind vor Beginn der Prüfung über den Prüfungsablauf, die zur Verfügung stehende Zeit, die erlaubten Arbeits- und Hilfsmittel, die Folgen von Täuschungshandlungen und Ordnungsverstößen zu belehren.

Abs. 6: Teilnehmer, die sich einer Täuschungshandlung oder einer erheblichen Störung des Prüfungsablaufes schuldig machen, kann der Aufsichtsführende von der Prüfung vorläufig ausschließen. Über den endgültigen Ausschluß und die Folgen entscheidet der Prüfungsausschuß. In schwerwiegenden Fallen, insbesondere bei vorbereiteten Täuschungshandlungen kann die Prüfung für nicht bestanden erklärt werden. Das gleiche gilt bei innerhalb eines Jahres nachträglich festgestellten Täuschungen.

Abs. 7: Der Prüfungsteilnehmer kann nach erfolgter Anmeldung vor Beginn der Prüfung durch schriftliche Erklärung zurücktreten. In diesem Fall gilt die Prüfung als nicht abgelegt. Tritt der Bewerber nach Beginn der Prüfung zurück, so können bereits erbrachte, in sich abgeschlossene Prüfungsleistungen anerkannt werden, wenn ein wichtiger Grund für den Rücktritt vorliegt (z.B. Krankeitsfall durch Vorlage eines ärztliches Attestes). Erfolgt der Rücktritt nach Beginn der Prüfung oder nimmt der Prüfungsbewerber an der Prüfung nicht teil, ohne daß ein wichtiger Grund vorliegt, so gilt die Prüfung als nicht bestanden. Über das Vorliegen eines wichtigen Grundes entscheidet der Prüfungsausschuß.

Abs. 8: Die mündliche Prüfung wird von mindestens jeweils 2 Mitgliedern des Prüfungsausschusses durchgeführt. Sie beträgt je Kandidat mindestens 15 Minuten, höchstens 30 Minuten. Die mündliche Prüfung kann sich auf alle im § 2 angegebenen Bereiche beziehen, der Schwerpunkt liegt auf methodisch-didaktischem Gebiet.

Abs. 9: Kandidaten, die die erforderlichen Kenntnisse für eine qualifizierte Reiseleitung in schriftlicher und mündlicher Prüfung nicht nachweisen konnte, haben die Prüfung nicht bestanden. Jeder schriftliche Prüfungsteil muß mit mind. 50 % der Punkte bestanden werden. In der mündlichen Prüfung müssen ebenfalls 50 % der Punkte erreicht werden. Die Gesamtprüfung ist bestanden, wenn insgesamt mindestens 60 % der Punkte erreicht wurden.

Abs. 10: Eine nicht bestandene Prüfung kann zweimal wiederholt werden.

Abs. 11: Hat der Prüfungsteilnehmer bei nicht bestandener Prüfung in einem Prüfungsteil ausreichende Leistungen erbracht, so kann der Prüfungsausschuß beschließen, daß bei einer Wiederholungsprüfung auf diesen Prüfungsteil verzichtet werden kann, sofern die Wiederholungsprüfung innerhalb von einem Jahr stattfindet.

Abs. 12: Die Prüfungen sind nicht öffentlich. Der Prüfungsausschuß kann im Einvernehmen mit der zuständigen Stelle andere Personen als Gäste zulassen. Bei der Beratung über das Prüfungsergebnis dürfen nur die Mitglieder des Prüfungsausschusses anwesend sein.

§ 10 Reiseleiterzertifikat

Abs. 1: Der Prüfungsausschuß befindet darüber, ob der Kandidat bestanden hat. Der Prüfungsausschuß orientiert sich dabei an den Antwort- und Bewertungsvorlagen des Gremiums, das die Prüfungsunterlagen zusammengestellt hat. Die endgültige Entscheidung liegt beim Prüfungsausschuß.

Abs. 2: Die Bekanntgabe der Prüfungsergebnisse erfolgt nach Auswertung der Prüfungsunterlagen durch den Prüfungsausschuß. Dies kann auch in angemessener Zeit nach Abschluß der Prüfung durch die zuständige Stelle erfolgen.

Abs. 3: Kandidaten, die die Prüfung erfolgreich bestanden haben, erhalten das Reiseleiterzertifikat und einen Reiseleiterausweis des Bundesverbandes der Deutschen Tourismuswirtschaft.

Abs. 4: Der Reiseleiterausweis hat 3 Jahre Gültigkeit. Er bleibt Eigentum des Bundesverbandes der Deutschen Tourismuswirtschaft.

Abs. 5: Die Verlängerung des Reiseleiterausweises kann beantragt werden. Voraussetzung ist der Nachweis einer einschlägigen Tätigkeit während dessen Gültigkeitsdauer. Ansonsten hat der Reiseleiter in einer gesonderten Prüfung die Qualifikation erneut nachzuweisen. Über deren Gestaltung beschließt der Bundesverband der Deutschen Tourismuswirtschaft. In besonderen Ausnahmefällen kann der Bundesverband die Benutzung des Ausweises untersagen sowie seine Rückgabe verlangen oder eine Verlängerung verweigern.

§ 11 Schlichtungsausschuß

Abs. 1: In allen Streitfällen entscheidet der Schlichtungsausschuß des Bundesverbandes der Deutschen Tourismuswirtschaft.

Abs. 2: Die Mitglieder des Schlichtungsausschusses sind nach Bedarf vom Bundesverband der Deutschen Tourismuswirtschaft zu bestimmen. Mindestens eines der Schlichtungsausschußmitglieder muß die Befähigung zum Richteramt haben.

Abs. 3: Der Rechtsweg ist ausgeschlossen.

§ 12 Anerkennung durch die Kandidaten

Abs. 1: Kandidaten werden nur zugelassen - abgesehen von den Zulassungsvoraussetzungen in § 4 der Prüfungsordnung -, wenn sie die Prüfungsordnung anerkennen und die Prüfungsgebühren entrichtet haben.

Abs. 2: Abgelaufene Reiseleiterausweise sind an den Bundesverband der Deutschen Tourismuswirtschaft zurückzugeben.

Abs. 3: Weigert sich ein Reiseleiter den Reiseleiterausweis zurückzugeben, so kann der Bundesverband der Deutschen Tourismuswirtschaft u.a. die betroffenen Unternehmen sowie die einschlägigen Stellen im Ausland unterrichten.

§ 13 Prüfungsgebühren

Die Prüfungsgebühren werden vom Bundesverband der Deutschen Tourismuswirtschaft festgesetzt und bei Ausschreibung bekanntgegeben.

§ 14 Fristen

Die Anmeldung zur Prüfung muß mindestens 30 Tage vor dem Prüfungstermin auf den vorgeschriebenen Formularen zusammen mit den vorgesehenen Unterlagen beim Bundesverband der Deutschen Tourismuswirtschaft eingegangen sein.

§ 15 Änderungen

Änderungen der Prüfungsordnung können durch den Bundesverband der Deutschen Tourismuswirtschaft beschlossen werden.

(beschlossen durch das Präsidium der Deutschen Touristikwirtschaft Frankfurt am Main, den 23. Mai 1990)

Bundesverband der Deutschen Tourismuswirtschaft (Nachfolger des Präsidiums der Deutschen Touristikwirtschaft ab 01. April 1996)

Anmeldung: Bundesverband der Deutschen Tourismuswirtschaft, Deutscher Reisebüroverband, Alexanderplatz 5, 10178 Berlin; Prüfungsgebühr: DM 190,-- (Verrechnungsscheck zugunsten der DRV Service GmbH, Mannheimer Straße 15, 60329 Frankfurt/Main)

Formularbeispiele

ITS

ITS REISEN Zweigniederlassung der REWE-ZENTRALFINANZ eG

1. Weiß: An CRL/VRL
2. Grün: Verbleibt bei RL

Wochenbericht für Reiseleitung

Name der Reiseltg.: ____________ Zielg.: ________ Ort: ____________ Woche vom: ________ bis: ________

Anzahl der angekommenen Paxe

Hotel	Belegung	Umquartierung nach Hotel	Anzahl	Grund
1				
2				
3				
4				
5				
6				
7				
8				
9				
10				

Leistungskontrolle/Besondere Vorkommnisse

	Art der Leistungsstörung (Grund und Dauer)	Durchgeführte Abhilfemaßnahmen
Hotel		
Nebenanlagen		
Transfer/Ausflug		
Sonst. Vorkommnisse am Ort		

Konkurrenzbeobachtung

Ausflugsangebot	
Sonderveranstaltungen	
Sonderangebote	
Hotelbelegung der Mitbewerber	

AD/1/03/96

Datum: ____________ Unterschrift der Reiseleitung: ____________

1. Weiß: An Kunden
2. Rot: An Hotelier
3. Blau: An Agentur
4. Gelb: An Kundenbetreuung
5. Grün: Verbleibt bei Reiseleitung

ITS

International Tourist Services Länderreisedienste GmbH • 51140 Köln

Hausadresse: Flughafen Köln/Bonn • 51147 Köln • Telefon: (0 22 03) 4 20 • Telefax: (0 22 03) 4 22 47 • Telex: 8 874 445

Mitteilung Leistungsänderung

Zielgebiet: ______ T.-Nr.: ______

Name: ______ Vorname: ______ Voucher-Nr.: ______

1. Gebuchte Leistung Ort: ______ Hotel: ______

Unterbringung: ______ Verpflegung: ______

2. Erhaltene Leistung Ort: ______ Hotel: ______

Unterbringung: ______ Verpflegung: ______

Anzahl Personen: ______ Aufenthalt in Wochen: ______ vom: ______ bis: ______

Sonstige erhaltene Leistung: ______

3. Anmerkungen Oben genannte Gäste haben mir heute folgendes vorgetragen (Stichworte), und folgende Abhilfe wurde angeboten:

Die Reiseleitung ist nicht befugt, irgendwelche Ansprüche anzuerkennen!

Ort ______ Datum ______ Unterschrift des Kunden ______ Unterschrift der Reiseleitung ______

4. Name der Reiseleitung (Bitte in Druckbuchstaben ausfüllen!): ______

Stellungnahme: ______

Ort ______ Datum ______ Unterschrift der Reiseleitung ______

Ort ______ Datum ______ Unterschrift Chefreiseleitung ______

AD/4/1/95

TUI

Reiseleiterabrechnung

Reiseleiter ☐
Führungskraft ☐
Freie Mitarbeiter ☐

Name, Vorname	Mitarbeiternummer	ZGB (3-Lettercode)	Monat	Ankreuzen bei Auszahlung ex HAJ: DRA ☐ ZGA ☐

Datum	Einsatz*	Zielgebiet Verpflegung: Freimahlzeiten			Pausch	Unterkunft frmpl./angem. Obj.	Dienstreise Verpflegung: Zeitraum		Freimahlzeiten			Pauschale DM		Sonstige persönliche Kostenerstattungen: Zielgebiet			Für ZRK interne Zwecke
		F	M	A	DM	Mietzuschuß DM	Beginn	Ende	F	M	A	steuerpfl.	steuerfr.	Kostenarten	Betrag	Währung	
1																	
2																	
3																	
4																	
5																	
6																	
7																	
8																	
9																	
10																	
11														Summe DM		DM	
12														Summe Währung			
13														**Dienstreise**			
14														Unterkunft lt. Beleg			
15														Unterkunft Pauschal			
16																	
17																	
18																	
19																	
20																	
21																	
22																	
23																	
24																	
25																	
26																	
27																	
28														Summe DM			
29														Summe Währung 1.			
30														2.			
31														3.			
Summen														4.			

Freimahlzeiten auf Dienstreisen				**Summe ZG DM =** x Kurs =
Versteuerung Frühstück	x DM	2,60 =	DM	**Summen ZG Währung** =
Versteuerung Mittag	x DM	4,50 =	DM	**Summen DR DM =** x Kurs =
Versteuerung Abend	x DM	4,50 =	DM	**Erhalten Betrag DM** =
Gesamt steuerpfl. Freimahlzeiten		=	DM	**Erhalten Betrag Währung** =
Steuerpfl. Verpflegungspauschale		=	DM	**Unterschrift Geldempfänger**
Ort/Datum/Unterschrift Aussteller				Ort/Datum/Unterschrift Vorgesetzter

30608 - 07/96

*Z = Zielgebiet, D = Dienstreise, F = Fehlzeit F = Frühstück, M = Mittagessen, A = Abendessen

TUI

315051

Änderungsnote

Kunde

VG-Nr.

HTL-Code

von bis

Zimmer Ausst. Verpfl.

Abflughafen in Deutschland

Personen davon Kinder Alter AM/PM

Änderungsgrund:

Verursacher: Hotel Gast TUI Agentur

AB RB FB ML

VG-Nr. Anschlußprogr.

Einzahlung

an:

am:

DM:

Währung:

Scheck:

Unterschrift Stempel

Rückvergütung Nr.* 315051

Name Reiseleitung:

Erhaltene Leistungen	Hotel + Hotel-Code	von - bis	Tage	Ausst.	Verpflegung

Bei vorzeitiger Abreise oder Hotelwechsel können Leerbettgebühren für den Kunden anfallen.

Quittung Nr. 315051

Kunde zahlte für Mehrleistungen

bar ☐ per Scheck ☐ mit TC TSC ☐

TC TSC Beleg-Nr.

E.-S.-Nr.

DM

Ermittlung lt. Prospekt

Kunde:

Ort:

Datum:

RL-Unterschrift:

Hotelgutschrift

Creditnote 315051

Hotel: in: Kunde:

schuldet der TUI den Betrag von:

Abreisedatum:

Diese Gutschrift wird auf der nächsten Masterbill-Nr. /MB-Substitute-Nr. in Abzug gebracht und geht nach Verrechnung mit Abrechnungsvermerk von RL an Hotelier zurück.

Ort Datum RL-Unterschrift Unterschrift/Stempel Hotel

Gebuchte Leistung lt. Originalvoucher

Hotel

Tage

Pers.

Zimm.

Ausst.

Verpfl.

TN-Ausweis | No. Masterbill

abgerechnet

eingezogen

Erhaltene Leistung *Voucher/Gutschein* **B** 315051

Hotel

Tage von bis

Pers.

Zimm.

Ausst.

Verpfl.

von auf

Gast

No. Masterbill No. MB-Substitute

RL-Unterschrift

Erhaltene Leistung *Voucher/Gutschein* **A** 315051

Hotel

Tage von bis

Pers.

Zimm.

Ausst.

Verpfl.

von auf

Gast

No. Masterbill No. MB-Substitute

RL-Unterschrift

Die Autoren

Dr. Marie-Louise **Schmeer-Sturm**, Jg. 1954, seit über 20 Jahren geprüfte Gästeführerin in München und Studienreiseleiterin. 1984-91 Assistentin am Lehrstuhl für Pädagogik von Prof. Dr. Erich Wasem, Universtität München, Bearbeitung der Bereiche Reise- und Museumspädagogik. Für verschiedene Reiseveranstalter und Verkehrsvereine Ausbildungsseminare für RL und Gästeführer, derzeit u.a. am ssi-Institut, München. Geschäftsführerin von "Reisen und Bildung GmbH", München (Veranstaltung von Studienreisen und Seminaren, Verlag).

Dr. Werner **Müller**, Jg. 1951, Studium von Jugend- und Freizeitaspekten an der Universität Hamburg, Dissertation über den "internationalen Jugendaustausch". Seit 1979 hauptberuflich als Fortbildungstrainer, Tagungsleiter und Fachautor im Bereich des "inhaltlichen Reisens" tätig. Koordinator der "Modellseminare" des Studienkreises für Tourismus, Mitinitiator der Reiseleiter-Selbsthilfe transfer e.V., seit 1994 Geschäftsführer des transfer e.V.

Gudrun **Ude**, Jg. 1959, Dipl.-Psychologin (Schwerpunkt: Familientherapie, Psychosomatik), ehem. StudienRL mit den Schwerpunkten Australien/Neuseeland, ehem. Vorstandsmitglied des Verbands der Studienreiseleiter/innen e.V., freiberufliche Verhaltenstrainerin in der beruflichen Weiterbildung auch für RL und Reiseverkehrskaufsleute.

Carsten **Albert**, Jg. 1965, fünf Jahre Studium in Rußland, Hochschuldiplom als Lehrer und Historiker, erste RLeinsätze mit 18 Jahren, Erfahrungen im internat. Hotelgewerbe und StandortRL, Fortbildungsdozent und Dolmetscher/Übersetzer, Spezialist für Städtereisen in West- und Osteuropa, Trainer und Mitbegründer von "Die Zugvögel. Tour Guide Training©" in Berlin, Intensivseminare für RL und StadtführerInnen.

Anita **Boy-Helmchen**, Jg. 1954, seit 26 Jahren im Bereich RL und Stadtführung tätig, sieben Jahre StandortRL und Clubbetreuerin in Italien, RundRL für Bus- und Flugreisen in Europa, freie Mitarbeiterin des ital. Verkehrsamtes E.N.I.T. auf der ITB Berlin und der BIT Mailand, seit über 20 Jahren. Trainerin und Mitbegründerin von "Die Zugvögel. Tour Guide Training.©" in Berlin, Intensivseminare für RL und StadtführerInnen.

Sebastian **Schuster**, Jurist und Trainer bei RLseminaren.

Martin **Schmidt**, Jg. 1959, Dipl.-Freizeitpädagoge, Koordinator Weiterbildendes Studium Tourismuswissenschaft an der Universität Bielefeld 1992-94, seit 1994 Geschäftsführer Passat Reisebüro GmbH Berlin. Vorstand "Bildung im Tourismus e.V.", dort für die RL-Ausbildung zuständig.

www.ingramcontent.com/pod-product-compliance
Lightning Source LLC
LaVergne TN
LVHW010535300926
849162LV00002B/148
* 9 7 8 3 4 8 6 2 5 7 4 4 1 *